Mosaik bei
GOLDMANN

Buch

Der Bestsellerautor Marco von Münchhausen geht seit vielen Jahren der Frage nach, wie und wo Menschen seelisch auftanken können. In diesem Buch hat er Methoden zusammengetragen, mit denen man Kraft schöpfen, die inneren Ressourcen aktivieren und Quellen entdecken kann, die das Leben bereichern. Er stellt konkrete Möglichkeiten vor, mit denen man seinen inneren Seelenraum pflegen und zu sich selbst finden kann. Dazu zählen zum Beispiel konzentrierte Tätigkeiten, körperliche Entspannung, Bewegung, Musik, Kunst, Literatur, Lachen, Meditation und Naturerleben. Damit liefert Münchhausen Techniken zur seelischen Ausgeglichenheit, die jeder sofort anwenden kann.

Autor

Marco von Münchhausen ist promovierter Jurist, Unternehmer und Autor der Bestseller »So zähmen Sie Ihren inneren Schweinehund« und »Die kleinen Saboteure«. Er hält Vorträge zu den Themen Selbstmanagement und Work-Life-Balance und wurde 2002 als »Trainer des Jahres« ausgezeichnet. Seit vielen Jahren geht er der Frage nach, wie Menschen innerlich auftanken, und hat in diesem Buch Methoden zusammengetragen, die unabhängig vom weltanschaulichen Bekenntnis funktionieren.

www.vonmuenchhausen.de

Von Marco von Münchhausen außerdem bei Mosaik bei Goldmann
Auszeit (17034)

Marco von Münchhausen

Wo die Seele auftankt

Die besten Möglichkeiten,
Ihre Ressourcen zu aktivieren

Mosaik bei
GOLDMANN

Produktgruppe aus vorbildlich bewirtschafteten Wäldern und anderen kontrollierten Herkünften

Zert.-Nr. SGS-COC-001940
www.fsc.org

Verlagsgruppe Random House FSC-DEU-0100
Das für dieses Buch verwendete FSC-zertifizierte Papier *Classic 95* liefert Stora Enso, Finnland.

6. Auflage
Vollständige Taschenbuchausgabe September 2006
Wilhelm Goldmann Verlag, München,
in der Verlagsgruppe Random House GmbH

Umschlaggestaltung: Uno Werbeagentur, München,
unter Verwendung eines Entwurfs von Design Team München
Umschlagmotiv: Zefa/Westrich
Satz: Uhl + Massopust, Aalen
Druck und Bindung: GGP Media GmbH, Pößneck
WR · Herstellung: Han
Printed in Germany
ISBN 978-3-442-16789-0

www.mosaik-goldmann.de

Inhalt

Vorwort 9

Teil I
Kraft für die Seele – Warum und wie?

Das innere Vakuum und die Sehnsucht nach Erfüllung 13
Baum, Krone und Wurzeln 15
Zentrifugale und zentripetale Kräfte 16
Raum schaffen für die Seele 21
Sieben Grundprinzipien seelischen Erlebens 28
Qualität statt Quantität 28
Ergriffenwerden statt Ergreifen 32
Individuell statt ideal 34
Die Zeit der Seele 35
Das Tempo der Seele 36
Die Frequenz der Seele 39
Das Prinzip der Selbstbedienung 42
Pragmatik statt Dogmatik 44

Teil II
15 Möglichkeiten, wie die Seele auftankt

Ordnung schaffen 53
Was äußere Ordnung bewirkt 54
Das Entrümpeln unserer Innenräume und seine Effekte 61
Konzentriertes Tun 76
Warum wir beim konzentrierten Tun innerlich auftanken 76
Konzentrieren – »Ja, aber wie macht man das?« 82
Körperlich entspannen und regenerieren 91
Was körperliche Entspannung auslöst 92
»Entspann dich mal!« – Aber wie? 93
Bewegung 108
Warum Bewegung nicht nur erschöpft, sondern auch belebt 110
Bewegen statt rosten – Tipps für den Alltag 114
Genießen 119
Vom Segen des Genießens 120
Auch Genießen will gekonnt sein 121
Genussmöglichkeiten ohne Ende! 127
Auftanken in der Natur 130
Warum uns die Natur gut tut 133
Die Seele ganz natürlich auftanken! 140
Musik, Gesang und Tanz 151
Die wundersame Wirkung von Musik auf Körper und Seele 152

Wie Sie Ihre Seele zum Klingen bringen können ... 162
Kunst und Literatur ... 169
Die Kraft der Kunst ... 170
Von der Magie der Lektüre ... 177
Die Gunst der Kunst und der Literatur im Alltag nutzen ... 180
Lachen, Heiterkeit, Humor ... 187
Warum mit dem Körper auch die Seele lacht ... 189
So bringen Sie Humor und Heiterkeit in Ihren Alltag ... 194
Dankbarkeit ... 203
Der Automatismus der Unzufriedenheit ... 204
Vom Sinn und der Wirkung des Dankens ... 212
Wie Danken Tag für Tag Ihre Seele stabilisieren kann ... 214
Die große Dankbarkeitsliste ... 215
Worte und Texte für die Seele ... 224
Im Gebet die Seele sprechen lassen ... 224
Worte und Texte, die die Seele ansprechen ... 235
Stille, Schweigen, Meditation ... 241
Die Kraft der Stille und der Meditation ... 242
Die Navigation in der Stille ... 247
Gleichklang mit anderen ... 264
Die Kräfte des Gleichklangs ... 265
Praktische Möglichkeiten des Gleichklangs mit anderen ... 273

Rituale und Feste 281
Wie Rituale unser Leben bereichern 282
Alltägliche Rituale für Ihre Seele 289
Engagement für andere 302
Vom Sinn und Gewinn des Engagements für andere 303
Wirken, aber wie? 307

Teil III
Zusammenfassung und Tipps zur Umsetzung

Das Wichtigste im Überblick 316
Die verschiedenen Ebenen 316
Das Prinzip der Wechselwirkung 318
Die Wirkungsweisen der Seelenquellen 322
Tipps zur Umsetzung im Alltag 335
Doppelstrategie auf dem Weg nach innen 335
Experimentieren Sie! 340
Schlüsselfaktor persönliche Neigung 341
Schaffen Sie sich Zeitinseln für die Seele! 343
Und lassen Sie sich Zeit! 345

Literatur 346
Register 350

Vorwort

Seit über dreißig Jahren beschäftigt mich die Frage, wie man erfüllter leben kann. Thema meiner Seminare und Bücher war es zunächst, Studenten zu helfen, leichter und effektiver zu lernen. Dann folgten Seminare, Vorträge und Veröffentlichungen über Selbstmanagement, Selbstmotivation und Work-Life-Balance. Doch auch bei meinen jüngsten Büchern zum Thema, wie man seinen »inneren Schweinehund« zähmen kann, und bei den »Vier Säulen der Lebensbalance«, geht es in Teilaspekten darum, wie man erfüllter und zufriedener leben und gleichzeitig erfolgreich sein kann. Und immer wieder bewegte mich die zentrale Frage: Wo und wie tanken wir eigentlich innerlich auf, wie regenerieren wir unsere seelischen Ressourcen? Seit vielen Jahren schon habe ich hierzu Ideen gesammelt, Bücher gelesen und von vielen Seminaren und Vorträgen Anregungen und wertvolle Gedanken zusammengetragen. Nun ist die Zeit reif, dies in strukturierte Form zu bringen und zu veröffentlichen!

»Wo die Seele auftankt« bedeutet dabei: wie wir innerlich auftanken, also unsere psychischen und geistigen Batterien wieder aufladen – unabhängig von der theoretischen Frage, was die Seele des Menschen genau ist und unabhängig von allen abstrakten Konzepten, die hierzu in der Geistesgeschichte entstanden sind. Denn es geht in diesem Buch nicht primär um Ideen und Theorien, sondern um pragmatische, im Alltag umsetzbare Anregungen.

Das Muschelmotiv des Buchcovers symbolisiert den Weg von außen nach innen, gewissermaßen die zentripetalen Kräfte, die uns auf dem Weg zu uns selber, in unser Innerstes unterstützen können (wie sie im ersten Teil auf Seite 19 dargestellt werden).

Viele der dargestellten Möglichkeiten, innerlich aufzutanken, sind uns ja an sich geläufig, manche mögen auch selbstverständlich klingen, doch im Alltag übersehen wir sie oft oder nehmen sie gar nicht mehr wahr. Das Buch wird Sie zum einen vielleicht an Bekanntes erinnern und dabei auch aufzeigen, warum es sinnvoll sein kann, eine bestimmte »Seelenquelle« zu nutzen. Zum anderen kann es Ihnen auch neue Anregungen und Impulse geben.

Finden Sie heraus, was Ihnen persönlich helfen kann. Wenn Sie nur ein paar Möglichkeiten aus dem Buch für sich mitnehmen und in Ihrem Leben umsetzen, dann hat sich die Lektüre gelohnt.

Dass Sie auf neue Weise zu sich finden
wünscht Ihnen Ihr

Marco von Münchhausen

Teil I

Kraft für die Seele – Warum und wie?

Das innere Vakuum und die Sehnsucht nach Erfüllung

Die Sehnsucht der Menschen nach innerer Erfüllung und nach Möglichkeiten, seelisch aufzutanken, ist heute größer denn je. In einer immer schnelllebigeren, hektischen und außenorientierten Zeit spüren immer mehr Menschen ein inneres Vakuum, dass aller Erfolg und Wohlstand zu füllen nicht in der Lage sind. Mit der Zunahme von Ängsten, Selbstzweifeln, innerer Zerrissenheit, Momenten des Ausgebranntseins und depressiver Stimmungen wächst das Verlangen der Seele nach Nahrung und Orientierung umso stärker. Doch was genau suchen die Menschen in ihrem Innersten? Die Antworten darauf mögen unterschiedlich sein, jedoch suchen die meisten Menschen nach:

- Sicherheit und Halt,
- Zuversicht und Vertrauen,
- Geborgenheit und Trost,
- Orientierung und verlässlichen Werten,
- Sinn und Motivation,
- Begeisterung für etwas,
- Zu-sich-Kommen,
- Ruhe und Frieden,
- Weite und Freiheit,

- Lebendigkeit und Freude,
- Glück und Erfüllung,
- Zufriedenheit und Dankbarkeit,
- Gelassenheit und Nachsicht,
- Liebe und Mitgefühl,
- Großzügigkeit und Hilfsbereitschaft,
- einem Gefühl der Verbundenheit mit anderen und der Welt.

Viele Menschen haben auch ein tiefes Verlangen nach Spiritualität, nach einer Kraft, die ihrer Seele Nahrung für den aufreibenden Alltag gibt. Wer diese Kraft in Gott findet und in seiner religiösen Tradition seelisch auftanken kann, ist gut versorgt, doch immer mehr Menschen, die heute aus der Kirche austreten, betrachten die vielfältigen und widersprüchlichen Alternativangebote des Esoterikmarktes mit ebenso viel Verunsicherung wie Skepsis. Sie fühlen ein inneres Vakuum, eine Leere, und suchen auf neuen Wegen, frei von moralischen Belehrungen oder dogmatischen Konzepten und unabhängig von einer bestimmten konfessionellen Überzeugung nach Erfahrungen und Orten, die ihnen gut tun. Es wird daher immer wichtiger, solche neuen, pragmatischen Wege zu finden, um *innerlich Kraft zu schöpfen, die inneren Ressourcen zu aktivieren und Quellen zu entdecken, die das Leben bereichern.*

Doch warum haben wir Menschen überhaupt das Bedürfnis, dieses innere Vakuum zu füllen? Und warum erscheint es uns gerade in der heutigen Zeit wichtiger denn je? – Dies hängt unter anderem mit der zunehmenden Verlagerung unseres Lebensschwerpunktes nach außen zusammen: Ohne inneres Gegengewicht ist die Gefahr groß, den Halt und die Balance im Leben zu verlieren.

Baum, Krone und Wurzeln

Jeder Baum muss mit seinen Wurzeln im Boden verankert sein. Je größer ein Baum, je üppiger seine Krone ist, je mehr Früchte er trägt, umso tiefer müssen seine Wurzeln in die Erde reichen. Sonst weht schon der erste Sturm ihn um.

Auch der Mensch, der zu viel im Außen investiert und nur dem Erfolg nachjagt, ohne sich um sein Inneres zu kümmern, gerät aus dem Gleichgewicht. Er verliert sich im Außen und erlebt den viel zitierten »Verlust der Mitte«. Alle Erfolge im äußeren Leben sind wenig wert, wenn die Verankerung im Inneren fehlt. Spätestens beim Auftreten von Lebenskrisen oder Schicksalsschlägen stellen die meisten fest: Im Außen gibt es keinen wirklichen Halt! (Dies soll nicht bedeuten, dass andere Menschen einen nicht unterstützen können, den eigenen inneren Halt wiederzugewinnen; gemeint ist vielmehr die Orientierung an rein äußerlichen Werten, wie Status, Karriere oder Besitz.) Unsere Wurzeln müssen in der Erde sein, in unserem Leben, also *innen*: Unsere Wurzeln sind zum Beispiel unsere seelische Tiefe, unsere Charakterstärken, unsere Einstellungen und unsere persönlichen Werte, unsere Kraft, mit Schmerz und Schwierigkeiten umgehen zu können, unsere Vitalität und Motivation, in der Zugehörigkeit zu anderen Menschen und nicht zuletzt unsere Fähigkeit, die inneren Ressourcen zu aktivieren und unsere Seele immer wieder aufzutanken.

Entscheidend für unseren inneren Halt sind also unsere Wurzeln. Von der persönlichen Veranlagung und Einstellung mag es dann abhängen, ob man sich eher als *Eiche* oder *Bambus* entwickelt: Eichen gedeihen im dichten Wald sicherer, während der biegsame Bambus dort geeigneter ist, wo es stürmt. Obwohl vieles darauf hinweist, dass heute die statische »Eichenperiode« ihrem Ende entgegengeht und wegen des immer schnelllebigeren Wandels das »Bambuszeitalter« begonnen hat, haben doch beide Pflanzen ihren Lebensraum und ihre Daseinsberechtigung.

Zentrifugale und zentripetale Kräfte

Es mag sich leicht sagen, dass man Wurzeln braucht, das ist aber in der heutigen Zeit schwerer denn je zu verwirklichen. Eine der Hauptursachen für unser seelisches Vakuum und die geringe Verwurzelung im Inneren liegt in der Vielzahl von Faktoren und Umständen, die uns von uns selber wegziehen und unsere Aufmerksamkeit und unser Handeln immer mehr nach außen verlagern. Diese Kräfte kann man als *zentrifugale Kräfte* bezeichnen.

Auch Sie haben sicher schon die Erfahrung gemacht, wie schwierig es im Berufsalltag ist, sich in eine Aufgabe zu vertiefen, während ständig das Telefon klingelt, der Chef nach der aktuellen Umsatzanalyse fragt oder das E-Mail-Programm neue

Nachrichten meldet. Und es scheint fast unmöglich, einen Brief an die weit entfernt wohnende, beste Freundin zu schreiben, während eines Ihrer Kinder um Unterstützung bei den Hausaufgaben bittet, ein anderes mit aufgeschlagenem Knie weinend ins Zimmer stürmt und gleichzeitig die Nachbarin klingelt.

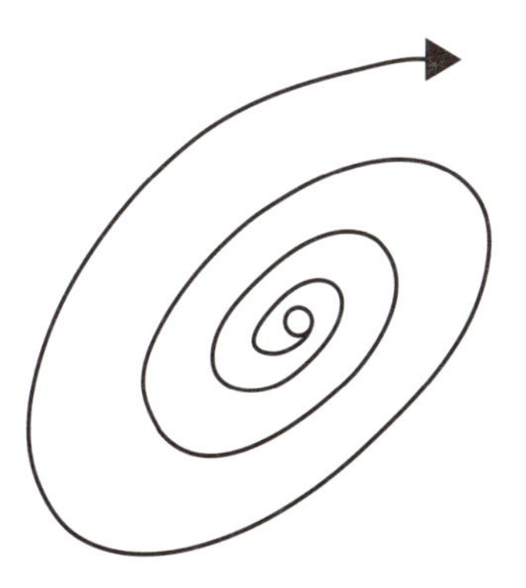

Das Verhängnisvolle dabei ist: Je mehr unsere Aufmerksamkeit, unser Fokus, außerhalb von uns ist, desto mehr geraten wir in den Sog der äußeren Kräfte, die uns sukzessive von uns selber entfernen, und desto schwächer wird der Kontakt zum eigenen Selbst oder, mit anderen Worten, zu den Quellen in unserem inneren »Seelenraum«. Die Folge davon ist, dass sich die meisten Menschen umso ausgebrannter und leerer fühlen, und umso intensiver wird infolgedessen ihr Bemühen, die innere Leere durch erneute Reize von außen zu füllen. Leider lässt diese Wirkung schnell nach: Sobald der kurzzeitige »Kick« des jeweils Neuen verflogen ist und durch Gewöhnung der

Reiz seine Kraft verloren hat, beginnt die Jagd erneut... und so rotieren wir immer schneller in der Zentrifuge des äußeren Lebens.

Je weiter wir uns von unserem Zentrum entfernen, desto größer wird die Rotationsgeschwindigkeit – und desto mehr scheinen, unmerklich, aber kontinuierlich, unsere inneren Wahrnehmungskanäle zu »verstopfen«. Wir verlieren gewissermaßen unsere subtilen inneren Antennen und das Gehör für die leise Stimme unseres Herzens, unserer wichtigsten und innersten »Orientierungszentrale«.

Der Weg *zurück* zu diesem Zentrum ist prinzipiell einfach, in der Praxis allerdings nicht ganz leicht umzusetzen. *Einfach*, weil es an sich nur darum geht, *innezuhalten*, also gewissermaßen »innen an-zuhalten« und unsere Innenräume wieder zu erschließen, um in unseren inneren Quellen wieder aufzutanken. Für viele Menschen erweist sich dies in ihrem hektischen Alltag aber alles andere als leicht: Für jemanden, der es nicht gewöhnt ist, immer wieder innerlich *an-zuhalten*, kann es am Anfang schwierig sein, das Innehalten *aus-zuhalten*. Zum einen, weil einem dieses *Inne-halten* in voller zentrifugaler Fahrt wie ein Stillstand erscheinen kann, mit dem damit verbundenen Gefühl, in die Leere abzustürzen. Deshalb finden viele es schwer zu bremsen und geben lieber weiter Gas, wenn sie das Schicksal nicht mehr oder weniger unsanft aus der Bahn wirft.

Zum anderen kann es geschehen, dass jemand, der dieses »Atemholen« nicht gewohnt ist, dabei von etwas Innerem ergriffen wird, was er weder er-greifen noch be-greifen kann –

von etwas Tiefem und Intensivem und zunächst Ungewohntem, das ihn verunsichern mag. Je mehr ein Mensch gewohnt ist, seine Sicherheit im Außen und im Be-greifbaren zu suchen, desto behutsamer sollte er bremsen, desto tastender sollte er die Wege in seinen Innenraum suchen, um sich wieder die Quellen zu erschließen, in denen seine Seele auftanken kann.

Um unser Gleichgewicht wiederzugewinnen geht es also darum, in unserem Alltag gegen den zentrifugalen Sog *die zentripetalen Kräfte zu stärken*, die uns wie die Spirale eines Schneckenhauses oder einer Muschel zu unserem Zentrum zurückführen, uns gewissermaßen wieder bei uns selbst ankommen lassen.

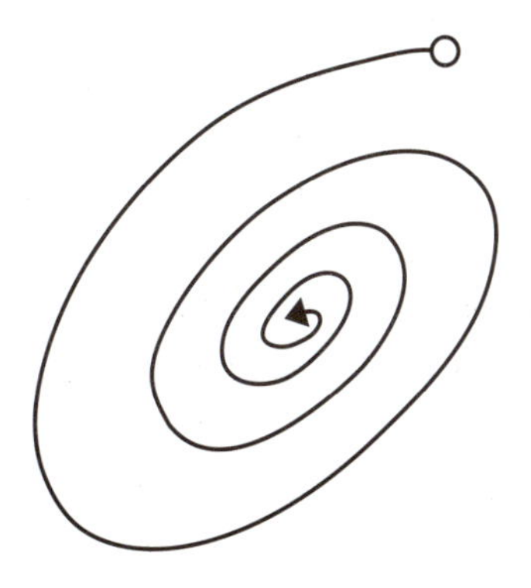

Doch wie lassen sich diese Kräfte aktivieren? Dieses Buch soll Ihnen Methoden aufzeigen, mit denen Sie Ihre zentripetalen Kräfte stärken können. In den beiden folgenden Kapiteln werden Sie erfahren, warum es zunächst einmal so wichtig ist,

Raum für die Seele zu schaffen, Raum, in dem die zentripetalen Kräfte überhaupt zur Wirkung kommen können. Außerdem werden Sie die sieben Grundprinzipien seelischen Erlebens kennen lernen, die es Ihnen einfacher machen werden, auf Ihre inneren Bedürfnisse zu horchen und ihnen nachzugehen.

Danach, in Teil II, finden Sie 15 Möglichkeiten, mit denen Sie Ihre Ressourcen aktivieren können. Bei diesen Möglichkeiten – sozusagen den Seelenquellen – handelt es sich um unterschiedliche Techniken, Tätigkeiten oder Rituale, die Sie ausüben können, oder auch um Gelegenheiten oder Orte, die Sie aufsuchen können, um Ihre Seele auftanken zu lassen. Ziel ist es dabei, Ihnen ein möglichst breites Spektrum von Seelenquellen darzustellen, damit Sie nach der Lektüre ganz individuell entscheiden können, welche davon Sie für sich nutzen möchten.

Da es am Anfang allerdings der bewussten Planung bedarf, die eine oder andere Seelenquelle auch tatsächlich in den Alltag zu integrieren, werden Sie in Teil III nützliche Hinweise und Anregungen für die praktische Umsetzung erhalten.

Raum schaffen für die Seele

In seinem *Buch der Lebenskunst* erzählt Pater Anselm Grün folgende Geschichte: Der christliche Mönchsreformer Bernhard von Clairvaux (1090–1153) riet einst Papst Eugen III., seinem früheren Schüler: »Gönne dich dir selbst!« Der Papst hatte sich zuvor bei ihm beklagt, dass er vor lauter Arbeit und Beschäftigung gar nicht mehr zum Beten komme und darüber ganz unglücklich sei. Statt ihn zu bemitleiden, ermahnte ihn der Mönch: Er sei selber schuld, wenn er so viel arbeite, wenn er meine, jedem Bittsteller helfen zu müssen und sich auf alle Angelegenheiten einlassen zu müssen. Gerade weil er eine verantwortungsvolle Stellung innehabe, sei es notwendig, dass er für sich selber sorge. Denn: »Wer nicht für sich selber sorgt, wird mit seiner Sorge für die anderen keinen Segen bringen!« Sie werde ihn vielmehr innerlich verhärten und bitter werden lassen. Wenn er den anderen so viel Zeit gönne, so solle er auch sich selbst genügend Zeit gönnen, damit seine Seele atmen könne, damit er das Leben spüre. Aber er solle sich nicht nur Zeit gönnen, sondern sich auch sich selbst gönnen.

Je geschäftiger und hektischer unser Leben ist, desto wichtiger wird es, uns immer wieder Raum und Zeit zu gönnen, damit die Seele wieder aufatmen und leben kann. Arthur Rubinstein sagte einmal, die wahre musikalische Kunst liege nicht in der Notenbeherrschung verborgen, sondern in den Pausen zwischen den Noten. Und auch in unserem Leben sind die Pausen, in denen wir seelisch Luftholen können, genauso wichtig wie die Pausen zwischen den Noten oder die Freiräume zwischen den Bildern in einem Museum: Ohne diese können weder Musiknoten noch Bilder wirken, und auch wir können nicht richtig wirken, wenn wir uns nicht immer wieder zeitliche Freiräume für uns selber gönnen.

In diesen Freiräumen haben wir Zeit, *ganz und ausschließlich für uns alleine*, ohne dass wir irgendetwas Bestimmtes tun müssen. Es ist eine Zeit des »*Seins*«, nicht des »*Tuns*«. Eine Zeit, die nicht strukturiert ist, in der wir nicht wieder irgendein Ziel verfolgen, sondern einfach die »Seele baumeln lassen« können. Machen Sie sich bewusst: Beim Baumeln in einer Hängematte, beim Schaukeln als Kind hat man kein Ziel, man schwingt einfach hin und her. Und genau das liebt unsere Seele auch: einfach nur schwingen, sich im Augenblick treiben lassen, und zwar von innen getrieben – nicht von außen.

Es geht darum,
sich ohne ein bestimmtes Ziel von innen treiben zu lassen,
statt von außen getrieben zu werden!

Schaffen auch Sie sich solche Zeit-Räume: Erlauben Sie sich gelegentlich, einfach nur das zu tun, wonach Ihnen gerade ist, was Ihnen spontan Spaß macht. Schauen Sie während solcher Momente möglichst nicht auf die Uhr – diese Zeit sollte gewissermaßen »frei von Zeit« sein. Egal, ob es nur eine Stunde ist, die Sie im Park schlendernd spazieren gehen, in einem Café sitzen und die Menschen beobachten oder träumend auf Ihrem Sofa liegen, widerstehen Sie der Versuchung, auch nur irgendetwas »Sinnvolles« tun zu wollen! Genießen Sie die Zeit, um einfach nur zu leben, zu beobachten, sich selber zu spüren – wie auch immer es Ihnen gerade gehen mag, ohne etwas verändern oder bewerten zu müssen. Erleben Sie das Leben, wie es *gerade* ist. Das mag nicht immer leicht sein, aber wenn Sie ab und an eintauchen in diese reine Wahrnehmung des Lebens, so wird Ihre Seele dabei auftanken und aufleben. Denn die Seele lebt im Augenblick – im entspannten, ungeplanten, unreflektierten Augenblick.

Nehmen Sie sich Zeit für sich. Gönnen Sie sich Momente, in denen Sie *allein mit sich selbst* sein können: Momente, in denen *keine Ansprüche anderer*, keine vermeintlichen Verpflichtungen Sie antreiben oder Ihnen gar ein schlechtes Gewissen bereiten können. Momente, in denen Ihnen niemand sagt, was Sie zu tun haben.

Nehmen Sie sich immer wieder
den Zeit-Raum des Bei-sich-sein-Dürfens

Solche Zeit-Räume des »Bei-sich-Seins« gilt es zu schützen: vor Störungen, Ablenkungen oder allzu vielen Reizen. Dann haben die täglichen Probleme und Sorgen, die Bewertungen und Verurteilungen anderer oder von uns selbst keinen Zutritt. Wenn sie dennoch ungefragt auftauchen, dann nehmen Sie sie wahr … und lassen Sie sie weiterziehen, ohne ihnen nachzugehen, und vor allem, ohne ihnen Raum zu geben! Kehren Sie zu sich selber zurück, zu dem, was Sie sich gerade gönnen.

Und in solchen Momenten kann es sein, dass Sie entdecken, dass es nicht nur um den Zeit-Raum geht, sondern dass es *in Ihnen selber einen solchen Raum* gibt, zu dem die alltäglichen Probleme keinen Zutritt haben, in dem Sie auftanken können.

Stellen Sie sich vor, es gäbe in uns verschiedene »Innenräume« mit jeweils unterschiedlichen seelischen und emotionalen Qualitäten. Da mag es die helleren Räume der Freude, der Liebe und des Mitgefühls und die eher dunkleren der Trauer, der Angst und der Wut geben; neben all diesen Räumen gibt es aber noch einen heilen inneren »Schutzraum«, in dem Sie ganz und auf Ihre Weise vollkommen sind. Hier können Sie einfach so sein, wie Sie sind, mit all Ihrer Zerrissenheit und Ihren Fehlern, ohne irgendetwas verändern zu müssen. Hier können Sie erfahren, dass Sie zwar Fehler *haben*, aber nicht Ihre Fehler *sind*. Hier werden all Ihre sonstigen Sorgen relativiert und verlieren ihre Macht über Sie. In diesem Raum müssen Sie auch Ihre Schwächen nicht mehr bekämpfen und besiegen. Und Sie erfahren, dass letztlich in diesem Raum nichts über Sie Macht hat. Hier sind Sie heil und ganz, wie Anselm Grün es beschreibt.

In diesem Schutzraum können Sie feststellen, dass einzig die Vorstellung, dass etwas anders sein müsste, dass *wir* anders sein müssten, uns hindert, einfach zufrieden mit dem zu sein, was gerade ist, und es zu genießen. Die volle Dimension des Lebens öffnet sich uns dann, wenn es uns gelingt, die

Gegenwart so zu akzeptieren und in sie einzutauchen, wie sie ist, ohne gerade etwas verändern zu wollen. Dann können wir auch uns so spüren und annehmen, wie wir sind, und ein Gefühl des inneren Friedens empfinden.

Unsere Seele mag sich in all den verschiedenen Innenräumen aufhalten können, auftanken wird sie in erster Linie in diesem heilen Schutzraum. Diesen Raum können auch wir im Alltag immer wieder kurz oder länger aufsuchen, gewissermaßen in ihn eintauchen. Je öfter wir es tun, umso leichter wird es gehen und umso besser wird es uns seelisch ergehen!

Doch wie lassen sich im heutigen Alltag überhaupt die Zeiträume finden, um in diesen inneren Schutzraum einzukehren? Sich solche Zeitoasen zu schaffen, ist nicht leicht. Diese Räume schaffen sich nicht von selber, im Gegenteil: Der zentrifugale Sog des äußeren, schnell rotierenden Lebens zieht uns in der Regel sofort aus dem Zustand des Bei-uns-Seins oder des Einfach-nur-mit-uns-Seins heraus – daher auch die weit verbreitete Tendenz, sobald freie Zeit da ist, diese sofort wieder mit allen möglichen Aktivitäten und Beschäftigungen zu füllen. Vielleicht haben auch Sie schon erlebt, dass Sie nach einem Urlaub, in den Sie möglichst viele Erlebnisse und Vergnügungen hineinpacken wollten, erschöpfter zurückkamen, als Sie abgereist waren?

Am Anfang mag es Sie sogar Überwindung kosten, falls Ihnen diese Erfahrung noch (relativ) unbekannt ist oder falls Ihnen auf dem Weg in die eigenen Innenräume auch ein paar »Krokodile im Keller« in Form von verdrängten Gefühlen, Ängsten oder ungelebten Seiten, die in Ihrem Alltag bisher keinen Platz haben durften, begegnen. Schauen Sie sie an und gehen Sie ruhig an ihnen vorbei – so bedrohlich sie auch aussehen, sie beißen nicht! Je genauer und öfter Sie sie betrachten, desto harmloser und vertrauter werden sie Ihnen werden. Und vielleicht gelingt es Ihnen mit der Zeit, unter Umständen auch mit der professionellen Unterstützung eines Coaches oder Therapeuten (gewissermaßen mithilfe eines »Krokodildompteurs«), das eine oder andere von ihnen zu zähmen und in Ihr Alltagsleben zu integrieren. Je häufiger Sie die Erfahrung machen, wie wohltuend und bereichernd ein solcher Aufenthalt in Ihrem inneren Schutzraum sein kann, desto leichter wird es Ihnen fallen, dort immer wieder einzukehren: Alle Erfahrungen, die wir machen, werden in unserem Nervensystem gespeichert. Und unser automatisches Steuerungssystem tendiert nun mal dazu, positive Erlebnisse zu wiederholen und negative zu vermeiden. Mit jeder tiefen, erfüllenden Erfahrung in Ihrem Innenraum wird Ihr Nervensystem Sie unterstützen, ja gewissermaßen auffordern, dorthin zurückzukehren. Denn – so paradox dies auch klingen mag – unverplante Zeit-Räume entstehen meist nur aufgrund genauer Planung.

Mehr dazu werden Sie in Teil III dieses Buches erfahren. Aber machen Sie am besten schon jetzt ein Rendezvous mit sich selber. Reservieren Sie sich für den kommenden Donnerstag eine Stunde in der Mittagszeit, oder nächste Woche den Freitagnachmittag, oder gar einen ganzen Samstag in drei Wochen, um nur das zu tun, wonach Ihnen dann ist. Vielleicht haben Sie bei der Lektüre dieses Buches bis dahin etwas Neues kennen gelernt, das Sie gerne ausprobieren möchten, oder Sie haben sich an etwas erinnert, das Ihnen schon immer gut getan hat: Egal, ob Sie spazieren gehen, in einer Sauna entspannen, Musik hören, im Bett liegen und lesen oder in einem Straßencafé Menschen beobachten – tun Sie nur nichts »Nützliches«, Geplantes oder etwas, das Sie lediglich ablenkt und Ihre Zeit »vertreibt«, wie Fernsehen oder Computerspiele. Experimentieren Sie und finden Sie heraus, womit Sie sich am wohlsten fühlen, was Ihren Zustand des Bei-sich-Seins am besten fördert... und lassen Sie Ihre Seele dabei auftanken.

Sieben Grundprinzipien seelischen Erlebens

Die folgenden Abschnitte sollen einige allgemeine Reaktionsweisen unseres seelischen Erlebens aufzeigen, die sich wie ein roter Faden durch die verschiedenen Auftankmöglichkeiten des zweiten Teils dieses Buches ziehen werden.

Qualität statt Quantität

Für unser seelisches Erleben, für die innere Zufriedenheit, Erfüllung und unser Glück ist nicht die *Quantität*, die Häufigkeit der Erlebnisse entscheidend, sondern ihre *Qualität*, also die Tiefe des Erlebens im Augenblick, das Eintauchen in ein Geschehen, sei es auch noch so kurz. Vielleicht haben Sie auch schon die Erfahrung gemacht, ...

- ... dass eine Stunde konzentrierter Tätigkeit mehr befriedigt als mehrere Stunden zerstreuter Geschäftigkeit.
- ... dass es erfüllender sein kann, mit einem Menschen in einem Gespräch in einen tiefen inneren Kontakt zu treten, als auf einer Party mit vielen Gästen Small Talk zu machen.
- ... dass es intensiver ist, in einem Museum zehn oder gar zwanzig Minuten vor einem Bild zu verweilen, um es ganz

auf sich wirken zu lassen, als im Schnelldurchgang in der gleichen Zeit dreißig Bilder anzuschauen.

- ... dass es ein eindrücklicheres Erlebnis ist, einmal in ein wirklich gutes Restaurant zu gehen und das Mahl dort wirklich bewusst zu zelebrieren, als fünf Mal auswärts essen zu gehen, ohne dies wirklich wahrzunehmen.
- ... dass ein Buch, in dem man voll und ganz versinkt, ja, sich darin verliert, stärker in Erinnerung bleibt, als drei Bücher, die man im Schnelldurchgang konsumiert hat.
- ... dass eine tiefe sinnliche Begegnung mit einem geliebten Menschen an Erlebnisintensität durch mehrere One-Night-Stands kaum erreicht werden kann.

Immer geht es dabei um *Tiefe*, um das Eintauchen und Aufgehen im Augenblick, also um die *Qualität* und *Intensität* des Erlebens, nicht aber um die Häufigkeit dieser Ereignisse. Im Gegenteil, die Intensität kann sogar durch die Quantität aufgrund des Gewöhnungseffektes verwässert und geschmälert werden: Der fünfte traumhafte Sonnenuntergang am gleichen Ferienort wird selten genauso tief empfunden wie der erste. Quantitative Häufung zerstört meist sukzessiv die Intensität einmaliger Ereignisse und somit ihre Erlebnisqualität.

Lebensqualität ist nicht Lebensfülle,
sondern Lebensintensität.

Dies betrifft auch die Frage, ob unser Leben eher *voll* oder *erfüllt* ist: Das Leben der meisten Menschen ist heute eher übervoll, dabei aber in der Regel unerfüllt. Es ist übervoll an Terminen, an Gegenständen, an Nahrungsmitteln, an Bekannten, an Freizeitmöglichkeiten und Ablenkungen, an Informationen, an Gedanken, an Ansprüchen und sonstigen Reizen – genau diese Reizfülle lenkt sie aber ständig von sich selbst ab und hindert ihre Seele, innerlich aufzutanken und Erfüllung zu finden.

Die folgende Geschichte ist ein schönes Bild dafür:

Ein westlicher Professor auf der Suche nach Erleuchtung besucht einen Zen-Meister, der ihn in seinem Haus willkommen heißt. Während sie sich unterhalten, gießt der Meister Tee für seinen Gast ein. Doch er gießt so lange Tee in die Tasse, bis dieser über den Rand fließt, über den Tisch läuft und den Boden überschwemmt. Erschrocken schreit der Professor: »Passen Sie auf! Die Tasse ist doch schon längst voll, und der ganze Tee läuft über!« – Darauf lächelt der Zen-Meister und erwidert: »Ja, genau wie Sie! Sie sind gekommen, um von mir etwas zu lernen. Aber Sie sind von eigenem Wissen und Erkenntnissen so erfüllt, dass gar kein Platz mehr für etwas anderes bleibt«.

So ist es auch mit unserer Seele: Sie braucht Raum, Freiraum von zu vielen Reizen. Sie braucht Platz, um wahrgenommen zu werden, sonst wird sie, sonst werden ihre Signale von allen anderen Reizen »erdrückt«.

Fragen Sie sich einmal:

- In welchen Augenblicken hat Ihre Seele diesen Raum?
- Bei welchen Tätigkeiten sind Sie wirklich erfüllt?
- Was sind die Merkmale dieser Augenblicke?

Je intensiver Sie sich die Eigenschaften der für Sie persönlich erfüllenden Momente bewusst machen, desto leichter können Sie dafür sorgen, diese in Ihrem Alltag wiederzufinden. Im Übrigen ist ein Weg von der Quantität zur Qualität, *aus der Fülle zur Er-füllung* zu gelangen, ganz einfach die auf uns wirkenden äußeren Reize zu reduzieren, da die meisten Reize uns vom Gespür für unser Selbst und von unserem Inneren ablenken.

Wir können beispielsweise stille Plätze aufsuchen (Reduktion der akustischen Reize), uns in weitgehend leeren Räumen aufhalten beziehungsweise die Augen schließen (Reduktion optischer Reize) oder fasten (Reduktion geschmacklicher Reize). Bei einem Heilfastenaufenthalt in einem Kloster werden die meisten äußeren Reize vorübergehend reduziert, und dies kann helfen, wieder mit sich selbst in einen tieferen Kontakt, in ein erfüllenderes Er-leben zu gelangen.

Schaffen Sie also in Ihrem Leben »Zeitinseln« für qualitativ intensives Erleben, Zeiten ohne Ablenkungen und Störungen, und finden Sie heraus, welche Reize Sie am besten vorübergehend reduzieren, um den Kontakt zu Ihrem Inneren tiefer erfahren zu können. – Denn:

Es geht nicht um ...	sondern um ...
... Quantität,	**...Qualität.**
... Häufigkeit,	... Intensität.
... Fülle,	... Erfüllung.

Ergriffenwerden statt Ergreifen

Die Momente tiefen seelischen Erlebens, in denen wir innerlich auftanken, sind meist Momente, in denen wir von etwas *ergriffen werden*: von den Klängen einer Musik, dem Ausdruck eines Bildes, der Schönheit einer Landschaft, den Augen eines Menschen, der Stille eines Ortes, der Faszination eines Theaterstückes, der Aussage eines Gedichtes oder der Kraft eines religiösen Rituals. Doch all dies sind Umstände, die nicht greifbar, fassbar oder berührbar sind. Sie können uns nur er-greifen, uns er-fassen, uns berühren – wenn wir es zulassen. Dies ist ein entscheidender Unterschied zwischen äußerem Leben und innerem Erleben:

Das äußere Leben nährt sich
vom Er-greifbaren, Er-fassbaren und Berührbaren.
Das innere Er-leben nährt sich
vom nicht Er-greifbaren und doch uns Ergreifenden,
vom nicht Er-fassbaren und doch uns Erfassenden,
vom nicht Berührbaren und doch uns Berührenden.

Inneres Erleben, in dem unsere Seele auftankt, geschieht, wenn wir von etwas ergriffen und berührt werden. Oder kurz gesagt: Die Seele lebt vom Ergriffen-Sein!

Deshalb ist es so wichtig, Orte und Gelegenheiten zu kennen und zu suchen, an denen wir innerlich ergriffen und berührt werden können, seien es nun bestimmte Musikstücke, Bergwanderungen, die Stille im Wald, Sonnenuntergänge oder das Lesen vor dem Kaminfeuer. Und es ist auch wichtig, dies *zuzulassen* und *auszuhalten*, selbst wenn wir rational nicht genau erfassen oder begreifen können, was es letztlich ist, das uns da tief berührt. Dies ist für viele, insbesondere für analytisch veranlagte Menschen am Anfang nicht leicht, da sie oft Angst davor haben, die Kontrolle über solche nicht erfassbaren Erlebnisse zu verlieren. Gleichzeitig erfordert es aber auch Offenheit und Geduld, denn das Ergriffenwerden lässt sich nicht erzwingen oder bewusst herbeiführen, es lässt sich nicht »machen«.

Wenn jemand gestern bei einem Sonnenuntergang auf der Parkbank ein solches ihn tief ergreifendes Seelenerlebnis hatte, so kann es sein, dass er heute auf der gleichen Bank sitzt und bei einem nahezu gleich schönen Sonnenuntergang gar nicht viel empfindet. Und je mehr er sich bemüht, desto geringer werden seine Chancen, tatsächlich ergriffen zu werden: Um seelisch tiefes Erleben kann man sich nicht bemühen. Ja, Anstrengung und Ergriffenwerden schließen sich geradezu aus. Wir können es allenfalls *zu-lassen*, unsere Kontrolle *los-lassen* und, wenn wir ergriffen werden, uns darauf *ein-lassen*.

Ergriffensein lässt sich nicht be-wirken, es kann nur wirken.
Es lässt sich nicht fassen, es kann uns nur er-fassen.
Es lässt sich nicht fest-halten, wir können es nur aus-halten.

Individuell statt ideal

Von morgens bis abends sind wir mit Idealen konfrontiert: von den Idealen, wie wir aussehen müssen und uns zu kleiden haben, wie wir uns ernähren sollen, wie viel Erfolg wir haben müssen, mit welchen Statussymbolen wir uns umgeben sollten, welche Umgangsformen angebracht sind, wie oft und in welchen Positionen wir Sex haben sollten, welche Handlungen und Gedanken zulässig sind und welche nicht, wie wir unsere Kinder zu erziehen haben, bis hin zu den Fragen, was ein einigermaßen gebildeter Mensch wissen sollte und was gerade »in« oder »out« ist. So sind viele von uns auf einer ständigen Jagd nach dem Optimum und bemüht, ein möglichst ideales Leben zu führen. Das ist nicht nur unglaublich anstrengend, es ist auch unmöglich und daher auf Dauer notwendigerweise ziemlich frustrierend. Keinem von uns kann es gelingen, allen diesen Idealen gerecht zu werden, sosehr er sich auch anstrengen mag. Und je größer die Bemühung, umso größer wird meist unsere Unzufriedenheit mit uns selbst. Unsere Seele aber bleibt auf der Strecke. Denn:

Die Seele tankt nicht im Idealen,
sondern im Normalen, im Individuellen.

Nämlich dann, wenn wir *einfach so sein können, wie wir sind*: menschlich normal, jeder von uns mit seinen Fehlern und Schwächen. Die Seele entspannt und tankt im »erlaubten

In-Perfektionismus«. Dort können wir so sein, wie wir sind: individuell verschieden und nicht ideal gleichartig!

Die Zeit der Seele

Die Zeit der Seele ist die Gegenwart. Nur in der Gegenwart kann die Seele in die Tiefe eines Geschehens eintauchen. Dies wird vor dem Hintergrund verständlicher, dass es zwei Arten von Zeitwahrnehmung gibt: eine quantitativ *messbare* Zeit, die von der Vergangenheit in die Zukunft führt, und eine qualitativ *erfahrbare* Zeit in der Gegenwart. Die messbare Zeit ereignet sich eigentlich nur in unseren Gedanken, unsere Seele dagegen können wir immer nur in der Gegenwart erfahren, denn Intensität und Tiefgang ereignen sich immer im Jetzt.

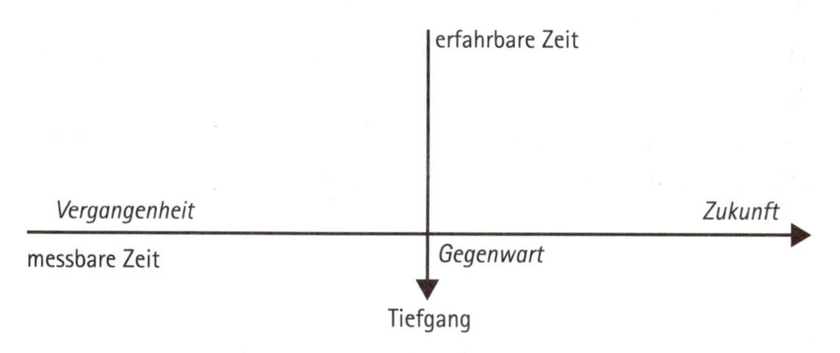

Die Menschen in der westlichen Welt leben meist in der messbaren Zeit, mit ihren Gedanken entweder in der Vergangenheit, bei dem, was geschehen ist, oder in der Zukunft, bei dem, was sie vorhaben. Aus der Gegenwart lassen sie sich meistens ablenken. Der so genannte »Zeitvertreib« vertreibt nicht nur die Zeit, sondern auch unsere Wahrnehmung aus dem gegenwärtigen Augenblick. Dies spiegelt sich auch in der folgenden asiatischen Weisheit:

Ein Zen-Mönch wurde gefragt, worin das Geheimnis seiner Zufriedenheit und seiner so glücklichen Ausstrahlung bestehe. Er antwortete: »Das ist ganz einfach: Wenn ich stehe, dann stehe ich, wenn ich gehe, dann gehe ich, wenn ich esse, dann esse ich, und wenn ich rede, dann rede ich.« – Erstaunt antwortete der Fragende: »Aber das tun wir doch alle!« – »Nein«, erwiderte der Mönch, »das tut ihr eben nicht: Wenn ihr steht, dann denkt ihr schon ans Gehen, wenn ihr geht, ans Essen, beim Essen redet ihr, und beim Reden denkt ihr an das, was ihr danach machen werdet!«

Das Erleben der Seele findet jedoch in genau diesen gegenwärtigen Augenblicken statt. Dort sind Tiefgang und inneres Auftanken möglich. Und deswegen ist für unser seelisches Erleben auch die Geschwindigkeit – oder vielmehr die Langsamkeit – so wichtig, in der unser Leben stattfindet.

Das Tempo der Seele

Unsere Seele braucht Zeit, ihr Tempo ist langsam. Leider ist Langsamkeit heutzutage kaum gefragt – zumindest noch nicht wieder ausreichend. Dennoch zeigt der Erfolg von Büchern wie Sten Nadolnys *Die Entdeckung der Langsamkeit* oder Lothar Seiwerts Bestseller *Wenn du es eilig hast, gehe langsam*, dass ein möglicher Umschwung stattzufinden scheint. Dieser Umschwung wird allerdings ein innerer Umschwung bleiben, denn die Geschwindigkeit der Welt um uns herum wird weiterhin zunehmen. Umso wichtiger, innerlich immer wieder zu bremsen und zu verlangsamen, sonst wird die Seele auf der Strecke bleiben.

Sehr schön beschreibt die folgende Überlieferung das Bild von der langsamen Seele:

Durch den südamerikanischen Urwald zieht eine Gruppe von Menschen. Es sind Weiße und etliche Indianer, die für die Fremden den Weg schlagen und von ihnen »gekauft« wurden. Den Weißen hat die Zeit etwas genommen, nun wollen sie zurück an den Beginn dieser Zeit, um zu finden, was sie verloren haben. Sie dringen vorwärts und lassen kein Rasten, kein Schauen, kein Hören zu. Sie schreien in Worten, die die dunklen Männer nicht verstehen, doch die ahnen, was sie bedeuten: Vorwärts! Vorwärts! Wer an den Beginn der Zeit will, so denken die Menschen aus dem fernen Land, der darf keine Minute verschwenden, muss den Tag nutzen, muss die Nacht nutzen, um ans unbekannte Ziel zu kommen.

Doch die Gesichter der Indianer verändern sich mit jedem Schritt, mit jedem neuen Befehl. Sie werden immer unruhiger und verstörter, und eines Morgens sind sie verschwunden. Nach langem Suchen entdecken die Weißen sie: Sie sitzen im Kreis auf einer Lichtung, mit geschlossenen Augen, und scheinen nach innen zu hören, in unsichtbare Fernen zu sehen. Alles Schimpfen und Schreien der Fremden kann sie nicht aus der Ruhe bringen. Schließlich erhebt sich ihr Anführer und sagt: Wir können nicht weiter. Wir müssen hier warten. Unsere Seelen konnten euer Tempo nicht mithalten. Sie sind unterwegs verloren gegangen. Nun müssen wir warten, bis sie nachkommen. Wenn sie wieder bei uns sind, können wir die Reise fortsetzen. Aber langsamer – in der Geschwindigkeit von Körper und Seele!

nach: Folke Tegetthoff, *Das Paradies in der Wüste*

In seinem Buch *Zeit zum Leben – den Augenblick genießen* schreibt Stephan Rechtschaffen über den Unterschied »mentaler Zeit« und »emotionaler Zeit«: Gedanken und Gefühle arbeiten in völlig unterschiedlichem Tempo und besitzen ganz andere Rhythmen. *Mental* sind wir unglaublich schnell, »das wahre Wesen der Gedanken ist die Geschwindigkeit«, so Rechtschaffen. Das Gehirn, der schnellste Computer der Welt, registriert und verarbeitet Gedanken in Bruchstücken einer Sekunde. Wenn Sie dies testen wollen, halten Sie bitte einen Moment inne und denken jetzt einmal an einen weißen Eisbären, dann an ein rotes Flugzeug und schließlich an die deutsche Fahne. Was stellen Sie fest? Kaum, dass Sie die Worte gelesen haben, erzeugt Ihr Gehirn vor Ihrem inneren Auge das dazugehörige Bild – in einer kaum wahrnehmbaren Geschwindigkeit.

Gefühle dagegen haben ein ganz anderes Tempo. Versuchen Sie einmal, Trauer, Wut und jetzt wahnsinnige Verliebtheit auf Befehl zu empfinden. Rechtschaffen vermutet, dass Ihnen das als eine merkwürdige Aufforderung erscheinen wird: »Richtig, das ist es auch, denn derartige Gefühle lassen sich nicht so mir nichts, dir nichts aufrufen. Wir können sie uns schnell *vorstel-*

len, ohne sie jedoch zu empfinden... Gefühle, die im gegenwärtigen Moment wirklich empfunden werden, benötigen Zeit, um sich zu entwickeln. Der Unterschied zwischen mentalen und emotionalen Verarbeitungsprozessen ist vergleichbar mit dem Unterschied zwischen einem modernen Kommunikationssystem und einer Brieftaube.«

Genauso ist es mit der Seele, deren Erleben nicht primär mental, sondern über das *Fühlen* wahrgenommen wird. Daher erfordert ein sinnvolles, intensives Seelen(er)leben Zeit! Denn:

Das wahre Wesen der Seele ist die Langsamkeit.

Je öfter Sie es daher schaffen, Ihr Lebenstempo zu verringern und bisweilen sogar zum Stillstand zu bringen, desto mehr passen Sie sich allmählich dem langsamen Rhythmus Ihrer Seele an und können tief in Ihren Innenraum eintauchen – und auftanken! Je besser Sie in der Lage sind, Ihre (Lebens-)Geschwindigkeit zu verringern, desto mehr wird sich Ihr (Seelen-)Leben grundlegend verändern!

Die Frequenz der Seele

Nicht nur das Tempo der Seele ist langsam, auch ihre Frequenz scheint ruhig zu sein. Dies lässt sich aus Messungen unserer Hirnfrequenzen folgern: In der Regel bewegen wir uns im Alltag, unserem Lebensrhythmus entsprechend, im schnellen Frequenzbereich, also gewissermaßen im »Kurzwellensegment«.

Unsere Gehirnströme schwingen dann im Hochfrequenzbereich, den so genannten Beta-Frequenzen von circa 13 bis 40 Hertz, der durchschnittliche Tageszustand liegt etwa bei 22 Hertz. Je gestresster unser Leben, desto hoher und schneller werden die gemessenen Frequenzen.

Wie aber funkt die Seele? Und auf welcher Frequenz empfängt sie ihre Signale? Jede Seele funkt auf bestimmten Frequenzbreiten, und zwar in der Regel auf den »langwelligen«, den langsamen. Die Seelenfrequenz ist, wie auch ihr Tempo, langsam und nicht schnell. Optimal für Kreativität und die Aufnahme von Informationen ist die so genannte Alpha-Frequenz von circa 8 bis 14 Hertz. Und durch Meditation und Tiefenentspannung gelangen wir (heute wissenschaftlich nachweisbar) in den Bereich der Theta-Frequenzen (4 bis 7 Hertz), die uns nicht nur in unser Inneres eintauchen und auftanken lassen, sondern auch unser Immunsystem stärken.

Die langsamen Alpha- und Theta-Frequenzen sind also gewissermaßen unsere Seelenfrequenzen. Natürlich ist diese Darstellung sehr vereinfachend, denn in dieser Aussage spiegelt sich nur ein Teilaspekt all dessen wider, was hier als »Seelenfrequenz« bezeichnet wird. Gemeint ist, dass wir in diesem Bereich unserer Gehirnfrequenzen leichter in Kontakt mit unserer Seele und mit uns selbst gelangen als in den schnellen Beta-Frequenzen, die unseren Alltag bestimmen. Das heißt:

Wenn wir auf unsere Seelenfrequenz schalten wollen,
müssen wir die Frequenz wechseln:
von schnell auf langsam.

Wir müssen also die Frequenz reduzieren, »herunterfahren«! Denn solange Sie sich im schnellen (meist auch lauten) Frequenzbereich bewegen, können Sie die Signale Ihrer Seele nur schwer empfangen, da die Seelenfrequenz langsam (und leise) ist.

Unabhängig von der Parallele zu den Gehirnfrequenzen gilt, dass jeder Mensch seine *eigene Seelenfrequenz* hat. Diese herauszufinden, ist wohl eine der wichtigsten persönlichen Entdeckungen, die Sie in Ihrem Leben machen können. Doch wie soll das gehen? Kein Mensch, kein Messgerät auf Erden kann Ihnen diese Frage beantworten. Und doch gibt es einen Weg: eigene Achtsamkeit und Gespür in Verbindung mit dem Resonanzprinzip. Seien Sie achtsam und spüren Sie, welche Menschen, welche Ereignisse und welche Dinge Sie wirklich innerlich berühren:

- Wo erleben Sie eine Resonanz zu Ihrer Seelenfrequenz?
- Was versetzt Ihre Seele in Schwingung?
- Mit welchen Menschen fühlen Sie eine Art Seelenverwandtschaft?
- Welche Musik, welche Bücher, welche Landschaften, welche Pflanzen, welche Speisen, welche Tätigkeiten und welche sonstigen Umstände berühren Sie und tun Ihnen einfach gut?

In Teil II werden Sie erfahren, welche weiteren Möglichkeiten es gibt, um Ihre Seele zum Schwingen zu bringen. Für den Moment ist es aber schon hilfreich, wenn Sie sich bewusst machen, welche Tätigkeiten, Menschen oder Orte Ihnen heute gut tun: Sie alle spiegeln etwas von Ihrer Seelenfrequenz, von Ihrer innersten Art zu empfinden und zu sein. Je mehr Sie sich Ihrer Schwingung bewusst werden, desto leichter können Sie sie aktivieren und auftanken. Lassen Sie sich dafür Zeit, aber lassen Sie nicht nach: Entdecken Sie Ihre eigene Seelenfrequenz, und gehen Sie ihr nach!

Suchen Sie die Umstände wieder auf, die Ihnen und Ihrer Seele gut tun und lassen Sie getrost all das beiseite, was auf einer andern Frequenz als Ihre Seele funkt – egal, um welchen neuen, aktuellen Trend es sich gerade handeln mag!

Das Prinzip der Selbstbedienung

Für Ihr Auto mag es Servicetankstellen und solche mit reiner Selbstbedienung geben – im Seelenbereich aber herrscht in punkto Auftanken allein das Prinzip der Selbstbedienung. Damit ist gemeint, dass niemand, aber auch niemand, uns das Investment in innere Prozesse und das Auftanken der Seele abnehmen kann. Wir können im materiellen Bereich heute nahezu alles delegieren oder über Fremdleistung erkaufen, im seelischen Bereich ist rein gar nichts delegierbar!

Ein Mensch mag sich von versierten Profis beraten, therapieren oder coachen lassen. Alle können aber nur Hilfestellung geben und Hebammenfunktion leisten. Den inneren Prozess, das eigentliche Erleben und Durchleben, das Eintauchen und Auftanken in den eigenen Innenräumen kann uns keiner auf diesem Planeten abnehmen! Und das ist wohl auch gut so, sonst wäre es nicht unsere Erfahrung, nicht unser eigenes Erleben. Erfahrung ist nun mal nicht delegierbar und auch nicht vermittelbar. Es gibt eben Dinge, die kann niemand sonst für einen tun.

Niemand kann die Antwort auf die für Sie wichtigen und essenziellen Fragen im Leben finden, niemand kann Reifungs- und seelische Wachstumsprozesse für Sie absolvieren, und niemand kann für Sie in Ihren innersten Schutzraum eintauchen und auftanken. Sie sind selbst dafür verantwortlich, regelmäßig Ihre Seele aufzutanken: Niemand kann es für Sie erledigen. Gewissermaßen kann man also sagen: »Seelsorger« Nummer eins sind wir selbst – in eigener Sache!

Pragmatik statt Dogmatik

Das Wissen um diese Prinzipien seelischen Erlebens und um die verschiedenen Möglichkeiten, innerlich aufzutanken, findet sich auch in den verschiedenen religiösen Traditionen der westlichen und östlichen Kulturen – häufig allerdings mit so viel dogmatischem und moralischem Ballast verbunden, dass viele Menschen sich nicht in der Lage sehen, innerhalb dieser Traditionen die nötige Nahrung für ihre Seele zu finden.

Dabei kann es sinnvoll sein, genauer hinzusehen und zu differenzieren. In jeder Religion lassen sich *drei Bereiche* unterscheiden (wie die Grafik auf S. 45 veranschaulicht):

- ein innerer Bereich der reinen seelischen Erfahrung,
- ein äußerer der Interpretation, also der Dogmatik, Moral und Theologie,
- ein mittlerer der Praxis, also der Techniken, Mittel und Methoden, die helfen sollen, in den inneren Bereich der seelischen Erfahrung zu gelangen.

In diesem Buch geht es einzig und allein darum, aufzuzeigen, welche Möglichkeiten in der Praxis bestehen, um zu einem tiefen und bereichernden inneren Erleben zu gelangen, unabhängig von dogmatischen Fragen der weltanschaulichen Einordnung.

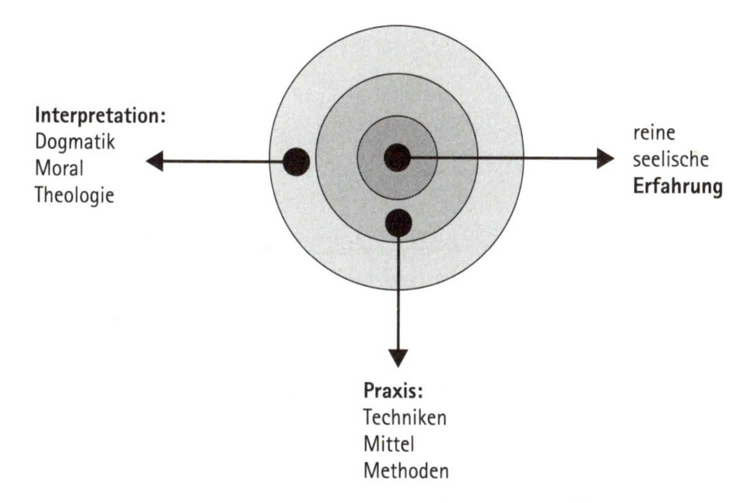

Dies scheint mir persönlich in der heutigen Zeit wichtiger zu sein als das autoritäre Pochen auf der *dogmatisch* richtigen theologischen Interpretation religiöser Ereignisse: die ganz *pragmatische* Frage, was davon einem Menschen als Kraftquelle und zur Orientierung dienen kann, was seinen inneren Durst löschen kann, was ihn auf seinem Weg in seinen inneren Raum, das heißt, zu sich selbst, unterstützen und fördern kann.

Dabei ist von Mensch zu Mensch verschieden, in welchem Umfang und auf welche Weise ihm aus der Fülle an Worten, Praktiken und Ritualen etwas als Stütze oder Quelle dient. Je nach seiner Persönlichkeits- und Denkstruktur, seinem Temperament und seiner Prägung wird seine Seele in der einen Weise leichter auftanken als in einer anderen. Denn:

Jede Seele tankt auf ihre Weise.

So mag ein rational-nüchterner Mensch leichteren Zugang zur eher strengen Form der Zen-Meditation oder zur still sitzenden Kontemplation finden, während ein emotionaler, temperamentvoller Charakter sich wiederum stärker zu Sing-, Trommel- und Tanzritualen hingezogen fühlt. Auch im Laufe der Zeit mag sich dies ändern: *Je nach seiner augenblicklichen Lebenssituation* kann ein Wort, ein Gebet, oder ein bestimmtes Ritual für einen Menschen besonders wichtig sein und später wieder zugunsten anderer Aspekte an Bedeutung verlieren.

Doch der Einzige, der herausfinden kann, wo Ihre Seele auftankt, sind Sie selbst! Kein Dogmatiker, Theologe, Priester, Guru oder Therapeut kann dies für Sie entscheiden. Und Sie müssen dabei auch gelegentlich Mut aufbringen, den Mut, die dogmatischen Anweisungen und eventuellen Drohungen all derer außen vor zu lassen, die behaupten, sie allein hätten die Weisheit gepachtet. Maßgeblich ist es, *selber* zu spüren, was zur inneren Quelle werden kann, und nicht in manipulierende Abhängigkeit von Pseudo-Gurus oder gar Sekten zu geraten.

Für die hier zentrale Frage, ob und wie wir innerlich auftanken können, geht es letztlich nicht um die »Richtigkeit« aller geistigen Modelle, Weltbilder und Interpretationen, *sondern* um ihre *pragmatische Wirkung*: Relevant soll einzig und allein das Kriterium sein, ob sie uns helfen, die Erfahrung des innigsten Ergriffenseins, des Getragenseins, der Geborgenheit in sich und der Verbindung mit dem Übergeordneten zu machen. Ob jemand den Kern dieser Tradition dann »Gott« nennt oder nicht, ist für die Tiefe seiner Erfahrung letztlich nicht maßgeblich.

Das Ziel ist die Wiederbelebung Ihrer Seelenquelle, die Wiederentdeckung Ihres inneren Raumes, der Kontakt zum inneren Selbst – alles Weitere entfaltet sich dann von selbst!

Teil II

15 Möglichkeiten, wie die Seele auftankt

Aus der nun folgenden Vielzahl von *Möglichkeiten* können Sie, je nach Ihrer persönlichen Situation, das auswählen, was für Sie gut und wichtig ist. Sollte Sie beim Lesen mal das fragende Gefühl überkommen: »Wie soll ich mir das alles merken und das alles schaffen?«, so seien Sie versichert, das sollen Sie überhaupt nicht! Darum geht es auch gar nicht. Wie ist es dann gemeint?

- Betrachten Sie den folgenden Teil wie einen *Baukasten mit verschiedenen Modulen*, die jeweils eine eigenständige, in sich geschlossene Möglichkeit darstellen, um innerlich auf-

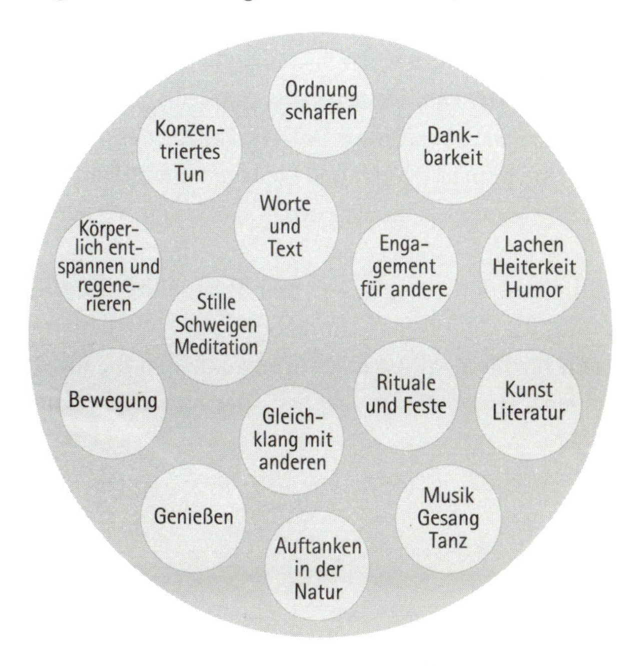

zutanken. Die Module bauen auch nicht aufeinander auf, sodass Sie genauso gut mit einer Auftankmöglichkeit aus der Mitte beginnen können, je nach Ihrer Präferenz und momentanen Situation. Die Vielzahl der Möglichkeiten bietet Ihnen den Vorteil der *Wahlfreiheit*, ohne Sie mit einem starren, geschlossenen Idealsystem zu konfrontieren.

- Es geht also *nicht* darum, *alles* umzusetzen und noch mehr in seinen, meist schon übervollen Alltag hineinzupacken, sondern um Verlangsamung, um Innehalten und allenfalls darum, freie Zeiträume anders zu nutzen. Und das auch nicht auf einmal. Dies ist kein Buch zum Durchlesen, Umsetzen und Weglegen, sondern vielmehr eine Art Begleiter über einen längeren Zeitraum, der Sie immer wieder an die eine oder andere Möglichkeit erinnern will. Schließlich ist das innere Auftanken ein lebenslanger Prozess. Unsere Ressourcen werden nicht einmal aktiviert und bleiben dann immer konstant, sondern sie müssen immer wieder neu belebt werden.

Um es Ihnen zu erleichtern, von den dargestellten Seelenquellen die für Sie wichtigsten Informationen festzuhalten und Anregungen für Ihren Alltag mitzunehmen, haben Sie jeweils am Ende jeden Kapitels die Gelegenheit, dies für sich zu notieren.

Ordnung schaffen

Das Aufräumen, das Beseitigen von Dingen, die man nicht liebt oder gebraucht, macht einen frei dafür, man selbst zu sein, und das ist das größte Geschenk, das man sich überhaupt machen kann.

Karen Kingston

Aufräumen, Gerümpel beseitigen, das Haus oder die Wohnung im Frühjahr richtig gründlich vom Staub des Winters befreien oder einen großen Berg Wäsche zu bügeln – das sind alles eher lästige Tätigkeiten. Aber kennen auch Sie das zufriedene Gefühl danach, beim Betrachten des aufgeräumten Schreibtisches oder der ordentlich gebügelten Stapel im Wäscheschrank?

Mit »Ordnung schaffen« kann zum einen ganz praktisch das Aufräumen um uns herum gemeint sein. Zum andern kann man darunter auch etwas abstrakter das Ordnen in uns selber, in unseren Innenräumen verstehen: das Vergeben, die Bereinigung eigener Schuld, das Bemühen um die Beendigung eines lange schwelenden Streits.

Was äußere Ordnung bewirkt

Etliche Menschen kostet es viel Überwindung aufzuräumen, Sachen zu ordnen oder endlich einmal den Keller oder Speicher zu entrümpeln. Immer wieder hält ihr innerer Schweinehund sie davon ab, sie schieben es auf und scheinen einfach nicht die Zeit dafür zu finden.

Und doch: Wer es schließlich und endlich angeht und seine Sachen ordnet und aufräumt, macht oft die erstaunliche Erfahrung, dass es viel leichter geht als man dachte – und meistens macht es sogar Spaß! Hinterher geht es einem richtig gut, man ist äußerst zufrieden mit sich und macht auch auf andere Menschen einen »aufgeräumten Eindruck«! Nicht umsonst, denn:

Ordnung zu schaffen,
hat eine unmittelbar positive Wirkung auf die Seele!

Das wusste wohl schon der alte ägyptische Priester Hermes Trismegistos, als er sinngemäß feststellte: »Wie innen, so außen – wie außen, so innen«. Einerseits wirkt der innere Zustand eines Menschen auch auf sein Äußeres und seine Umwelt: in seinem Ausdruck, seiner Sprache, seiner Haltung und seinen Handlungen, genauso wie in den Menschen und Dingen, mit denen er sich umgibt. Andererseits beeinflusst aber auch das, was einen Mensch im Außen umgibt, unmittelbar seine innere Verfassung: Wenn ich um mich herum etwas ordne, aufräume, reinige oder schön gestalte, so hat das gleichzeitig eine ordnende oder reinigende Wirkung auf die Seele. Damit ist Raumpflege gleichzeitig sozusagen immer auch »Innenraumpflege«!

In dem Haus, in dem ich auf einer kleinen griechischen Insel jedes Jahr einige Wochen zum Schreiben verbringe, gibt es keine Spülmaschine. So sammeln sich denn auch immer wieder in der Küche Stapel von schmutzigem Geschirr, die darauf warten, abgespült zu werden. Meistens meine ich, gerade dafür keine Zeit zu haben, und entwickle ein gewisses Geschick im Tellerstapeln, zumindest solange noch sauberes Geschirr vorhanden ist. Doch immer wieder mache ich die Erfahrung: Wenn mir die Teller ausgegangen sind und ich gezwungenermaßen anfange zu spülen, fühle ich mich wohl und bin anschließend sehr zufrieden. Irgendwann wurde mir klar: Dies hing unter anderem damit zusammen, dass durch die Tätigkeit meiner eigenen Hände etwas zuvor Schmutziges sauber wurde: Teller um Teller taucht in das Spülwasser ein und kommt gereinigt wieder heraus. Und genau dieser Prozess läuft – gewissermaßen parallel – auch im Inneren ab, sodass das äußere Reinigen eben auch innen eine reinigende Funktion hat.

Manche von uns haben das längst erkannt: Eine gestresste Managerin wollte etwas für ihr Seelenleben tun und besuchte ein dreitägiges Meditationsseminar in einem Kloster. Als sie nach Hause zurückkehrte, erzählte sie ihrer Schwester begeistert von ihrer neu erlernten Zen-Meditation und wollte sie überreden, auch damit anzufangen. Diese aber wollte zunächst einmal genau wissen, worum es sich dabei handelte.

Beim Zen, erklärte sie also, ginge es darum, ganz im Augenblick präsent zu sein, vollkommen eins mit dem zu sein, was man gerade tue, beispielsweise beim Sitzen mit der ganzen Aufmerksamkeit nur auf den eigenen Atem zu achten. Diese Form des Za-Zen könne man gewissermaßen als »Meditation im Sit-Zen« übersetzen. »Nun«, erwiderte die Schwester, »dann praktiziere ich seit Jahren Zen – jeden Tag mit voller Konzentration beim Put-Zen!«

Gewissermaßen hat die Schwester Recht: Auch wenn die stille Meditation im Sitzen noch ganz andere Wirkungen auf unser Seelenleben hat (siehe dazu S. 244), so kann ihr Hausputz doch für ihre Seele eine vergleichbar heilsame und befriedigende Wirkung haben wie die Zen-Meditation der Managerin. Es ist hierbei auch ohne Belang, dass Tätigkeiten wie Putzen, Abwaschen, Bügeln, Aufräumen und so weiter heute gesellschaftlich vielfach als minderwertige Routineangelegenheiten angesehen und daher oft delegiert werden. Natürlich mag es vernünftige Gründe geben, diese Aufgaben an andere abzugeben, um beispielsweise mehr Zeit für Beruf und Familie zu haben. Dennoch vergeben viele damit – vielleicht ohne sich dessen bewusst zu sein! – eine ganz einfache und schnell wirkende Möglichkeit, ins Gleichgewicht zu kommen und innerlich aufzutanken. Nicht umsonst haben solche hauswirtschaftlichen Tätigkeiten im Klosterleben fast aller religiösen Traditionen einen hohen Stellenwert und werden dort keinesfalls als minderwertig angesehen!

Keine Sorge: Es geht nicht darum, deswegen ins Kloster zu gehen oder all diese Aufgaben – sollten Sie sie ganz oder teilweise delegiert haben – wieder selber zu machen. Sie können diese Möglichkeit um aufzutanken in Ihrem Leben ganz einfach nutzen, indem Sie diejenigen Tätigkeiten, die Sie noch selber erledigen, in Zukunft in dem Bewusstsein ausführen, dass Sie gleichzeitig etwas sehr Sinnvolles und Befriedigendes für Ihr inneres Wohlbefinden tun: sei es nun das Aufräumen im Büro, das Sortieren von Unterlagen, das Entrümpeln der Garage, das Unkrautjäten im Garten oder irgendeine sonstige ordnende Tätigkeit im Haushalt. Allein durch das Ordnen an sich *tun Sie etwas Gutes und Befriedigendes* für sich.

Dass das so ist, mag eine uralte Weisheit sein, die jeder unmittelbar erfahren kann – *warum* Ordnen aber so wirkt, konnte zusätzlich, zumindest teilweise, durch psychologische und neurowissenschaftliche Studien untersucht und belegt werden. Insbesondere wurde untersucht, warum solche einfachen ordnenden Tätigkeiten ein gutes Mittel gegen Trübsal und depressive Stimmung sind:

- Ausgangspunkt ist die *Funktionsweise unserer beiden Gehirnhälften.* Die linke Stirnhirnhälfte ist zuständig für das Erreichen von Zielen und die Kontrolle negativer Gefühle. Bei Trübsal oder depressiver Stimmung ist sie kaum aktiv. In dem Augenblick aber, in dem wir uns etwas vornehmen und unsere Aufmerksamkeit auf ein Ziel richten, bringen wir diesen Teil des Gehirns wieder in Gang. Gleichzeitig kommt es zu einer Ausschüttung des Neurotransmitters Dopamin, einer Art »Schmiermittel für den Geist«, das uns schneller reagieren und denken lässt. Daneben – und das ist zunächst entscheidend – bleibt für negative Gedanken und Gefühle weniger Spielraum.

- Die Stimmung verbessert sich aber vor allem, wenn die Tätigkeit auch zu *Erfolgserlebnissen* führt. Ist ein Ziel erreicht, geben Neuronen im Stirnhirn ein Signal, und es kommt zur Ausschüttung von Opioiden (den Endorphinen), die in uns die positiven Erfolgsgefühle auslösen. Und gerade einfachere Aufgaben, wie Hausarbeiten oder Aufräumen, vermeiden Überforderung und erleichtern so die Zielerreichung.

Fazit: Wenn Sie einen schlechten Tag haben, fangen Sie einfach an, etwas aufzuräumen oder Ordnung zu schaffen – es wird Ihnen schnell um einiges besser gehen!

Doch neben der befriedigenden Wirkung für die Seele durch den Prozess des Ordnens als solchen und dem persönlichen Erfolgserlebnis, etwas erreicht zu haben, was man sich vorgenommen hat, gibt es noch einen weiteren wichtigen Aspekt: Aufräumen befreit von seelischem Ballast!

Alles Unaufgeräumte und alles Gerümpel, das wir in unserem Leben mit uns herumtragen, belastet uns bewusst oder unbewusst. Meistens haben wir ein latent schlechtes Gewissen, wenn wir an all die Bereiche denken, in denen wir eigentlich seit langem ausmisten und aufräumen sollten und wollten – das so genannte »Keller-Speicher-Garagen-Syndrom«. Wie befreiend kann es daher sein, wenn wir hier endlich entrümpelt und Ordnung geschaffen haben! Eine solche äußere Entschlackungskur wirkt auf unser Wohlbefinden ähnlich positiv wie etwa eine körperliche Entgiftungs- oder Heilfastenzeit.

Insgesamt haben Sie also, wenn Sie selber Ordnung schaffen, einen *vierfachen Nutzen, einen rein faktischen und drei psychisch-seelische Effekte*:

1. Faktisch: Die Angelegenheit ist *tatsächlich aufgeräumt oder gereinigt.*
2. Sie sind *von seelischem Ballast befreit.*
3. Schon der Vorgang des Ordnens hat eine *innerlich befriedigende Wirkung.*
4. Sie haben ein *persönliches Erfolgserlebnis, indem Sie Ihr Ziel erreicht haben.*

An dieser Aufstellung kann man übrigens auch klar erkennen, dass der persönliche Gewinn nur halb so groß ist, wenn man solche ordnenden Tätigkeiten delegiert. Die Nutzwerte drei und vier bleiben aus. Es mag sicher rationaler, zeitsparender und bequemer sein, der Profit für die Seele ist aber wesentlich geringer. Es ist also ratsam, diesen Aspekt bei der Frage mit zu berücksichtigen, wie viele solcher Tätigkeiten Sie abgeben und welche Sie vielleicht doch selber machen, weil es Ihnen und Ihrem inneren Wohlbefinden gut tut.

Für sich selbst oder für andere

Für die befriedigende Wirkung des Aufräumens oder Ordnens auf das innere Wohlbefinden ist es übrigens gar nicht so wichtig, ob Sie es für sich selber oder für andere tun. Ich erinnere mich noch gut an meine Haushaltshilfe in meiner Junggesellenzeit: Sie bügelte leidenschaftlich gerne Wäsche. Manchmal hörte ich sie dabei aus dem Nachbarzimmer vor sich hinsummen, und sie erzählte mir einmal, dass Bügeln für sie eine der beruhigendsten und angenehmsten Tätigkeiten sei. Die Wäsche ihres Mannes und ihres Sohnes daheim sei dafür einfach nicht ausreichend. Sie brauchte mich nicht erst zu überzeugen, dass es ihr dabei nicht primär um das Geld ging, das ich ihr für ihre Arbeit zahlte!

Ordnung schaffen ist aus sich heraus sinnvoll. Für uns selber wie auch für unsere Umgebung. Es ist auch sinnvoll, einfach auf der Straße eine leere Cola-Dose oder Zigarettenschachtel aufzuheben und in den nächsten Abfallkorb zu werfen. Sie schaffen damit ein Stück Ordnung in der Welt!

Sie brauchen dabei weder gesehen noch dafür gelobt oder gar belohnt zu werden. Die Belohnung erhalten Sie innerlich im Augenblick Ihrer Tat *durch* die ordnungsschaffende Handlung an sich. Egal, ob Sie Ihren eigenen oder fremden Unrat entsorgt haben: Ihrer Seele tut es gut – und der Umwelt auch. Das genügt! Probieren Sie es aus, und achten Sie darauf, wie Sie sich dabei und danach fühlen ...

Vor etwa zwanzig Jahren war ich im Spätsommer mit meiner damaligen Freundin auf der griechischen Insel Alonnisos im Urlaub. Wir waren die einzigen Gäste in einem kleinen Hotel, zu dem eine Bucht gehörte, mit einem an sich herrlichen Strand, wäre er nicht von den Abfällen anderer Touristen übersät gewesen. Hierüber ärgerten wir uns anfangs immer wieder, doch dann zogen wir einfach los, mit zwei großen

Tüten bewaffnet, und sammelten das ganze Zeug ein. Fremden Abfall zu beseitigen! Nie hätte ich gedacht, dass ich so etwas machen würde. Doch was stellten wir fest? Als wir nach knapp zwei Stunden fertig waren, fühlten wir uns fantastisch. Nicht nur die Bucht sah wieder gut aus – irgendwie hatte das Säubern an sich schon Spaß gemacht!

Das Entrümpeln unserer Innenräume und seine Effekte

Gerümpel und aufzuräumende Angelegenheiten können sich nicht nur im Außen, sondern auch in uns selbst aufhäufen. Ungelöste Streitigkeiten, Taten, die wir anderen nicht verziehen haben, eigene Schuld, Ärger und Groll gehören zum Seelenballast, den es ebenso aufzuräumen gilt wie den Keller, wenn wir innerlich wieder aufatmen und befreiter leben wollen.

Vergeben

Das Vergeben ist in vielen Religionen ein Postulat, so auch besonders im Christentum: »Wie auch wir vergeben unseren Schuldigern …«, heißt es im Vaterunser. Und auf die Frage, ob es genüge, sieben Mal zu verzeihen, verneinte Jesus: Nein, siebzig mal sieben Mal, also unendlich oft. Anschließend erzählt er die Geschichte von dem Menschen, dem sein Herr alle Schulden erlassen hatte, der aber selber nicht bereit war, gegenüber seinem Schuldner auf eine noch viel geringere Summe zu verzichten, und der dafür schwer bestraft wurde (Matthäus 18, 21–35).

So wurde im Christentum das Vergebenmüssen zur Pflicht und für viele zu einer schweren Last. Über Jahrhunderte blieb das Thema Verzeihen den Theologen und Philosophen überlassen, die es den Menschen empfahlen oder gar befahlen, doch nicht sagten, *warum* sie es eigentlich tun sollten (außer, um Gottes Gebot zu befolgen), und noch weniger, wie es überhaupt praktisch geht. Denn viele Menschen, die durchaus verzeihen wollen, stellen fest, dass sie es nicht können: Bestimmte Erfahrungen und erlittene Verletzungen lassen sich aus unserer Erinnerung nun einmal nicht einfach löschen wie ein Dokument auf der Festplatte unseres Computers. Erst in den letzten Jahren begann die Psychologie mit der Erforschung der *forgiveness* und konnte somit diese elementare Ressource unseres Seelenlebens für die Lebenspraxis auch religiös ungebundener Menschen nutzbar machen.

Vergeben – warum überhaupt?

Es ist gar nicht notwendig, Verzeihen religiös oder moralisierend legitimieren zu wollen. Es ist Ausdruck psychischer Reife und Einsicht, und wir tun es letztlich *um unserer selbst willen*, damit es uns seelisch besser geht. »Die Fähigkeit oder auch das Unvermögen zu verzeihen, prägt die Qualität unseres sozialen Lebens und entscheidet über unseren Seelenfrieden«, so der Journalist Axel Wolf. Warum tun wir es primär für uns?

Solange ich nicht vergebe, bleibe ich emotional an den anderen gebunden. Die Verletzung bleibt in uns gewissermaßen unter »Unerledigtes« gespeichert und taucht – wie ein Virus auf unserer Festplatte – immer wieder in unserem Seelenleben auf. Immer wieder kreisen unsere Gedanken um den »Täter« und seine »böse« Handlung. Dies bindet in uns Unmengen seelischer Energie und beeinträchtigt unser ganzes Leben. Auch wenn wir es nicht bewusst merken: Jemanden etwas *nachzutragen*, ist mühsam und belastend. Befreiend und erleichternd ist es dagegen, dem anderen die Sache *nachzusehen.*

Nachsehen ist sinnvoller als Nachtragen.

Nachsicht kommt nicht aus innerer Schwäche. Im Gegenteil: »Der Schwache kann nicht verzeihen. Verzeihen ist eine Eigenschaft der Starken«, stellte schon Mahatma Gandhi fest. Es bedeutet auch keine Selbstaufgabe oder einen Verzicht auf das eigene Recht. Es geht darum, dass man *emotional* dem anderen Menschen seine Einstellung und seine Handlungsweise nicht mehr übel nimmt, denn das verursacht die seelische Belastung. Daneben kann man durchaus auf der sachlichen Ebene seine Position ruhig weiter vertreten – aber eben nicht mehr innerlich grollend, sondern souverän.

Nachsehen ist nicht gleich Nachgeben.

Wer vergeben kann, gewinnt nicht nur seinen Seelenfrieden wieder, sondern er verzichtet auch auf seine infantile Opferrolle.

Damit wird man wieder selbstständig, handlungsfähig, und oft kann es sogar gelingen, auf der menschlichen Ebene auch noch die Beziehung zu retten, zumindest aber den anderen in Frieden ziehen zu lassen. Daher kann man wirklich sagen:

Vergeben ist nie vergebens!

Welche Wirkung die Fähigkeit, noch so schweres Unrecht zu vergeben, sogar auf ein ganzes Volk haben kann, lässt sich an Nelson Mandela erkennen, ohne dessen Stärke der politische Wandel in Südafrika sicherlich noch blutiger verlaufen wäre. Verzeihen können ist aber keineswegs nur großen Persönlichkeiten oder gar Heiligen vorbehalten. Jeder von uns kann im Alltag davon profitieren – vorausgesetzt es gelingt uns. Denn häufig ist es gar nicht so leicht, selbst wenn wir es wollen.

Vergeben – aber wie?

Viele Menschen ziehen es vor, in ihrem Gekränktsein zu verharren und aus der Überzeugung, man habe ihnen Unrecht getan, auf Vergeltung zu sinnen. Manche scheinen sogar ihre Opferrolle zu genießen und wünschen dem Täter Schuldgefühle und ein schlechtes Gewissen. Je größer die persönliche Verletzung, desto zerstörerischer sind oft die Rachegedanken – ein durchaus menschlicher, wenn auch für beide Seiten äußerst destruktiver Mechanismus. Ihn zu durchbrechen kostet häufig viel Überwindung, so als müsse man gegen den Sog der eigenen Emotionen schwimmen. Doch es lohnt sich, und auch wenn es nicht einfach ist, so kann man es doch lernen. Mit den folgenden Schritten können Sie es leichter schaffen:

Gehen Sie zunächst innerlich auf Distanz. Grundsätzlich wird das natürlich auch durch eine räumliche Trennung von demjenigen begünstigt, der uns verletzt hat (es kann schon helfen, nur in ein anderes Zimmer zu gehen), denn es ist sehr schwer, in Gegenwart des anderen emotional Distanz zu gewinnen. Oft ist in diesem Stadium die aufkommende Wut sogar eine hilfreiche Energie, die die innere Distanzierung erleichtert.

Versuchen Sie als Nächstes, die verletzende Handlung des anderen von Ihrem persönlich empfundenen Schmerz zu trennen. Lassen Sie die »böse Tat« gedanklich beim anderen. Der Angriff gehört gewissermaßen zu seinem seelischen Ballast, damit muss letztlich er fertig werden, mit sich und seinem Gewissen. Ob und wie er das tut, darauf haben Sie keinen Einfluss. Konzentrieren Sie sich also zunächst auf sich selber und Ihren Einflussbereich!

Für Sie geht es darum, Ihren eigenen Schmerz zu spüren und zu verarbeiten. Dies ist der schwierigste Schritt des ganzen Prozesses! Sie brauchen dabei Ihren Zorn und Groll keineswegs zu unterdrücken oder zu verleugnen. Beides gehört zu Ihrem natürlichen psychischen Verteidigungsrepertoire. Doch die psychologische Forschung zum Vergebenkönnen hat ergeben, dass unsere Wut- und Racheimpulse nur Ersatzgefühle sind, Ersatz für die Unfähigkeit, unsere Verletzung zu betrauern und unseren Schmerz zu verarbeiten. *Diese bewusste Schmerz- und Trauerarbeit ist das Entscheidende, um die innere Souveränität wiederzugewinnen*, um dann – in einem nächsten Schritt – die Frage anzugehen, ob wir vergeben können. Solange wir aber noch mit der verletzenden Handlung des anderen und unseren Vergeltungsgedanken beschäftigt sind, bleiben wir mit unseren negativen Gefühlen an die andere Person gebunden und können den eigentlich entscheidenden Schritt in uns nicht machen: unseren Schmerz zu verarbeiten. Denn es geht nun mal primär um uns und nicht um den anderen! Erst wenn wir unseren Schmerz durchlebt, erforscht und verarbeitet haben, können wir das kränkende Ereignis und seinen Verursacher loslassen. Wer diesen Schritt alleine nicht schafft, sollte – gerade bei schwereren Verletzungen – die professionelle Hilfe eines Coaches oder Therapeuten nutzen. Es ist ein Prozess, bei dem man für sich selber viel gewinnen und seelisch unbewältigte Dinge aus der Vergangenheit verarbeiten kann.

Im vierten Schritt können Sie sich nun wieder gedanklich dem anderen zuwenden und versuchen, ihn und seine Handlungsweise zu verstehen. Verstehen hat mit Rechthabenwollen nichts mehr zu tun. Wenn Sie es schaffen, die andere Person intellektuell und womöglich sogar emotional zu verstehen, dann ist es nicht mehr schwer, zu vergeben. Hierbei geht es um einen Versuch, sich in den anderen hineinzuversetzen, seine Beweggründe und Sichtweise nachzuvollziehen, ja womöglich sogar Mitgefühl für ihn zu entwickeln.

Verstehen und Mitgefühl
sind das Tor zur Vergebung.

Und je mehr Mitgefühl Sie bei der Verarbeitung Ihres Schmerzes für sich selber haben konnten, desto mehr können Sie oft auch für die andere Person aufbringen. Überhaupt ist eine gesunde Selbstannahme Voraussetzung, um anderen verzeihen zu können: Je mehr ich mich mit meinen Fehlern und Schwächen annehme, umso leichter kann ich auch andere mit ihren negativen Seiten verstehen und nachsichtiger werden.

Selbstverständlich wird das Verzeihenkönnen leichter fallen, wenn der andere Einsicht und Reue zeigt oder gar um Vergebung bittet. Doch letztlich sollte Ihre Nachsicht davon nicht abhängen, sonst haben Sie es nicht in der Hand, ob Sie – primär um Ihrer selbst willen – Ihre Seele befreien. Wenn Sie feststellen, dass es Ihnen ganz schwer fällt, zu vergeben, und Sie einen Restgroll auch über längere Zeit nicht loswerden können, so sehr Sie es auch versuchen, dann gibt es noch eine zusätzliche Hilfe: Machen Sie sich alles Gute bewusst, das dieser Mensch für Sie und andere getan hat. Erinnern Sie sich an alle positiven Eigenschaften, die er hat, und wie es Ihnen und Ihrer Umgebung gehen würde, wenn es ihn nicht mehr gäbe. Am besten notieren Sie diese Dinge schriftlich und lesen diese Liste immer wieder durch, wenn Ihr Groll gegen ihn wieder mal hochkommt.

Fazit: So viel Überwindung Vergeben auch häufig kosten mag – der *return on investment* ist Ihnen sicher: Nicht nur aus religiösen oder moralischen Gründen sollten wir vergeben, sondern für uns selbst, indem wir schweren seelischen Ballast abwerfen. Letztlich ist es mit dem Vergeben wie mit dem Geben:

The more you give, the more you get.
The more you for-give, the more you for-get!

Eigene Schuld bereinigen

Wenn wir im Leben etwas Ungerechtes getan oder jemanden geschädigt haben, so tragen wir auch dies emotional mit uns herum – bewusst oder unbewusst gehört es zu unserem seelischen Ballast. Um unserer selbst willen ist es ratsam, auch diese Angelegenheiten so weit wie möglich wieder zu richten und zu bereinigen. Dies geschieht auf zwei Ebenen:

- Zunächst kann ich faktisch den Schaden, den ich verursacht habe, wieder ausgleichen: Indem ich die entliehene Sache zurückbringe, dem Hotelier die Reinigungskosten für den Rotweinfleck auf dem Sofa zahle oder die Taxikosten für den Kollegen übernehme, den ich nicht rechtzeitig, wie vereinbart, abgeholt habe.
- Doch noch wichtiger kann es sein, die Sache menschlich zu bereinigen, indem ich mich entschuldige. Entscheidend ist es dabei, den anderen Menschen die eigene Betroffenheit wirklich spüren zu lassen: Eine nur beiläufig geäußerte formelle Floskel ist emotional relativ wirkungslos.

Für Menschen, die Schwierigkeiten haben, sich zu entschuldigen, gibt es eine Hilfe: Viel leichter als die Formulierung »Bitte entschuldige« kann es fallen, zu sagen: »Es tut mir leid!« Dabei nehme ich keine Schuld auf mich, wie bei der Ent-Schuldigung, und doch hat es psychologisch für den Adressaten fast die gleiche Wirkung. Dass mir der Schaden eines anderen (für ihn!) leid tut, kann schließlich auch dann zutreffen, wenn ich dafür gar nicht verantwortlich bin. Ja, selbst wenn ich mich im Recht fühle, vergebe ich mir nichts, indem ich sage: »Wenn Sie sich über mein Verhalten geärgert haben, so tut mir das leid. Das war sicherlich nicht meine Absicht. Was ich eigentlich wollte, war…« Allein durch solche oder ähnliche Anmerkungen können so manche emotionalen Stolpersteine im zwischenmenschlichen Umgang beseitigt werden.

Für welche Formulierung Sie sich auch immer entscheiden: Wichtig für Ihre Seele ist das Bewusstsein, eine Sache, für die Sie sich verantwortlich oder schuldig fühlen, bereinigt zu haben und sie innerlich nicht mehr mit sich herumzutragen.

Streitigkeiten friedlich lösen

Als gelernter Jurist und auch aus eigener, zum Teil leidvoller Erfahrung kann ich sagen: Eine der seelisch belastendsten Angelegenheiten ist eine gerichtliche Auseinandersetzung mit einer anderen Person oder Institution. Egal, ob Sie die Sache alleine durchfechten oder sich anwaltlich vertreten lassen, und unabhängig davon, ob Sie am Ende gewinnen oder verlieren – so mancher rechtliche Sieg entpuppt sich emotional als Pyrrhussieg, weil Sie den zugrunde liegenden Streit über Wochen, Monate oder Jahre mit sich herumschleppen. Sie setzen sich immer wieder damit auseinander, Sie liegen nachts deswegen immer wieder stundenlang wach, Sie lassen sich wertvolle Lebens- und Seelenenergie rauben.

Sicher gibt es Fälle, bei denen es nicht anders geht. Doch was unseren inneren Frieden betrifft, empfiehlt es sich vorher wirklich, alle Wege einer gütlichen Lösung zu versuchen. Wenn Sie es alleine nicht schaffen, so kann Ihnen vielleicht ein guter Mediator helfen. Einem solchen juristischen Kommunikationsexperten gelingt es oft, die vermeintlich unversöhnlichsten Parteien außergerichtlich zu einer Einigung zu bringen. Geben Sie im Zweifel mehr nach, als Ihr Gerechtigkeitsgefühl vielleicht zulassen will (wenn Sie es sich finanziell leisten können). Vieles im Leben müssen wir uns erkaufen. Kann es sich nicht auch manchmal lohnen, für inneren Frieden finanziell in die Tasche zu greifen? Und manchmal vielleicht sogar die Frage offen zu lassen, ob wir wirklich Recht haben? Sie vergeben sich damit nichts – und werden damit belohnt, dass Sie endlich Ihre innere Ruhe wieder haben.

Auch hier eine hilfreiche Möglichkeit für festgefahrene Situationen aus meiner eigenen Erfahrung: Ich hatte mich vor vielen Jahren in einen Prozess verstrickt, bei dem anfänglich beide Parteien bereit waren, im Notfall zur Wahrung ihrer Rechtsposition bis zum Bundesgerichtshof zu gehen. Auf beiden Seiten rasselten die Anwälte schwer mit den juristischen Säbeln und trommelten bedrohlich. Die Schriftsätze wurden immer umfangreicher und waren mit Unterstellungen und gegenseitigen Anschuldigungen gespickt. Die ganze Sache nahm mich seelisch immer mehr mit und belastete mich Tag und Nacht. Schließlich griff ich eines Tages spontan zum Telefonhörer, rief meinen Gegner an, erzählte ihm, wie es mir emotional ging (kein Wort zur Sache!) und bat um einen inoffiziellen Gesprächs- und Vergleichstermin, dem er sofort zustimmte. Nach kurzer Verhandlung hatten wir uns so weit genähert, dass uns nur noch einige tausend Euro trennten. Weiter allerdings wollte keiner von uns nachgeben. Jeder beteuerte, es ginge jetzt gar nicht mehr ums Geld, sondern um das eigene Gerechtigkeitsprinzip. Da kam mir die rettende Idee zur Lösung: Ich schlug dem Gegner vor, *den Differenzbetrag gemeinsam für soziale Zwecke zu spenden.* Als Beklagter zahlte ich die Summe, die Spendenquittung erhielt jeder zur Hälfte. Damit hatte zwar keiner von uns gewonnen, aber es hatte auch keiner seinen Gerechtigkeitsstandpunkt verlassen. Außerdem hatten wir unseren für beide Seiten belastenden Streit beigelegt und konnten dabei auch noch bedürftige Menschen unterstützen. Wir besiegelten unsere Einigung mit einem fast freundschaftlichen Handschlag und waren wohl beide mehr als erleichtert, unseren juristischen Seelenballast abgeworfen zu haben.

Sich weniger beschweren

Vor vielen Jahren hatte auf einer gemeinsamen Reise ein guter Freund von mir den Mut zu einem offenen Wort: »Fällt dir eigentlich auf«, sagte er, »dass du dich am laufenden Band über die verschiedensten Dinge beschwerst? Das schlägt sich langsam auch mir auf die Stimmung. Vielleicht bräuchtest du auch nicht dauernd deine Magentropfen zu schlucken, wenn du dich weniger über Kleinigkeiten aufregen und empören würdest! *Deine Beschwerden kommen von deinen vielen Beschwerden!*« Ich war zunächst ziemlich betroffen, musste dann aber einsehen, dass er Recht hatte: Wenn der Kellner im Lokal nicht sofort erschien oder eine Bestellung missverstanden worden war, beschwerte ich mich, wenn im Hotelzimmer etwas nicht funktionierte, wenn der Zug unpünktlich war oder wenn wir in einen Stau gerieten, beschwerte ich mich. Ich beschwerte mich auch über rücksichtslose Autofahrer, über idiotische Öffnungszeiten und über die Sturheit bürokratischer Beamter. Dabei war ich tatsächlich davon überzeugt, im Recht zu sein, und hielt meine Beschwerden für das einzig hilfreiche Mittel, um gegen das Unrecht anzugehen, das mir widerfuhr. Mir war gar nicht bewusst, dass ich mit meinem vermeintlich berechtigten Ärger und den daraus folgenden empörten Zurechtweisungen nicht nur andere Menschen vor den Kopf stieß, sondern auch meinen Freund und mich selber belastete. Im wahrsten Sinne des Wortes erkannte ich:

Wenn ich mich beschwere, beschwere ich mich!

Ich beschwerte tatsächlich meine Seele, ich machte es mir selber *schwer.* »Wer fordert und anklagt, dem wird eng ums Herz«, so die Psychotherapeutin und Kardiologin Dr. Ilse Kutschera. Das soll nun keineswegs bedeuten, dass wir alle Widrigkeiten und Unstimmigkeiten einfach schlucken müssten – das schlüge uns genauso auf den Magen und auf unsere innere Gemütslage. Entscheidend ist aber, mit welcher *Haltung* ich die Sache angehe: Beschwerden sind in der Regel verbunden mit Ärger, einem Unrechtsvorwurf und Besserwisserei nach dem Motto »Das ist so nicht in Ordnung! Ich weiß, wie es richtig sein sollte!« Interessanterweise konnte ich bei meinem Freund eine völlig andere Art beobachten, mit solchen Situationen umzugehen: Mit fast neugierigem Interesse beobachtete er, wie etwas ganz anders lief, als er es erwartet hatte. Er wunderte sich eher, als sich zu ärgern und konnte etwa mit nicht gespieltem Humor feststellen: »Ist es nicht erstaunlich? Den Kellner scheint es gar nicht zu stören, dass wir hier nun schon fünf Minuten auf ihn warten, er ratscht einfach mit seinem Kollegen weiter!« Und dann ergriff er die Initiative, allerdings freundlich statt ärgerlich, ging zu den Kellnern und sagte: »Ich möchte Ihre Unterhaltung nicht stören, aber wir sind sehr hungrig und würden gerne bestellen!« Und verblüffenderweise: Der Kellner entschuldigte sich, kam sofort und bediente uns den ganzen Abend auf äußerst zuvorkommende Weise – ganz anders als nach meinen sonst meist ärgerlichen

Beschwerden, nach denen der Kellner und ich uns gegenseitig mit beleidigter Reserviertheit straften!

Machen Sie sich bewusst: Bei jeder Widrigkeit oder Panne haben wir die *Wahl zwischen*

- *vermeintlich berechtigter, ärgerlicher Beschwerde*, verbunden mit Besserwisserei und einem verurteilenden Unrechtsvorwurf – selbst wenn wir äußerlich damit Erfolg haben: Wir verderben es uns meist mit den Menschen und belasten unsere eigene gefühlsmäßige und seelische Verfassung;
- oder einer leichten *Haltung von anfänglicher Verwunderung, neugierigem Interesse und Humor*, um dann allerdings entschieden, aber doch *freundlich* die Initiative zur Lösung zu ergreifen. Dies führt auch zum Erfolg, aber Sie stoßen andere nicht vor den Kopf und beschweren Ihre Seele nicht!

Also: besser leicht lächeln, als schwer wettern!

Und wenn Sie sich doch mal wieder dabei ertappen, dass Ihr Beschwerdetrieb mit Ihnen durchgegangen ist, dann ärgern Sie sich nicht darüber, sonst beschweren Sie sich innerlich doppelt. Es ist menschlich, und die Gelegenheit, es wieder auszubügeln und sich gegebenenfalls für Ihren Unmut zu entschuldigen, bleibt Ihnen ja immer noch. Auch ich spüre trotz der Erkenntnis, dass Beschwerden mich selber beschweren, immer wieder den Impuls, es dennoch zu tun. Manchmal tue ich es auch noch – und ein anderes Mal gelingt mir dann wieder die humorvolle und freundliche Variante. Ich wünsche

Ihnen, dass auch Sie sich mehr und mehr für Letzteres entscheiden – Ihr Seelenleben wird es Ihnen danken!

Wie angekündigt haben Sie hier die Gelegenheit, die für Sie wichtigsten Informationen und Anregungen für Ihren Alltag zu notieren:

Ordnung schaffen: Festhalten und mitnehmen möchte ich

- Termine für's Aufräumen mit Lena abklären ohne zu fordern; dann einhalten und aufräumen.
- Mama vergeben
- Sonja vergeben
- Hausflohmarkt machen
- Streit mit Sonja schlichten
(- Luzmar helfen
- Atabi kontaktieren)

Konzentriertes Tun

Lerne Konzentration und wende sie in jeder Weise an.
So verlierst du nichts.

Swami Vivekananda

Mit der ganzen Aufmerksamkeit bei einer Tätigkeit zu sein, ist ein Prozess, der uns mit uns selber verbindet und uns innerlich auftanken lässt. Meistens allerdings sind wir zwischen allen möglichen Dingen im Außen hin- und hergerissen und abgelenkt, befinden uns also im Zustand geringerer oder gesteigerter *Zerstreuung.* Konzentration aber ist das Gegenteil von Zerstreuung: Durch konzentriertes Tun werden unsere mentalen Kräfte wieder *gesammelt* und gebündelt. Gleichzeitig werden wir wieder mit unserem Zentrum, unserer Mitte verbunden.

Warum wir beim konzentrierten Tun innerlich auftanken

Neuropsychologische Forschungen haben ergeben, dass unser Gehirn verhindert, dass störende Reize unser Bewusstsein erreichen, wenn wir konzentriert mit einer Sache beschäftigt sind. Gerade seelisch belastende Sorgen und Grübeleien gehören zu den Störungen, die abgewehrt werden. Wenn wir von einer Sache voll in Anspruch genommen werden, hat unser Gehirn für Störungen gewissermaßen keine Kapazitäten mehr frei. Achten Sie einmal darauf, wie zum Beispiel ein im Spiel versunkenes Kind das Rufen der Mutter nicht bewusst wahrnimmt.

Was bedeutet aber eigentlich Konzentration? Es ist ein innerer Zustand, in dem wir *mit unserer ganzen Aufmerksamkeit bei einer Sache* sind und in dem, was wir tun, versinken, darin aufgehen und damit weitgehend eins werden. All unsere mentalen Kräfte richten sich gewissermaßen gesammelt und gebündelt auf die Tätigkeit, der wir nachgehen. Stellen Sie sich vor, wie man Sonnenstrahlen mit einer Lupe bündeln und ein Blatt zum Brennen bringen kann. Natürlich kann diese Bündelung unserer Kräfte unterschiedlich intensiv sein: So wechselt unser Bewusstsein zwischen Zuständen höchster, mittlerer und schwacher Konzentration bis hin zur völlig unkonzentrierten Zerstreutheit.

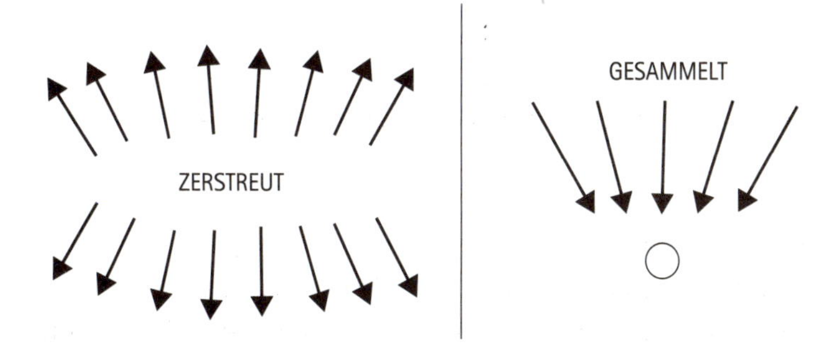

Abgesehen von der Leistung, die wir erbringen, den Erfolgserlebnissen, die wir dabei haben, und den damit verbundenen Glücksgefühlen, sind für unser Seelenleben vor allem drei Aspekte von heilsamer Wirkung:

1. Je mehr wir bei der Sache sind, desto mehr *treten unsere sonstigen Gedanken zurück, insbesondere Sorgen und Probleme.* Auch unser Ich tritt in den Hintergrund, wir geraten in den Zustand einer gesunden Selbstvergessenheit. Und gerade, wenn wir mal nicht mit uns selber beschäftigt sind, kann unsere Seele auftanken.
2. *Die Zeit scheint stillzustehen*, und wir sind mit unserer Aufmerksamkeit ganz im Hier und Jetzt: ein Zustand, der auch das Ziel verschiedener meditativer Praktiken ist.
3. Die *Leistung* ist nicht mehr primär das Ergebnis unserer Willenskraft, sondern *entsteht fast wie von alleine, von innen heraus* – als würde sich eine uns immanente ureigene Kraft entfalten. In der Zen-Philosophie heißt es, dass Es durch uns wirkt – gewissermaßen die Essenz unserer Seelenkraft.

Den Zustand der Konzentration und Sammlung, der Fokussierung unserer geistigen Kräfte und des Darinaufgehens können wir bei jeder Tätigkeit erreichen und dabei innerlich auftanken:

- beim Lesen eines Buches,
- beim Spielen,
- beim Arbeiten oder Schreiben,

- beim Sport,
- beim Musizieren oder Tanzen,
- beim Kochen,
- beim Bergsteigen,
- beim Basteln oder Werkeln,
- bei der Gartenarbeit,
- bei allen noch so einfachen Haushaltstätigkeiten.

Entscheidend ist lediglich, ob man etwas nur nebenbei erledigt und sich von allen möglichen Störungen immer wieder unterbrechen und (auch mental) ablenken lässt oder nicht.

Konzentriertes Tun zentriert!

Beobachtungen zeigen allerdings, dass es vielen Menschen immer schwerer fällt, sich zu konzentrieren und einer Sache mit ihrer ganzen Aufmerksamkeit nachzugehen. Das hat zwei Hauptursachen:

Der Grund-Arbeitsmodus unseres Gehirns ist nicht der der Konzentration, sondern der der zerstreuten und zwischen verschiedenen Dingen geteilten Aufmerksamkeit. Ständig wandert unsere mentale Suchmaschine umher und scannt die Umwelt nach gefährlichen oder attraktiven Reizen. Sobald ein solcher auftaucht, richtet sich unser Fokus darauf, um dann wiederum schnell zum nächsten Attraktor zu wechseln. So hüpft der Scheinwerfer unserer Aufmerksamkeit zwischen unterschiedlichen Dingen hin und her und bleibt selten länger bei einer

Sache. Konzentriert einer Beschäftigung nachzugehen, ist daher nicht einfach und erfordert einen nicht unerheblichen Willensakt – und das Know-how, wie man überhaupt Konzentration bewusst herbeiführen kann (dazu gleich unten mehr).

Wir leben in einer zunehmend reizüberfluteten und somit konzentrationsfeindlichen Welt. Während sich die Geschwindigkeit des Alltagslebens immer mehr steigert, strömt über alle Medienkanäle wie Internet, Fernsehen, Radio, Zeitungen und Zeitschriften ständig eine Fülle von unzusammenhängenden und meist auch unwichtigen Informationen auf uns ein, die unser Gehirn nicht alle verarbeiten kann. Wir unterliegen gewissermaßen einer »immerwährenden Chaosberieselung«, wie es der Fachautor Saum-Aldehoff einmal genannt hat. Immer mehr Zerstreuungen werden uns angeboten. Doch für unsere Konzentrationsfähigkeit sind sie Gift, denn:

Zerstreuung zerstreut.

... und zwar unsere Aufmerksamkeit! Überall kann das Handy klingeln und uns unterbrechen, egal, was wir tun, sogar bei einem Waldspaziergang oder beim romantischen Abendessen im Lokal mit unserem Schatz. Mit laufender Videokamera, das Auge am Sucher, läuft der Tourist über den Markusplatz von Venedig, sieht aber nur noch den Film, nicht mehr die Realität. Hanno Rauterberg spricht in der Zeit davon, dass sich die Bilder »wie ein Filter ... zwischen Welt und Mensch« schieben und uns die Gegenwart verstellen. Immer schwieriger wird es, mit der Aufmerksamkeit bei einer Sache zu bleiben: Beim Fernsehen wird von einer Sendung zur nächsten gezappt, noch bevor die erste zu Ende ist, und viele sind sogar stolz darauf, mehrere Dinge gleichzeitig zu erledigen: *Multitasking* ist das Schlagwort. Während wir essen, schauen wir fern und blättern in einer Illustrierten. Über unseren Akten surfen wir im Internet und führen ein wichtiges Telefongespräch. So tun wir vieles auf einmal, aber nichts konzentriert.

Wie neueste Forschungen mittels Kernspintomografie ergeben haben, kann unser Gehirn nicht zwei Aufgaben gleichzeitig mit ungeteilter Aufmerksamkeit erledigen. Beide Tätigkeiten werden hingegen bei Doppelbelastung qualitativ schlechter durchgeführt. So verzetteln wir uns zwischen den verschiedensten Aufgaben und Informationen und schwächen mehr und mehr unsere Konzentrationsfähigkeit. Nicht umsonst entwickelt sich das so genannte Aufmerksamkeits-Defizit-Syndrom immer mehr zum Leit- und Leidsyndrom unserer Zeit.

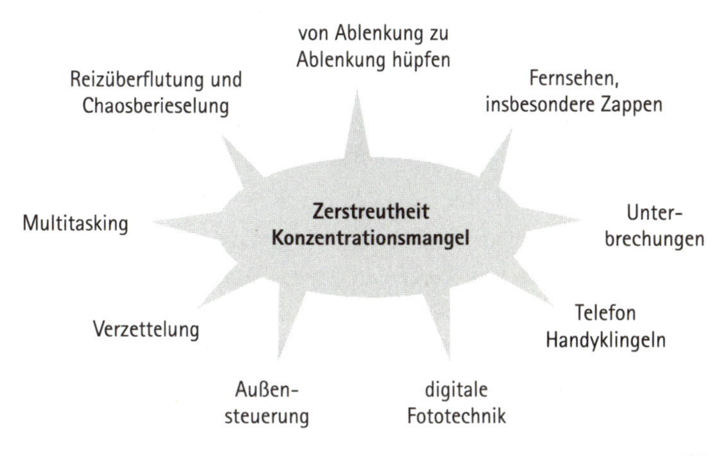

Konzentrieren – »Ja, aber wie macht man das?«

Vor einigen Jahren forderte ich meine Tochter, als ich ihr bei den Hausaufgaben helfen wollte, auf: »Jetzt konzentrier dich bitte!« Da schaute mich die damals Achtjährige mit großen Augen an und fragte mich: »Ja, Papa, aber wie macht man das?« Im ersten Moment war ich sprachlos. Sie hatte vollkommen Recht: Wie oft werden Kinder aufgefordert, sich gefälligst zu konzentrieren, doch in den seltensten Fällen bekommen sie beigebracht, wie das geht. Wir haben ja keinen Schalter am Kopf, den wir bei Bedarf auf *Konzentration* stellen können. So begann ich ihr zu erklären, was ich seit Jahren in Seminaren Studenten und Führungskräften vermittelte. Das hätte ich schon viel früher machen können, dachte ich, und fragte mich gleichzeitig, warum unsere Kinder das eigentlich nicht in der Schule lernen – auch mir hatte es dort keiner beigebracht. Erst Jahre nach meinem Studium sollte ich herausfinden, wie man Konzentration bewusst herbeiführen kann, und dass es hauptsächlich auf *drei Voraussetzungen* ankommt:

Wir brauchen etwas, das unsere Aufmerksamkeit anzieht: eine konkrete Aufgabe, ein klares Ziel, das wir erreichen wollen. Sozusagen einen Magneten, der unsere Gedanken und mentalen Kräfte anzieht und sie gleichzeitig davon abhält, auf der Suche nach anderen Reizen zerstreut umherzuwandern. Je interessanter die Aufgabe, je faszinierender die Tätigkeit, desto stärker ist auch die mentale Magnetkraft und desto geringer sind die Ablenkungschancen der sonstigen potenziellen Attraktoren um uns herum. Hier zeigt sich gleichermaßen auch die Gefahr: Wenn die Anziehungskraft der Beschäftigung nachlässt (weil sie beispielsweise zu langweilig oder zu schwierig wird), geht unsere Aufmerksamkeit sofort auf die Suche nach einer attraktiveren Alternative. Jede Ablenkung scheint unserem Gehirn dann willkommen – und schon ist es vorbei mit der Konzentration.

Daher ist die zweite Voraussetzung die Abschirmung von allen potenziellen Störungen und Ablenkungen. Hierzu gehören vor allem Unterbrechungen durch Telefonate oder Personen, die uns meist nur »ganz kurz« etwas fragen oder ein wenig ratschen wollen, aber auch ankommende Post oder E-Mails, Bau- oder Straßenlärm. Auch unerledigte Aufgaben, die im Blickfeld auf dem Schreibtisch in Warteposition liegen, können, wenn wir nicht Acht geben, plötzlich unsere Gedanken anziehen, und schon sind wir weg von dem, was wir eigentlich tun wollten. Also gilt für das konzentrierte Arbeiten: *Türe zu* (gegebenenfalls mit Hinweisschild), *Telefone aus* (beziehungsweise auf Mailbox oder Kollegen umleiten) und *Blickfeld frei* (sonstige Attraktoren wegräumen)! Ablenkende Störungen können natürlich genauso von innen, aus uns selber kommen, vor allem in der Form von Sorgen oder plötzlichen Gedanken daran, was Sie sonst noch erledigen müssen. Legen Sie hierfür ein Blatt an, notieren Sie es kurz, und terminieren Sie die Wiedervorlage innerlich nach Beendigung Ihrer momentanen Aufgabe. Sonst kann es passieren, dass Sie sich länger Gedanken darüber machen oder nachgrübeln und Ihre Konzentration verlieren.

Bitte unterschätzen Sie diese zweite Voraussetzung nicht. Die vielen Ablenkungen und Unterbrechungen tragen hauptsächlich dazu bei, dass wir so selten konzentriert einer Sache nachgehen können. Und der Feind Nummer eins der Konzentration – jetzt kommt eine schlechte Nachricht – ist in der heutigen Zeit zweifelsfrei das Telefon! Die gute Nachricht ist allerdings: Sie können es vorübergehend ausschalten oder ausstecken, ohne dass die Welt untergeht oder Sie bei anderen in Vergessenheit oder Misskredit geraten. Probieren Sie es aus, und sei es auch nur stundenweise. Ihre Konzentrationsfähigkeit wird davon erheblich profitieren, genauso wie das Ergebnis Ihrer Arbeit – und vor allem Ihr inneres Wohlbefinden.

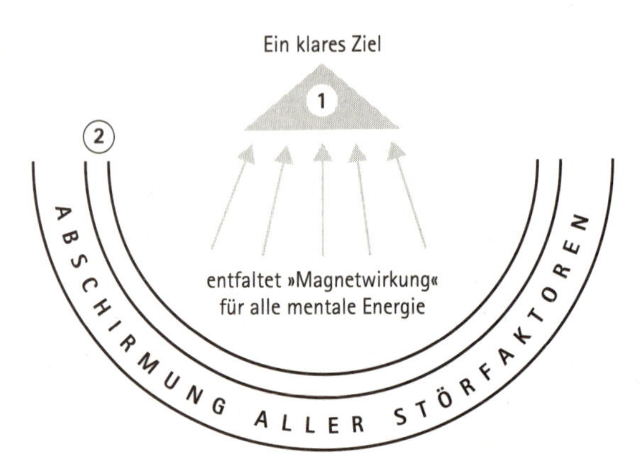

Die dritte Voraussetzung betrifft die Attraktivität der Tätigkeit für unser Gehirn. Forschungen haben ergeben, dass es nicht auf den Inhalt einer Beschäftigung ankommt, sondern auf die *richtige Inanspruchnahme des Gehirns.* Damit wir uns konzentriert mit etwas beschäftigen können (und auch noch Freude dabei haben!), ist es entscheidend, dass uns die Tätigkeit weder *über-* noch *unterfordert,* sondern dass sich Herausforderung und persönliche Fähigkeiten die Waage halten. Der Spaß an einer Sache und die Fähigkeit zur Konzentration ereignen sich also auf dem schmalen Grat zwischen Überforderung und Unterforderung:

- Ist eine Aufgabe *zu schwer* und übersteigt sie unsere Fähigkeiten, wird unser Gehirn überfordert, es kann Wichtiges von Unwichtigem nicht mehr unterscheiden, und bricht zusammen. Erfolgserlebnisse sind nicht mehr möglich. Frustration, Niedergeschlagenheit und Selbstzweifel stellen sich ein. Hinzu kommt, dass wir bei Überforderung in Stress geraten, und je nach Grad der Überforderung sogar in Angst oder gar Panik, was im Körper zu einer gesteigerten Adrenalinausschüttung führt. Für unser Gehirn eine weitere Beeinträchtigung: Je mehr Adrenalin wir im System haben, desto weniger können wir klar denken, denn Adrenalin verstopft gewissermaßen die Verbindung zwischen den Nervenzellen im Großhirn, die Synapsen: ein Teufelskreis. Um dies zu meiden, tendiert unser Geist natürlicherweise zum Ausweichen, um möglichst schnell zu einer einfacheren und angenehmeren Tätigkeit zu wechseln.
- Ist eine Sache dagegen *zu leicht,* verliert unser Gehirn ebenfalls die Fähigkeit, Wichtiges von Unwichtigem zu unterscheiden, die Aufmerksamkeit geht verloren, und Langeweile stellt sich ein. Unterforderung und Langeweile können

auf Dauer allerdings zu seelischen Störungen und Depressionen führen. Dies zeigt unter anderem die Qual hochbegabter Kinder, die nicht ausreichend gefordert werden. Da unser Gehirn den Zustand der Leere und Langeweile nicht lange ertragen kann, macht sich unsere Aufmerksamkeit schnellstmöglich auf die Suche nach neuen stimulierenderen Reizen und Tätigkeiten.

- Wenn uns allerdings eine Tätigkeit *fordert, ohne uns zu überfordern*, können wir mit unserer Aufmerksamkeit länger bei ihr bleiben und den optimalen Zustand des »Flow« erleben, wie ihn der Psychologe Mihaly Csikszentmihalyi nennt: einen Zustand entspannter Konzentration, in dem wir Höchstleistungen erbringen können und auch noch eine angenehme Erregung bis hin zu leichter Euphorie empfinden (siehe dazu die Grafik S. 87). Diese positiven Gefühle beruhen zum einen auf der verstärkten Dopaminausschüttung in Momenten besonderer Aufmerksamkeit, einer Art »Schmiermittel für den Geist«, das unser Denken beschleunigt und die Kreativität steigert. Zusätzlich bewirken alle kleinen Erfolgserlebnisse die Ausschüttung von Endorphinen, jenen Hormonen in uns, die freudige Gefühle auslösen.

Entscheidend ist es also, eine Tätigkeit zu finden, die uns wirklich fordert, bei der wir aber gerade noch das Gefühl der Machbarkeit haben. Es mag sein, dass wir uns am Anfang etwas zur Konzentration überwinden und unseren Fokus bewusst zu unserer Beschäftigung zurückholen müssen, falls wir abschweifen. So wie es auch mehr Energie erfordert, eine Lokomotive

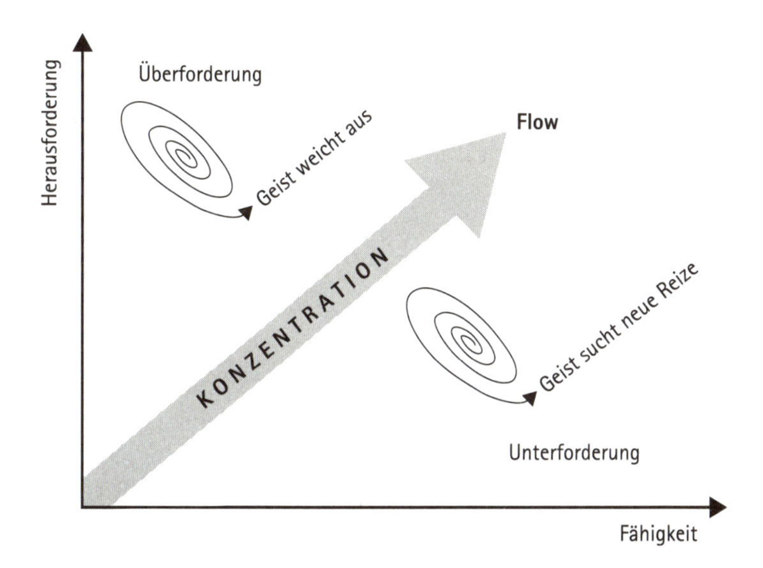

in Fahrt zu bringen, als sie auf gerader Strecke vorwärts zu bewegen. Doch wenn wir mit der Konzentration einmal in Fahrt sind, ist es meist ganz einfach, bei der Sache zu bleiben. Fazit: Um Konzentration zu erreichen, gilt:

1. Wählen Sie eine Tätigkeit, die Sie fordert, ohne Sie zu überfordern.
2. Setzen Sie sich ein klares Ziel, am besten auch kleinere Zwischenziele.
3. Schirmen Sie sich gegen Störungen ab.
   Und: Überwinden Sie sich am Anfang ein wenig, um Ihre Konzentration in Gang zu bringen!

Was können Sie nun ganz praktisch tun, um in Ihrem Leben wieder Inseln der Konzentration zu schaffen? Hier einige Anregungen:

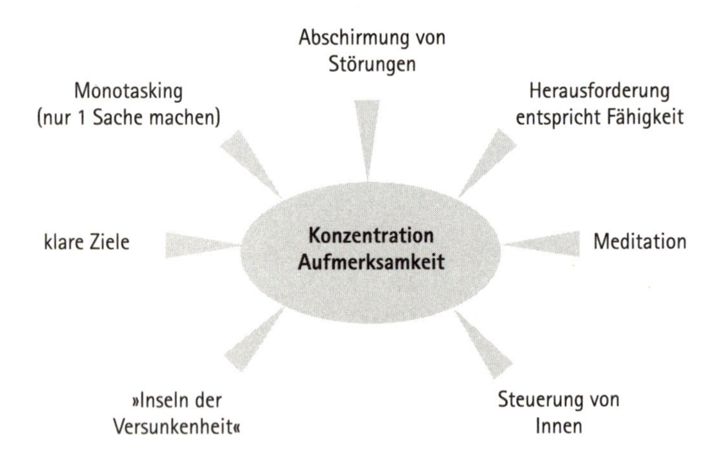

- Ersetzen Sie Multitasking durch Monotasking: Erledigen Sie bewusst nur eine Sache auf einmal.
- Planen Sie TV-freie Abende, und verlieren Sie sich wieder mal in der Lektüre eines Romans.
- Schützen Sie sich durch handyfreie Zeiten.
- Genießen Sie Zeiten des Aufräumens oder der Gartenarbeit.
- Ideal zum Eintauchen in den Augenblick und um die Zeit zu vergessen sind Spiele, egal ob mit anderen Erwachsenen oder mit Kindern, egal, ob Fußball oder Kartenspiele, Schach oder Gesellschaftsspiele.
- Vielleicht bereiten Sie ab und zu Ihr Essen wieder einmal selber zu und erfahren dabei, wie befriedigend es sein kann,

in Ruhe zu kochen – und natürlich hinterher auch die zubereitete Mahlzeit bewusst zu genießen.

- Basteln Sie mal wieder mit Ihren Kindern, Neffen oder Nichten. Vor allem die Vorweihnachtszeit bietet dazu gute Gelegenheit.
- Ob Bergsteigen, Langlauf oder Segeln, Tennis, Reiten oder Golfen – die meisten Sportarten sind ideale Möglichkeiten, Konzentration und Flow zu erleben, genauso wie künstlerisch-gestalterische Tätigkeiten wie Malen, Schreiben, Musizieren oder Tanzen.
- Letztlich können Sie bei jeder Arbeit, der Sie nachgehen, Konzentration oder Flow erleben!

All dies sind nur einige Beispiele, wie Sie durch konzentriertes Tun eins mit einer Tätigkeit und mit sich selber werden können. Und bitte vergessen Sie nicht: Entscheidend für das innere Auftanken ist nicht primär der Inhalt, nicht, *was* Sie tun, sondern, *wie* Sie es tun – wichtig ist der Prozess der Konzentration als solcher, ein für Ihre Seele und Ihr Wohlbefinden äußerst heilsamer Vorgang.

Auf der folgenden Seite haben Sie wieder die Gelegenheit, die für Sie wichtigsten Informationen zu dieser Seelenquelle festzuhalten:

Konzentriertes Tun: Festhalten und mitnehmen möchte ich

Körperlich entspannen und regenerieren

Entspannung heißt, die seelische Anspannung lösen und dadurch gelöst werden.

Eva Gesine Baur

»Der Körper ist der Tempel der Seele«, heißt es in alten Überlieferungen. Dass Körper und Seele eng miteinander verbunden sind und sich wechselseitig beeinflussen, ist heute auch unbestrittene Erkenntnis der modernen Psychosomatik. Wer körperlich angespannt oder verspannt ist, kann nicht nur seine Kräfte schlechter nutzen, sondern hat es auch schwer, innerlich aufzutanken und bei sich anzukommen. Je größer aber die Anspannung, desto notwendiger wird die Entspannung. Umgekehrt fördert körperliche Entspannung das seelische Auftanken. Gewissermaßen lässt sich sagen:

Entspannung ist Voraussetzung
für das Auftanken der Seele.

Was körperliche Entspannung auslöst

So wie psychische und physische Spannungszustände eng zusammenhängen, gehen auch seelisches und körperliches Wohlbefinden Hand in Hand. Unter anderem erhöht Entspannung im Körper die Produktion von Serotonin, unserem so genannten Wohlfühlhormon. Und je wohler und entspannter wir uns körperlich fühlen, desto wohler fühlt sich auch unsere Seele.

Doch was ist eigentlich Entspannung, und wie entspannt man sich? Die Hauptwirkung echter Entspannung beschreibt der Mediziner Hans-Wilhelm Müller-Wohlfahrt in seinem Buch *So schützen Sie Ihre Gesundheit* folgendermaßen:

- Die Grundspannung in den Muskeln nimmt ab.
- Der Milchsäurespiegel, ein Nebenprodukt bei angstbedingter Muskelverspannung, fällt rasch ab.
- Der Atem wird ruhiger und regelmäßiger.
- Der Organismus braucht weniger Sauerstoff.
- Die Pulsfrequenz wird langsamer.
- Der Blutdruck sinkt.
- Die Verdauungstätigkeit wird aktiviert.
- Die Hirnstromkurve zeigt eine Zunahme der langsamen Alpha-Wellen.

Gleichzeitig können wir unseren Körper, den wir im angespannten Zustand kaum noch wahrnehmen, bewusster spüren, bei uns selbst ankommen und auch innerlich entspannen und regenerieren.

»Entspann dich mal!« – Aber wie?

Viele Menschen haben heute allerdings weder eine klare Vorstellung davon, was Entspannung eigentlich ist, noch wissen sie, *wie* sie sich entspannen können. »Man kann leistungsorientierten Menschen nicht einfach sagen: Entspann dich mal!«, stellt auch der Psychologe Scharlanhaufer fest.

Aber so unterhaltsam Fernsehabende auch sein mögen, wir alle machen immer wieder die Erfahrung, dass sie weder körperlich noch seelisch wirklich entspannend sind. Im Gegenteil: Oft fühlen wir uns hinterher noch ausgelaugter und erschöpfter als vorher. Was also können wir tun, um körperlich zu entspannen und uns zu regenerieren? Einige der einfachsten und wirksamsten Mittel sind

- ein Bad in der Wärme,
- Massagen,
- Atemtechniken,
- körperliche Entspannungsübungen,
- Schlaf.

Das Bad in der Wärme

Nach einem anstrengenden Arbeitstag ein oder zwei Stunden in der *Sauna oder im Dampfbad* zu verbringen, kann so manchem helfen, sich hinterher wie neugeboren zu fühlen. Der Wechsel zwischen wohltuender Hitze, kalten Duschen oder

Eintauchen in ein Eisbecken und Ruhen führt schon nach kurzer Zeit zu einer angenehmen Entspannung des ganzen Körpers. Abgesehen von den gesundheitsfördernden Wirkungen (Stärkung des Immunsystems und des Herz-Kreislauf-Apparates) macht sich bald ein körperliches Wohlgefühl breit, das einem ermöglicht, sich selber besser zu spüren und auch innerlich zu regenerieren.

Natürlich ist es unterhaltsam und kommunikativ, beim Saunagang mit Freunden oder Bekannten zu reden oder im Ruheraum in einer Zeitschrift zu blättern. Doch seit einigen Jahren habe ich wiederholt die Erfahrung gemacht, wie viel mehr es mir in puncto »innerlich Auftanken« bringt, wenn ich darauf verzichte und »bei mir« bleibe. Sie werden merken: Je stärker Sie mit Ihrer Aufmerksamkeit bei Ihrem Körper bleiben, um so intensiver wird die Erfahrung und der Kontakt mit sich selbst werden. Riskieren Sie nicht, sich wieder im Außen zu verlieren und damit die Möglichkeit zu verpassen, tiefer in den Augenblick und das eigene innere Erleben einzutauchen. Aber experimentieren Sie selbst, was Ihnen gut tut – die körperliche Entspannung tritt immer ein.

Nun mag Sauna oder Dampfbad nicht jedermanns Sache sein oder sich die Gelegenheit dazu nicht immer bieten. Doch auch schon ein *heißes Bad in der Wanne* kann ähnliche Wohlgefühle bewirken. Fast vollständig im warmen Wasser zu liegen, kann ein Geborgenheitsgefühl in uns auslösen, wie es unser Nervensystem noch aus dem vorgeburtlichen Zustand im Mutterleib kennt. In diesem Zustand zehn bis fünfzehn Minuten zu verweilen, einzutauchen in den Raum körperlich erinnerter Geborgenheit, kann die Seele in Kürze bereichern, heilen und regenerieren. Vielleicht tut es Ihnen gut, wenn Sie das Bad mit duftenden ätherischen Ölen oder einem anregenden Badesalz anreichern. Unsere Haut ist nicht nur unser größtes Sinnesorgan, sondern auch das, womit wir die Welt ertasten und erfühlen, und das Fühlen ist eine der wichtigsten Voraussetzungen für Körperbewusstsein und inneres Erleben. Nehmen Sie daher Ihr Bad am besten in völliger Stille, oder untermalen Sie es mit angenehmer Musik, die Ihnen gut tut. Hinterher werden Sie sowohl körperlich als auch seelisch entspannt und erfrischt sein.

Massagen

Eine der sinnlichsten und angenehmsten Arten, seine Anspannungen und Verspannungen loszuwerden, ist eine von professionellen Händen ausgeführte Massage. Sie bietet Entspannung pur, kurbelt den Stoffwechsel an, steigert die Durchblutung der Haut, senkt den Blutdruck, vermehrt die Immunabwehrzellen im Blut und bewirkt nicht zuletzt die Ausschüttung des Wohlfühlhormons Serotonin im Gehirn. Und mit der äußeren Entspannung kehrt auch die innere Entspannung ein. Dies geschieht umso leichter, wenn die Massage zusätzlich mit Wärme verbunden ist: mit Fangopackungen, heißen Tüchern oder warmen Ölen.

Gönnen Sie sich also immer wieder eine Massage, wenn Sie körperlich entspannen und innerlich auftanken wollen: ob im

Wellnessbereich eines Hotels, einem Massagestudio oder durch einen mobilen Massagedienst.

Atemtechniken

»Wir sind, wie wir atmen«, heißt es im Yoga. Der Atem ist das wichtigste Medium, physisch und seelisch zu entspannen und die Energie im Körper auszugleichen. Richtig zu atmen, ist in allen Meditations- und Entspannungspraktiken von zentraler Bedeutung. Bedauerlicherweise haben viele Menschen in unserer hektischen westlichen Welt verlernt, richtig zu atmen. Sie atmen zu schnell und zu flach, statt langsam und tief. Und leider ist es so: Wer seinen »langen Atem« verliert, wird gewissermaßen »atemlos«. Aber es ist nicht schwer, richtiges Atmen wieder zu lernen. Im Gegenteil: Atemtechniken bilden einen der leichtesten Wege, in kurzer Zeit zu entspannen, die Energiebalance wiederherzustellen und innerlich aufzutanken. Bewusstes, langsames und tiefes Atmen bringt uns zurück in den Körper und zu unserer Mitte und hilft uns dort innerlich aufzutanken. Oder, kurz gesagt:

Die Seele tankt im Atmen.

Grundsätzlich gilt für das Atmen:

- Verstärktes und tiefes *Ausatmen entspannt* und *beruhigt* den Körper.

- Schnelles und heftiges *Einatmen energetisiert* und *belebt* den Körper.

Die drei folgenden Atemtechniken sind nicht nur leicht erlernbar, sie lassen sich auch problemlos im Alltag praktizieren: egal, ob im Büro, im Flugzeug oder in der Bahn, auf einer Parkbank oder schon morgens nach dem Aufwachen.

Entspannungsatmen

Infolge von Stress und Hektik atmen die meisten Menschen zu schnell und zu viel ein und zu wenig aus. Hierdurch steigt der Kohlendioxidgehalt im Blut, und die Sauerstoffzufuhr ins Gehirn sinkt. Man verliert geistige Energie und Konzentrationsfähigkeit. Durch verstärktes und tiefes *Ausatmen* wird das Blut entsäuert und kann frischen Sauerstoff aufnehmen. Gleichzeitig entspannt der Körper und regeneriert. Und so geht's:

Setzen Sie sich aufrecht auf einen Stuhl, schließen Sie die Augen und nehmen Sie für einen Moment Ihren Atem wahr, ohne ihn zu beeinflussen. Dann vertiefen Sie langsam Ihren Atem, indem Sie in den Bauch einatmen, die Luft kurz anhalten und dann langsam und intensiv ausatmen. Wenn Sie alleine sind, können Sie das Ausatmen durch einen hörbaren F-Laut verstärken. Machen Sie wieder eine kurze Atempause und warten Sie, bis das Einatmen ganz von selbst wiederkehrt. Wenn Sie diese Übung ein paar Minuten wiederholen, werden Sie in Kürze wesentlich ruhiger und entspannter sein. Würde man Ihren Hautwiderstand messen, so wäre er deutlich gestiegen, was ein Zeichen für verminderten Stress ist.

Als »Mini-Entspannung« hilft es übrigens auch, sich immer wieder mal zu strecken, zu dehnen und zu gähnen. Denn Gähnen fördert ebenfalls die Sauerstoffzufuhr ans Gehirn und entspannt die Kopf- und Nackenmuskulatur.

Ausgleichsatmen

Die »wechselseitige Nasenatmung« ist eine aus dem Yoga stammende Übung, die schnell und anhaltend entspannt und die Nerven beruhigt. Obwohl sie etwas Konzentration fordert, ist sie vom Prinzip her ganz einfach und kostet Sie nur wenige Minuten. So geht's:

- Setzen Sie sich aufrecht hin.
- Verschließen Sie mit einem Finger das linke Nasenloch, und atmen Sie tief durch das rechte ein.
- Verschließen Sie jetzt mit einem anderen Finger auch das rechte Nasenloch, und halten Sie den Atem drei bis sechs Sekunden an.
- Öffnen Sie nun das linke Nasenloch, und atmen Sie langsam und vollständig aus.
- Nun atmen Sie durch das linke Nasenloch ein und wiederholen die vorherigen Atemphasen entsprechend (links ein, anhalten, rechts aus, rechts ein ... usw.).
- Fünf bis zehn solche wechselseitigen Atemzüge genügen für den Anfang. Gegebenenfalls wiederholen Sie diese Übung mehrmals am Tag – eine kurze Zeitinvestition mit starker Entspannungswirkung.

Belebende Atmung

Um sich bei Müdigkeit oder nach der Entspannung wieder zu beleben und zu energetisieren, genügt es, einige Minuten heftig, schnell und möglichst rhythmisch *einzuatmen.* Setzen Sie sich aufrecht auf einen Stuhl und legen Sie Ihre Hände auf den Bauch. Dann atmen Sie – wenn möglich kräftig hörbar – durch die Nase bis in den Bauch ein und aus, etwa so, als ob Sie ein Kaminfeuer mit einem Blasebalg anfachen wollten. Atmen Sie immer schneller und tiefer, und ziehen Sie jeweils beim Ausatmen den Bauch kräftig ein. – Nach etwa zwanzig Atemstößen machen Sie eine kurze Pause und wiederholen die Übung noch ein- bis zweimal. Sollte Ihnen leicht schwindlig werden, so ist das ganz normal und keineswegs beunruhigend; atmen Sie dann einfach etwas langsamer.

Körperliche Entspannungsübungen

Von den vielen Entspannungstechniken sind Tai-Chi, Qui Gong und die progressive Muskelrelaxation die bekanntesten und wirkungsvollsten. Alle drei beruhen auf subtilen Bewegungen, und während die ersten beiden im Stehen ausgeübt werden (am besten im Freien oder in einem geschützten, privaten Bereich), kann man die Übung der progressiven Muskelentspannung auch am Arbeitsplatz im Sitzen ausführen, um sich schnell zu regenerieren. Eine weitere populäre Variante stellt das autogene Training dar.

Tai-Chi und Qui Gong

Diese miteinander verwandten Techniken sind zwei energetisierende Übungssysteme, bei denen man im Einklang mit dem Atem langsame und fließende Arm- und Beinbewegungen ausführt. Der festgelegte harmonische Bewegungsablauf erfolgt in gleichbleibendem Tempo, ohne jede Anstrengung, und fördert eine zunehmende Entspannung von Körper und Geist. Beide Techniken stellen gewissermaßen eine Meditation in Bewegung dar, wenn sie auch häufig nur als »Gesundheitsgymnastik« bezeichnet werden.

Die vielfältigen positiven Wirkungen auf unseren Organismus und unsere innere Verfassung sind heute mehrfach wissenschaftlich erforscht und belegt:

- Muskuläre Spannungen und körperliche Disbalancen werden beseitigt.
- Haltungs- und Wirbelsäulenprobleme können ausgeglichen werden.
- Stagnierende Energie kommt in Bewegung, und innere Blockaden lösen sich.
- Das gesundheitliche Wohlbefinden verbessert sich, der Gesamtzustand harmonisiert sich.
- Der geordnete Bewegungszusammenhang wirkt sich auch ordnend auf den inneren Zustand aus.
- Die Gehirnwellenfrequenz sinkt in Alpha-Bereiche, und die Konzentrationsfähigkeit verbessert sich
- Mit der körperlichen Entspannung kommt man auch innerlich zur Ruhe und gewinnt mehr Gelassenheit.

- Schließlich fördert es die bei uns westlichen Menschen so seltene Fähigkeit zu absichtslosem Handeln und zu bloßem Geschehenlassen.

Beide Techniken erfordern keine besonderen Fähigkeiten oder Begabungen, sie können nahezu überall praktiziert werden und sind relativ schnell erlernbar. Allerdings sollte man sie sich bei einem guten, speziell ausgebildeten Lehrer aneignen, am besten in einem Gruppenkurs. Besonders in der Anfangsphase empfiehlt es sich, täglich mindestens zehn Minuten, optimal gar zwanzig bis dreißig Minuten zu üben – und zwar regelmäßig. Je eher eine solche Technik zum festen Bestandteil des Tagesablaufes und somit zur Gewohnheit wird, desto weniger Überwindung kostet es, am Ball zu bleiben.

Progressive Muskelentspannung

Dies ist eine sehr einfache moderne Entspannungsmethode, bei der nacheinander verschiedene Muskelgruppen des Körpers zunächst angespannt und nach einigen Sekunden wieder entspannt werden. Durch diesen Gegensatz zwischen Anspannung und Entspannung der Muskeln entsteht schnell ein körperliches Wohlbefinden. Und so geht's:

- Setzen Sie sich aufrecht auf einen Stuhl, strecken Sie das rechte Bein waagerecht nach vorne, ziehen Sie die Fußspitze Richtung Körper und spannen Sie alle Muskeln des Beins so fest wie möglich an. Halten Sie die Spannung fünf bis sieben Sekunden und entspannen Sie anschließend fünfzehn bis zwanzig Sekunden. Wiederholen, und dann dasselbe zweimal mit dem linken Bein. Bitte nicht das Weiteratmen vergessen.

- Strecken Sie nun den rechten Arm waagerecht nach vorn, ballen Sie die Hand zur Faust, drücken Sie die Schulter nach vorn, und spannen Sie den ganzen Arm an. Wieder die Spannung fünf bis sieben Sekunden halten, danach fünfzehn bis zwanzig Sekunden entspannen. Wiederholen, dann dasselbe zweimal mit dem linken Arm.
- Zum Schluss den ganzen Körper anspannen, indem Sie beide Beine und Arme ausstrecken, die Schultern an die Ohren ziehen und eine feste Grimasse machen. Auch die Bauch- und Pomuskeln anspannen. Die Spannung fünf bis sieben Sekunden halten, entspannen und gegebenenfalls wiederholen. Bitte ruhig weiteratmen während der Übung.

Autogenes Training

Autogenes Training ist eine besondere Form der Autosuggestion, die zu sehr schneller Entspannung führt. Sie erreichen eine positive Grundstimmung, größeres Wohlbefinden und können außerdem Stress abbauen oder sogar vorbeugen. Allerdings sollte autogenes Training nur unter systematischer Anleitung eines Fachmannes (in der Regel ein Arzt oder Psychologe) eingeübt werden. Außerdem benötigen Sie dafür einige Zeit und Geduld, erfahrungsgemäß mindestens sechs Wochen bei regelmäßiger Übung. Kurse zum autogenen Training werden an beinahe allen Volkshochschulen durchgeführt; daneben gibt es zahlreiche private Angebote.

Schlafen

Auch wenn Zeit Geld ist: Die Zeit, die Sie in Schlaf anlegen, ist besonders gut investiert; Sie erhalten dafür einen optimalen *return on investment*. Denn Schlaf ist die wohl beste Regenerationsmöglichkeit für Körper, Gehirn und Seele. Mangelnder Schlaf kann dagegen mit der Zeit zu schweren psychischen Schäden führen und den Verschleißprozess des Körpers beschleunigen.

Wozu dient eigentlich der Schlaf? Auch wenn dies noch nicht endgültig erforscht ist, so gehen Schlafforscher doch davon aus, dass der *Körper* sich vor allem in der *Tiefschlafphase* regeneriert, indem er seinen Energiebedarf um die Hälfte vermindert, Atem und Puls verlangsamt und die Gehirntätigkeit herunterfährt. Gleichzeitig erneuern sich die Zellen, werden Heilungsprozesse gefördert und die Abwehrkräfte gestärkt. Guter Schlaf dient also nicht nur dem Gesundungsprozess, sondern ist auch ein guter Schutz gegen Krankheit und gegen den Alterungsprozess des Körpers.

Die *Traumphasen* dagegen dienen primär der *psychischen und seelischen Regeneration*: Das Gehirn wird wieder aktiv und verarbeitet im Traum unerledigte Eindrücke und Aufgaben des Tages, oft auf recht fantastische Weise. Heute weiß man, dass diese etwa alle neunzig Minuten wiederkehrenden Traumphasen für die psychische Erholung von entscheidender Bedeutung sind und beispielsweise durch Schlaftabletten erheblich beeinträchtigt oder gar verhindert werden. In einem gesunden Schlaf, mit einem kontinuierlichen Wechsel von

Traum- und Tiefschlafphasen können dagegen Körper und Seele optimal auftanken und sich erneuern.

Entscheidend für den Erholungswert ist aber nicht nur die *Schlafdauer* – je nach individueller Veranlagung liegt diese etwa zwischen sechs und neun Stunden –, sondern vor allem auch die *Qualität* und *Intensität* des Schlafes. Immerhin leidet in Deutschland jeder Fünfte unter Ein- oder Durchschlafschwierigkeiten (oder auch beidem). Mit den folgenden Tipps können Sie Schlafprobleme reduzieren und einen gesunden Schlaf fördern:

1. Investieren Sie in eine wirklich gute Matratze. (Sie verbringen immerhin etwa ein Drittel Ihres Lebens schlafend!)
2. Achten Sie auf eine ruhige Umgebung. Bei schnarchendem oder schlecht schlafendem Partner: Lärmstöpsel oder getrennte Schlafplätze.
3. Sorgen Sie für völlige Dunkelheit: Das Schlafhormon Melatonin, das die Schlafbereitschaft maßgeblich fördert, wird erst bei Dunkelheit ausgeschüttet und durch jede Lichtquelle, die an Ihre Augen dringt, wieder gedrosselt. Daher empfiehlt es sich, falls Sie nachts aufstehen müssen, dies möglichst im Dunklen oder bei schwacher Beleuchtung zu tun. Sollten Sie Ihr Zimmer nicht ganz verdunkeln können, wäre eine Schlafbrille angebracht.
   Melatonin gilt übrigens nicht nur als »natürliche Schlaftablette« des Körpers, sondern ist auch das Hormon, das den Alterungsprozess verlangsamt.
4. Lüften Sie, bevor Sie einschlafen. Viele Menschen schlafen

sogar bei offenem Fenster besser. Aber vermeiden Sie Zugluft! Keinesfalls sollte der Raum zu warm sein. Kuscheln Sie sich lieber unter eine warme Decke.

5. Verbannen Sie elektronische Geräte so weit wie möglich aus dem Schlafzimmer. Schlafen Sie vor allem nicht im gleichen Zimmer mit einem Fernseher: Der Bildschirm hat eine hohe elektromagnetische Ausstrahlung, die noch mehrere Stunden nach dem Ausschalten anhält.
6. Achten Sie darauf, dass Ihr Bett nicht auf einer Wasserader steht. Wasseradern gibt es überall unter der Erde. Sie erzeugen Magnetfelder, die auch noch im zwanzigsten Stock eines Hochhauses den Schlaf und den Organismus eines Menschen beeinträchtigen können. Lassen Sie Ihr Schlafzimmer gegebenenfalls von einem Experten ausmessen.
7. Vermeiden Sie abends zu üppige oder schwere Mahlzeiten und zu viel Alkohol, da dieser die Traumphasen stören kann.
8. Vorsicht mit Koffein und Betablockern (sie hemmen die Melatoninbildung) und mit chemischen Schlafmitteln (sie hemmen die Traumphasen).
9. Gehen Sie möglichst immer zur gleichen Zeit ins Bett. Der gleichmäßige Rhythmus unterstützt die Hormonbildung zur richtigen Zeit.
10. Bei Schlafstörungen können Magnesium und eine gute Schlafteemischung helfen. Schon 100 bis 200 mg Magnesium (etwa dreißig Minuten vor dem Schlafengehen, in Wasser aufgelöst) senkt innere Erregung und Nervosität und fördert den Schlaf. Ebenso hilft ein warmer Tee aus nachge-

wiesenermaßen schlaffördernden Kräutern, wie Baldrian, Johanniskraut, Melisse und Lapachobaum. Lassen Sie sich in einem Fachgeschäft oder einer Apotheke beraten.

Übrigens: Auch ein nur viertelstündiger Mittagsschlaf kann Wunder wirken. Er reicht für eine Traumphase und somit für die psychische Regeneration. Entscheidend dabei ist allerdings, nur kurz einzunicken und die so genannte Alpha- oder Traumphase zu durchwandern, ohne in die Tiefschlafphase zu geraten – eine gute Maßnahme für den Seelenhaushalt.

Wie immer können Sie in den folgenden Zeilen die für Sie wichtigsten Informationen notieren:

Körperlich entspannen und regenerieren: Festhalten und mitnehmen möchte ich

....

....

....

....

....

....

....

....

....

....

....

Bewegung

Zu unserer Natur gehört die Bewegung; die vollkommene Bewegungslosigkeit führt zum Tod.

nach Seneca

Erschöpft, atemlos, erhitzt – vor allem aber überglücklich. Haben Sie schon einmal am Ziel eines Amateurmarathons gestanden und die nach drei, vier oder auch erst fünf Stunden ankommenden Läufer beobachtet und in ihre strahlenden Gesichter und leuchtenden Augen geschaut?

Ihre positive Ausstrahlung hängt nicht nur mit dem inneren Gefühl der Befriedigung zusammen, die über 42 Kilometer nach monatelangem Training tatsächlich bewältigt zu haben, nein, Bewegung ist für den menschlichen Organismus eine wichtige Kraftquelle für seine physische wie auch seine psychische Verfassung.

Im Unterschied zu den primär *entspannenden* Bewegungsmustern des vorhergehenden Kapitels (Tai-Chi und Qui Gong), der *slow motion*, soll es nun um primär *energetisierende und belebende* Bewegungsarten gehen, gewissermaßen um *rhythmic motion*. Denn gerade rhythmische, möglichst gleichmäßige Bewegung kann eine gute Möglichkeit sein, innerlich aufzutanken.

Allerdings eine Möglichkeit, die von vielen nicht genutzt wird. Trotz der seit Jahren zunehmenden Fitnesswelle scheinen wir hierzulande immer noch in einem absoluten Bewegungsnotstand zu leben. Weniger als ein Drittel aller Erwachsenen betätigt sich mindestens einmal pro Woche sportlich. Die meisten bewegen sich lediglich aus dem Bett an den Frühstückstisch, von dort ins Auto, erreichen mit dem Fahrstuhl den Bürosessel, sitzen zwischendrin in der Cafeteria oder Firmenkantine und verbringen den Abend vor dem Fernseher.

Dabei ist Bewegung ein Urbedürfnis unseres Organismus und elementarer Bestandteil unseres genetischen Bauplans. Dies lässt sich schon am Bewegungsdrang von Kindern erkennen: Unser Körperbau ist darauf angelegt, uns zu bewegen, somit sind wir als Bewegungsmuffel eine lebende »Fehlkonstruktion«. Unzählige körperliche wie auch seelische Krankheiten könnten durch Bewegung verhindert oder geheilt werden. Bewegte Menschen leben gesünder und glücklicher!

Und so paradox es zunächst auch klingen mag: Gerade durch die Bewegung bekommen wir neue Kraft. Wie in der Wirtschaft gilt:

Wir müssen Energie investieren,
um mehr Energie zu bekommen.

Warum Bewegung nicht nur erschöpft, sondern auch belebt

Wenn ich mich körperlich ausgepowert fühle und auch innerlich in schlechter Stimmung bin, dann weiß ich: Es ist Zeit, laufen zu gehen – eines der für mich einfachsten und effektivsten Mittel, wieder fit zu werden und mein seelisches Gleichgewicht wiederzufinden. Manchmal kostet es einiges an Überwindung, mich aufzuraffen, die Schuhe anzuziehen und loszulaufen. Doch allzu oft habe ich schon festgestellt: Wenn ich sitzen bleibe oder mich gar hinlege, bin ich hinterher meist noch schlaffer und frustrierter. Außerdem ist in meinem Nervensystem das Gefühl gespeichert, wie wohl ich mich fühle, wenn ich vom Laufen zurückkehre. Genau diese Erinnerung ist es, die mir hilft, meinen inneren Schweinehund zu überwinden und loszulaufen. Wenn ich mich dann in ruhigem Tempo rhythmisch durch die Natur bewege und meinen Körper mit Sauerstoff voll tanke, merke ich, wie meine Lebendigkeit und meine körperliche Spannkraft nach und nach zurückkehren. Gleichzeitig beginne ich, meinen Körper wieder zu spüren, meine Gedanken ordnen sich, und langsam finde ich wieder zu mir selbst. Unterstützt vom gleichmäßigen Takt des Laufrhythmus, von der Schönheit der Natur um mich herum und von der Möglichkeit, nahezu gedankenverloren bei mir zu sein, kommt auch meine Seele zur Ruhe und kann auftanken. Eine Dreiviertelstunde später, unter der kalten Dusche, fühle ich mich wieder »fit wie ein Turnschuh« und bin in bester Stimmung.

Auf welche Weise hilft uns nun Bewegung, innerlich aufzutanken und unser seelisches Gleichgewicht wiederzufinden? Meist werden uns in erster Linie die körperlichen Fitnessaspekte sportlicher Betätigung dargelegt. Und schon diese sind erheblich:

Bewegung verzehnfacht die Sauerstoffversorgung des Körpers, sie versorgt das Gehirn mit Energie und steigert so die Gedächtnisleistung, der Energiegrundumsatz wird um 25 Prozent gesteigert und reguliert den Appetit, schädliche Blutfette werden verbrannt und Stresshormone abgebaut. Die Leistungsfähigkeit wird durch Vermehrung der winzigen körpereigenen Kraftwerke, der Mitochondrien, gesteigert, ebenso wird das Kreativitätshormon ACTH vermehrt ausgeschüttet, unsere Herzleistung und Gefäßdurchblutung werden verbessert, die Muskulatur und Gelenke gestärkt, die Verdauung aktiviert und unser Immunsystem gefestigt. Nicht zuletzt fördert Bewegung auch einen erholsamen Schlaf. Allein diese Gründe könnten schon genügen, einen zu mehr Bewegung zu animieren.

Doch die körperliche Bewegung bringt auch Bewegung in unsere seelische Gemütslage. Beim Laufen könnte man sagen: »Die Seele läuft mit.« Warum genau?

Zunächst gilt die alte Weisheit »mens sana in corpore sano« (Ein gesunder Geist lebt in einem gesunden Körper). Je besser wir uns körperlich fühlen, je fitter und gesünder wir sind, desto besser geht es uns auch geistig und seelisch. Und umgekehrt: Wenn wir körperlich in schlechter Verfassung oder krank sind, dann leidet auch unsere Seele. Schon deswegen wird jemand, der für sein seelisches Wohlbefinden sorgen will, sinnvollerweise auch seinen Körper immer wieder durch Bewegung fit halten.

»Bewegung macht glücklich«, sagen manche, jedenfalls erzeugt sie gute Gefühle. Man fühlt sich optimistisch, froh oder gar »pudelwohl«. Und zwar aufgrund ganz natürlicher biochemischer Prozesse. Prinzipiell tragen drei Hormone zu diesen positiven Gefühlen bei: Dopamin, Serotonin und Endorphin.

- *Dopamin.* Aufgrund der Wechselwirkung zwischen dem Muskelstoffwechsel und unserem Zwischenhirn (dem so genannten limbischen System), unserer Gefühlszentrale, kommt es dort zur Produktion des Botenstoffes Dopamin. Dieser ist eine Art »Brennstoff des Geistes«, der Spannung und Vorfreude auslöst und euphorisch stimmen kann. Auch Alkohol und Nikotin führen dazu, dass das Gehirn diesen Botenstoff ausschüttet, und wirken deshalb so positiv. Wer sich viel bewegt, kann dieses Hormon aber auf ganz natürliche Weise produzieren.
- *Serotonin.* Ebenso wird dieses »Gute-Laune-Hormon« stimuliert, ein Neurotransmitter, der als Glücksbotenstoff im Gehirn gilt und unumstritten eines der wirksamsten Antidepressiva darstellt. Die meisten Psychopharmaka, die zur Behandlung von Depressionen eingesetzt werden, bewirken eine Anhebung des Serotoninspiegels und fördern damit gute Gefühle. Durch Bewegung können depressive Men-

schen nachgewiesenermaßen den Medikamentenkonsum reduzieren oder gar einstellen.

- *Endorphin.* Schließlich setzt Bewegung im Sauerstoffüberschuss Endorphine frei, die körpereigenen Opiate oder Glückshormone. Sie bewirken im ganzen Körper einen euphorischen, kribbelnden Rauschzustand. Allerdings erst, wenn man sich eine längere Zeit (mindestens 30 bis 45 Minuten) im so genannten aeroben Bereich bewegt hat, also in der »Sauerstoffzone« bei niedriger Pulsfrequenz.

Umgekehrt besteht ein verhängnisvoller Zusammenhang zwischen fehlender Bewegung und Depressionen. Aufgrund mangelnder Muskelaktivität unterbleibt die Stimulierung der Zwischenhirnareale, die für die Produktion insbesondere von Dopamin und Serotonin zuständig sind. Die Folge sind Lustlosigkeit, Mattheit und weiterer Bewegungsmangel. Ein fataler Teufelskreis, aus dem es aber glücklicherweise einen Ausweg gibt: Bewegung. Trägheit lässt sich eben nur durch Aktivität überwinden. Mit ihr kommen auch wieder die guten Gefühle, und die Seele lebt wieder auf.

Neben diesen biochemischen Prozessen ist auch der gleichmäßige Rhythmus der Bewegung entscheidend. Alle gleichmäßigen Betätigungen gleichen uns auch innerlich aus, mäßigen vieles, was in uns aufgewühlt ist oder in unserem Herzen tobt. Ebenso wirken sich rhythmische Bewegungen zentrierend und stabilisierend auf unsere psychische Verfassung aus. Beim Tanzen wie beim Laufen, beim Radfahren wie beim Skaten.

Mit dem Rhythmus wird auch der Atem regelmäßig, und so gelangen wir nach und nach auch innerlich in einen gleichmäßig schwingenden Zustand, der gewissermaßen unsere Seele wiegt. Diese Wirkung mag subtil und – da sie sukzessive erfolgt – bewusst kaum spürbar sein. In der Regel merken wir erst hinterher, dass wir ausgeglichener und zentrierter sind.

Schließlich nehmen wir durch die Bewegung unseren Körper stärker wahr und kommen so in einen intensiveren Kontakt zu uns selber und unserem Inneren. Umso mehr, je langsamer die Bewegungen sind, je ruhiger unsere Umgebung ist und je weniger wir abgelenkt werden. Unter diesem Aspekt kann es günstiger sein, beim Laufen, Radfahren, Skaten oder Schwimmen mit sich allein zu sein, als in der Gruppe Sport zu treiben, um den eigenen Körper bewusster spüren zu können – in sich »hineinhorchen« zu können. Zeit mit sich ist nahezu immer Labsal für die Seele.

Bewegen statt rosten – Tipps für den Alltag

Für die Entscheidung, welche Sportart nun am besten für Sie ist, gilt zunächst: Wichtig ist in erster Linie, *dass* Sie sich bewegen, und nicht so sehr, *welche* Bewegungsart allgemein als ideale angesehen wird. Mehrere Voraussetzungen sollten allerdings erfüllt sein:

Wählen Sie eine Sportart, bei der Sie sich möglichst gleichmäßig und rhythmisch bewegen. Ob es nun Joggen, Walken, Radfahren, Inlineskaten, Schwimmen, Skilanglaufen, Rudern oder das Training auf einem Laufband, Stepper oder Hometrainer sei, der gleichmäßige Rhythmus wird Ihnen beim Auftanken helfen. Ungünstig sind dagegen so genannte Stop-and-go-Sportarten wie Fußball, Tennis oder Squash - nicht nur, weil diese Ihre Gelenke strapazieren und Sie in der Regel kein Fett, sondern Ihre kostbaren Zuckerreserven verbrennen, sondern vor allem, weil Sie sich dabei eben nicht gleichmäßig und rhythmisch bewegen, geschweige denn mit Ihrer Aufmerksamkeit bei sich und mit sich sein können. (Was aber nicht bedeuten soll, dass die letztgenannten Sportarten nicht aus anderen Gründen für Sie sinnvoll sein können!)

Achten Sie darauf, dass die Art der Bewegung zu Ihrer persönlichen körperlichen Verfassung und Konstitution passt. So sollten Menschen mit Rückenschmerzen nicht viel Rad fahren, um ihre Wirbelsäule nicht noch zusätzlich zu strapazieren, und stark Übergewichtige am Anfang nicht laufen, um Gelenke und Bänder zu schonen.

Wählen Sie nicht nur mit dem Kopf, sondern auch mit dem Herzen. Achten Sie darauf, dass Ihnen die Sportart wirklich persönlich liegt und Spaß macht. Sonst kostet es Sie zu viel Mühe und Selbstüberwindung. Sie müssen permanent gegen Ihren inneren Schweinehund ankämpfen und produzieren dabei mehr Stress- als Freudehormone!

Achten Sie darauf, dass Sie sich leicht, moderat und ohne Anstrengung bewegen. Weniger ist hier oft mehr. Die oben genannten positiven Wirkungen erreichen Sie nicht, wenn Sie sich anstrengen und auspowern, sondern wenn Sie sich in einem niedrigen Pulsfrequenzbereich bewegen. Gerade viele Anfänger neigen dazu, sich zu schnell zu bewegen und sich anzustrengen. Lassen Sie daher am besten Ihre optimale Bewegungsfrequenz mit einem Laktat-Test bei einem Sportmediziner ermitteln und benützen Sie beim Sport ein Pulsfrequenz-Messgerät. Nur so können Sie sicher sein, dass Sie sich kontinuierlich in dem für Sie optimalen moderaten Tempo bewegen.

Wählen Sie auch eine Umgebung, die Ihrer Seele gut tut, am besten an der frischen Luft und in der freien Natur. Auch im Stadtpark ist es noch viel besser, als auf den Straßen zwischen Häuserblocks zu laufen oder auf einem Stepper in einer Fitnesshalle inmitten von technischen Geräten und kontinuierlicher Beschallung zu trimmen. Da mag Ihr Körper fit werden. Die Seele verkriecht sich oder geht in Deckung. Im Freien können Sie von den vielen »seelenfördernden« Kräften der Natur profitieren (siehe hierzu Seite 130): Sie können den weichen Wiesenboden unter Ihren Füßen spüren, den frischen Wind oder den Regen im Gesicht fühlen, die Gerüche der Pflanzen und Bäume wahrnehmen und das Rauschen der Blätter oder das Vogelgezwitscher hören (deshalb sollten Sie auch möglichst ohne Walkman laufen). Untersuchungen haben ergeben, dass Laufen in der freien Natur zu wesentlich besserer Stimmung führt als auf dem Laufband in einem Fitnessstudio. Und in einem Versuch hatten selbst die Hallenläufer etwas verbesserte Stimmungswerte, wenn sie nämlich über einen Kopfhörer Vogelgezwitscher zu hören bekamen.

Gönnen Sie sich, alleine mit sich zu sein. Sport mit anderen mag zwar kommunikativer und unterhaltsamer sein, aber um innerlich bei sich anzukommen, sich zu zentrieren und seelisch wirklich aufzutanken, ist die Zeitinsel des Alleinseins ausgesprochen förderlich. Ansonsten bewegt sich zwar der Körper, aber man nimmt weder die Natur ringsherum noch sich selber wirklich wahr. Auch wenn es Sie vielleicht am Anfang etwas mehr Überwindung kostet: Mit der Zeit werden Sie diese Zeiten des »Eintauchens« in den Rhythmus, in die Natur und in sich selbst immer mehr genießen. Natürlich kann man auch mit anderen schweigend laufen oder walken und mit der Aufmerksamkeit bei sich bleiben. Vielen Menschen fällt das aber nicht so leicht.

Meines Erachtens sind Laufen und Walken unter allen Bewegungsmöglichkeiten diejenigen, die am leichtesten zu praktizieren sind. Sie brauchen bis auf ein paar gute Schuhe kaum eine aufwändige Ausrüstung, und insbesondere für Menschen mit geringen Zeitreserven bieten sie den Vorteil, dass man mit wenig Aufwand (schon dreißig Minuten genügen) viel erreichen kann. Und da man in der Regel von Zuhause loslaufen oder loswalken kann, spart man sich auch Anfahrts- und Vorbereitungszeiten.

Doch letztlich müssen Sie selbst entscheiden, was für Sie und Ihre Seele, für Ihr körperliches und inneres Wohlbefinden das Beste ist.

Bewegung: Festhalten und mitnehmen möchte ich

....
....
....
....
....
....
....
....
....
....
....
....
....
....
....
....
....
....
....
....
....

Genießen

Augenblicke des Glücks, des Genusses, der Vollkommenheit, diejenigen, in denen alles andere zur Nebensache wird, geben uns die Kraft für die Zeiten, in denen die Nebensachen überwiegen.

Christian Friedrich Hebbel

Der Mensch ist von Natur aus darauf programmiert zu genießen. Unser ganzer Körper ist auf Genuss eingerichtet. Unser innerer Autopilot sucht ständig nach Möglichkeiten, Schmerz zu vermeiden und Lust zu empfinden. Ja, nach der griechischen Philosophie der Hedonisten ist sogar das ganze menschliche Handeln vom Streben nach Lust bestimmt. Und jede Lust wirkt physisch wie auch psychisch. Genuss, nicht nur beim Essen, »hält Leib und Seele zusammen«. Unsere Seele lacht, wenn wir mit allen Sinnen und von ganzem Herzen etwas genießen. Genuss ist eine der angenehmsten und freudigsten Arten, innerlich aufzutanken. Doch *warum* eigentlich, was geschieht dabei in uns, und *wie* geht das wirklich intensive Genießen?

Vom Segen des Genießens

Genießen ist eines der grundlegenden Mittel für die Förderung unserer seelischen und körperlichen Gesundheit. Je intensiver und vielfältiger die Sinneseindrücke sind, die die Lustareale in unserem Gehirn erreichen, umso größer ist die Ausschüttung an *stimmungsfördernden Hormonen* im Körper. Egal, was Sie genießen: Biochemisch sind die Wirkungen aller Genüsse gleich:

- Schon in der Phase vor dem eigentlichen Genuss, der Phase des Begehrens und der Vorfreude, erzeugt das Vorderhirn das Lustmolekül *Dopamin*, das uns unterstützt und anhält, die Quelle des Genusses zu erreichen.
- Alles, was Ihnen gut tut, was Sie genießen und was Ihnen Spaß und Freude bereitet, erzeugt eine Menge *Endorphine und Enkephaline*. Das sind natürliche körpereigene Glückshormone, die schon im Kapitel Bewegung (S. 108) dargestellt wurden.
- Je mehr Sinne an einem Genuss beteiligt sind, umso mehr steigt auch der Spiegel des Wohlfühlhormons *Serotonin* im Gehirn, das Stimmungstiefs vertreibt und für gute Laune sorgt.

Außerdem hilft uns bewusstes Genießen, im Augenblick zu verweilen und in die Gegenwart »einzutauchen«. Sie erinnern sich: *Die Seele lebt im Jetzt.* Bewusster Genuss holt uns *ins Jetzt*! Es ist sehr schwer, etwas intensiv mit allen Sinnen auszukosten und gleichzeitig über vergangene oder zukünftige Probleme zu grübeln. Daher kann bewusst empfundene Lust zu einer inneren Kraftquelle werden, die unsere seelische Energie und Lebensfreude mehrt. Vorausgesetzt allerdings, es gelingt uns, intensiv zu genießen.

Auch Genießen will gekonnt sein

Doch wie so vieles andere ist auch der wahre Genuss nicht so einfach zu erreichen. Viele Menschen können es gar nicht mehr. Anhedonie, die Unfähigkeit, das Leben zu genießen und Freude zu empfinden, ist heute sogar eines der auffälligsten Symptome in der Psychiatrie, vor allem bei den gut gestellten und materiell wohlversorgten Menschen. Wer darunter leidet, hat das Genießen entweder mit fortschreitendem Wohlstand und Überfluss verlernt, oder aber er hat es schon als Kind nicht gelernt. Genuss geht zwar mit Lust einher, aber nicht jede Lust ist genießerisch. Nicht umsonst gibt es mittlerweile in Deutschland eigene *Genusstrainings*, bei denen Menschen in Gruppen- oder auch Einzelsitzungen lernen, wieder Spaß am »komplexen Verhaltensmuster Genießen« zu finden, wie der Ernährungspsychologe Iwer Diedrichsen es nennt.

Grundsätzlich sind fünf Faktoren dafür entscheidend, ob wir etwas intensiv genießen.

Lassen Sie sich Zeit

Wer genießen will, braucht Zeit. Das folgt schon aus den Grundprinzipien seelischen Erlebens (siehe oben S. 28): Unsere Seele braucht Zeit! Ihr Tempo ist langsam. Auch unsere Sinneswahrnehmungen und Gefühle brauchen Zeit, um sich zu entwickeln. Und Genuss wird nun mal primär über unsere Sinne, über das Schmecken, Riechen, Sehen, Fühlen oder Hören wahrgenommen. Auf die Schnelle und unter Zeitdruck ist es kaum möglich, die Köstlichkeit einer Speise, den Duft eines blühenden Lavendelfeldes oder das Gefühl, von dem geliebten Partner zärtlich umarmt zu werden, auszukosten. Für den Genießer gilt »slow food statt fast food«. Nehmen Sie sich also Zeit: für eine erotisch-sinnliche Begegnung, einen Spaziergang in schöner Natur, für eine herrliche Mahlzeit. Am besten planen Sie auch schon für die Zubereitung der Speisen Zeit ein, um diese dann in Ruhe und bewusst genießen zu können: Es kann herrlich sein, frisches Gemüse, ob aus dem eigenen Garten oder vom Wochenmarkt, zu waschen und zu putzen. Schnuppern Sie in Ruhe an den frischen Kräutern, und fühlen Sie, wie glatt sich die Schale der Auberginen oder Zucchinis anfühlt.

Lassen Sie sich nicht ablenken

Um etwas tief und intensiv zu erleben, ist es wichtig, mit seiner Aufmerksamkeit ungeteilt dabei zu sein und sich nicht gleichzeitig mit anderen Dingen zu beschäftigen. Man kann nicht »nebenbei« genießen. Egal, ob Sie eine Massage, ein Konzert oder eine Mahlzeit genießen: Lassen Sie sich nicht ablenken. Beim Essen gilt: Wenn Sie gleichzeitig fernsehen oder Zeitung lesen, entgeht Ihnen leicht, was und auch wie viel Sie zu sich nehmen. In der Regel essen Sie dann sogar mehr und büßen es womöglich auf der Waage. Denn nebenbei Gefuttertes registriert das Gehirn nicht. Wer bewusst isst, wird dagegen erfahrungsgemäß weniger essen.

Ein gutes Mittel, um bewusster und intensiver zu schmecken, ist, eine Mahlzeit mit geschlossenen Augen einzunehmen. Hierauf beruht auch der große Erfolg der »Dunkelrestaurants«, in denen man in völliger Dunkelheit isst. Es gibt sie beispielsweise in Zürich, Basel, Berlin, Cottbus und in Wiesbaden. Für fast jeden, der dort war, ein unvergessliches Erlebnis.

Etwas einfacher, aber auch ein gutes Training für die Sinne ist es, sich verschiedene Nahrungsmittel wie Nüsse, Rosinen, Brot, ein Stück Gurke, einen Apfelschnitz und so weiter auf einen Teller zu legen und sich diese bei geschlossenen Augen von einer anderen Person reichen zu lassen. Riechen Sie daran, bevor Sie die Stücke in den Mund nehmen, und kauen Sie sie ganz langsam. Lassen Sie Ihrem Geschmacksinn Zeit, alle Details wahrzunehmen.

Jeder Genuss braucht also Zeit und Raum: Das Essen wie die erotische Liebe, das Anhören eines Konzerts wie das Eintauchen in eine schöne Landschaft, das Betrachten eines Gemäldes wie der Aufenthalt in einem Wellness-Hotel. Lassen Sie sich dabei nicht ablenken!

Geben Sie sich die Erlaubnis zum Genuss

Genuss und schlechtes Gewissen schließen sich aus. Natürlich kann es den Reiz einer Sache steigern, etwas »Verbotenes« zu tun. Das scheint für Kinder wie für Erwachsene zu gelten. Doch wenn man schon »sündigt«, dann ist die eigentliche Sünde, es mit schlechtem Gewissen zu tun, denn damit bringt man sich auch noch um den Genuss! Und wirklicher Genuss ist eben nicht schädlich, sondern gesund. Der klassische Stimmungsmacher Schokolade, der von vielen Menschen der hohen Kalorienzahl wegen nur verstohlen und mit schlechtem Gewissen gegessen wird, erhöht beispielsweise aufgrund seiner Zusammensetzung den Endorphin- und Serotoninspiegel im Gehirn. Ob Nougatpraliné, Pommes mit Majo oder die gelegentliche Cohiba nach einem besonders guten Essen – wenn schon, dann bitte mit Hingabe! Der Mensch wird krank, wenn er sich alles Lustvolle verbietet. Entscheidend sind eher die Menge und Häufigkeit. Achten Sie also lieber darauf, nicht dauernd zu »sündigen«.

Wählen Sie, was Ihnen wirklich gut tut

Jeder Mensch hat andere Neigungen und Vorlieben, die völlig unabhängig von allen allgemein gültigen Empfehlungen und Modetrends sind. Finden Sie heraus, was Ihnen gut tut, was Ihnen Lust und Spaß macht, was Sie selber wirklich genießen können – und gönnen Sie es sich! Mit der Zeit werden Sie Ihre Sinne, ob nun Geschmack-, Geruchs-, Tastsinn, Gehör oder Ihr Sehen immer verfeinern und genauer herausfinden, was Ihren Genuss steigert oder schmälert, wie auch ein Feinschmecker oder Weinkenner mit den Jahren immer genauer weiß, was er aus der Speise- oder Weinkarte wählen will. Oft mögen es auch ganz einfache Dinge sein: ein frisches Brot, ein Stück Käse mit ein paar Oliven und ein Glas Landwein in der richtigen Atmosphäre können für einen Kenner so manches Sternemenü in einem Nobelrestaurant übertreffen. Genuss und

Luxus müssen nicht Hand in Hand gehen – entscheidend ist Ihre persönliche Präferenz.

Genuss lebt von Verzicht

So merkwürdig es zunächst klingen mag: Ohne Verzicht, ohne eine gewisse Entbehrung ist wahrer Genuss gar nicht möglich, das erkannten schon die Epikuräer im alten Griechenland. Sie befanden, dass nur so viel Genuss erlaubt sein sollte, dass künftige Freuden nicht gefährdet würden. Wahre Glückseligkeit beruhe nicht auf grober Sinneslust, sondern auf einer guten Balance von Genuss und Selbstbeherrschung. Eine zeitweilige Askese steigere den Erlebniswert des vorübergehend entbehrten Gutes. Je größer die Entbehrung, umso intensiver der Genuss.

Eine Erfahrung, die Sie sicher auch schon gemacht haben: Wie kostbar ist ein Glas Wasser, wenn wir wirklich durstig sind, wie erfrischend eine warme Dusche nach einer mehrtägigen Wanderung mit Rucksack und Zelt, um wie viel intensiver der erotische Genuss, wenn wir den geliebten Partner ein paar Tage entbehren mussten. Wer dagegen alles immer zur Verfügung hat, verliert nicht nur leicht die Wertschätzung, sondern auch die Vorfreude darauf. Das haben zum Beispiel psychologische Studien mit verwöhnten Kindern ergeben. Aufgrund des Gewöhnungseffekts geht mit der Wiederholung der gleichen noch so schönen Ereignisse deren Erlebniswert verloren – wenn nicht immer wieder Zeiten der Entbehrung dazwischen liegen. Verzichten und Genießen sind also eng miteinander verbunden, auch wenn beide Regungen einander entgegenzustehen scheinen. Mit den Wohlgefühlshormonen ist es wie mit zwei Kindern auf einer Wippe: Mal ist das eine, mal das andere oben. Werden während der Entbehrung und Vorfreude vor allem Dopamine produziert, setzt der Körper während des Genusses hauptsächlich Endorphine und Enkephaline frei.

Der bewusste Verzicht ist daher kein Verzicht *gegen* etwas, keine Unterdrückung der eigenen Bedürfnisse, sondern ein Verzicht *für* etwas, nämlich für ein intensiveres Genießen zu einem späteren Zeitpunkt.

Verzicht bedeutet nicht nur »weniger«,
sondern auch »mehr«!

Diese Weisheit liegt auch den Fastenzeiten zugrunde (dazu mehr S. 298). Die Kunst des wahren Genießens besteht also in der richtigen Balance von Verzicht und Genuss.

Genussmöglichkeiten ohne Ende!

Die heutige Möglichkeitsgesellschaft bietet mehr Freiräume und Genusschancen, als wir überhaupt wahrnehmen können. Heiko Ernst rechnet vor: »Ein Mensch mit einer Lebenserwartung von achtzig Jahren hat immerhin etwa 250 000 bis 300 000 Stunden Freizeit, die er füllen kann« und in denen er genießen kann – wenn er kann. Und die Palette der Möglichkeiten ist nicht nur auf kulinarische und erotische Genüsse beschränkt, seien dies auch die beiden, die von der Natur als für die Erhaltung der Menschen am wichtigsten vorgesehen wurden. Viele der weiteren Genussmöglichkeiten entsprechen anderen Seelenquellen, die Sie in diesem Buch bereits kennen gelernt haben oder noch kennen lernen werden. Denn intensiv genießen lassen sich auch:

- Musik und Tanz,
- Natur,
- Kunst,
- Reisen,
- Lachen und Humor,
- Sport und Spiel,
- Lesen,
- Rituale und Feste,
- körperliche Entspannung,
- Aufräumen und konzentriertes Tun,
- Meditation, Stille und Gebet,
- Reinigungs- und Fastenzeiten,
- der Gleichklang mit anderen,
- die Erfahrung, etwas für andere zu tun.

Diese Liste ist nach Belieben fortzuführen. Finden Sie heraus, was Sie am meisten und intensivsten genießen können – und tanken Sie Ihre Seele dabei so oft wie möglich auf!

Genießen: Festhalten und mitnehmen möchte ich

....
....
....
....
....
....
....
....
....
....
....
....
....
....
....
....
....
....
....
....
....
....
....
....
....
....

Auftanken in der Natur

Wenn du für eine Stunde glücklich sein willst, betrinke dich. Willst du für drei Tage glücklich sein, dann heirate. Wenn du aber für immer glücklich sein willst, werde Gärtner.

Chinesisches Sprichwort

Die Natur bietet im wahrsten Sinne des Wortes eine der *natürlichsten* Arten, innerlich aufzutanken. Der Mensch ist ein Teil der Natur und hat in ihr seine Heimat. Seit langem schon lebt er in der Polarität zweier Seelen: als *Kultur*wesen einerseits und als *Natur*wesen andererseits. Doch je mehr er sich von seinem ursprünglichen Eingebundensein in der Natur entfernt, umso größer wird sein Bedürfnis nach ihr.

Deshalb wird gerade heute die Natur als Quelle für innere Harmonie, Seelenruhe und Gesundheit wiederentdeckt – eine wohl dringend nötige Neuorientierung, nachdem die westliche Zivilisation die Natur über Jahrhunderte immer mehr zurückgedrängt hat.

Nach Ansicht des Marburger Natursoziologen Rainer Brämer befinden wir uns in einer Entwicklungsphase verinnerlichter Naturentfremdung: »Wir Hightech-Menschen leben mittlerweile zu 95 Prozent in selbst geschaffenen Kunstwelten, die uns gegen alle Unbill der äußeren Natur abschotten. Mit der Umwelt kommunizieren wir vorwiegend über gläserne Informationskanäle – die Fenster unserer Wohnungen, Arbeitsräume und Verkehrsmittel, die Schirme unserer Fernseher und PCs, die Glasfasern unserer Kommunikationsverbindungen in alle Welt. Wir leben in technisch voll versorgten Glasmenagerien, die die Restwelt auf bloße Kulissen zusammenschrumpfen lassen.«

Die Spaltung von Mensch und Natur vollzog sich über einen Zeitraum von etwa zehntausend Jahren, am radikalsten jedoch in den vergangenen zwei Jahrhunderten. Ursprünglich lebte die Menschheit als Jäger und Sammler noch in einer engen Symbiose mit der natürlichen Welt. Die Abtrennung von der Natur vollzog sich gewissermaßen in drei Phasen:

- Die Spaltung begann mit der Sesshaftigkeit des Menschen vor zehn- bis zwölftausend Jahren.
- Etwa seit dem 11. Jahrhundert wurde im Zuge der Christianisierung Europas die Verbindung zur Natur von der Religion verdrängt. Die religiösen Formen der Naturverehrung wurden untersagt, alle spirituellen Qualitäten der Natur aberkannt und unzählige naturweise Menschen unter dem Vorwurf heidnischer Hexerei verbrannt. Insbesondere seit der protestantischen Reformation galt die natürliche Welt der Erde, der Pflanzen und Tiere, des Fleisches, der Gefühle und Sinne als sündig und teuflisch, und es galt, sie zu bekämpfen und zu bändigen.
- Die wissenschaftliche und industrielle Revolution der letzten zweihundert Jahre bewirkte schließlich die endgültige

Abspaltung des »geistbegabten Menschen« von der »sinnlosen Natur«. Unter den Folgen der technologisch-industriellen Zerstörung der natürlichen Welt und unserer Entfremdung von ihr haben wir heute mehr denn je zu leiden.

Der Gegentrend war unausweichlich. Je mehr die Technisierung des Lebens voranschreitet und je mehr der Mensch den Kontakt zur Natur verliert, desto größer wird die Sehnsucht nach ihr, die *Sehnsucht nach Ursprünglichkeit*, nach Wildnis und nach der unberührten Schönheit der Natur, nach der idyllischen Gegenwelt zu unserem technisierten und verbauten Alltag. Je reglementierter und isolierter das zivilisierte Leben wird, desto mehr wird die Wildnis wieder zum Symbol von Freiheit und Selbstbestimmung und zum Ort der Heilung von Körper und Seele.

Diese Sehnsucht führt uns nicht in die Irre, denn die Trennung von unserer ureigenen Natur kann in der Natur wieder aufgehoben werden, je länger wir in ihr verweilen und je mehr wir mit ihr wieder »eins« werden.

In der Natur
finden wir unsere »menschliche Natur« wieder.

Der Kontakt mit der äußeren Natur bringt unsere innere Natur optimal zur Entfaltung. Warum ist das so? Welche Wirkung hat die Natur auf unsere Psyche?

Warum uns die Natur gut tut

Unsere Psyche braucht von Zeit zu Zeit als Ausgleich zur sachlichen, technisierten und uns oft überfordernden Welt die Möglichkeit, wieder eins zu werden mit einer natürlichen Umwelt und die Chance, sich an ihren Ressourcen zu regenerieren. In der Natur fühlt sich unser Körper wohl, da er selbst ein Teil von ihr ist. Nach dem Resonanzprinzip bringen die Schwingungen der Natur unsere eigenen natürlichen Schwingungen wieder zum Leben. Zahlreiche Studien des Center for Health Systems and Design an der Texas-University belegen die vielfältigen positiven Effekte der Natur auf das physische und psychische Wohlbefinden des Menschen. Auch in deutschen naturpsychologischen Forschungen werden diese mehr und mehr erkannt und bestätigt.

Die Kraft harmonischer Schönheit. Natürliche Schönheit ist eine Schönheit, die keineswegs perfekt, aber zeitlos ist, und von allem ausgeht, was lebt. Und Schönheit wirkt für unsere innere Befindlichkeit immer dann heilend, wenn sie der Ausdruck eines harmonischen Gleichklangs ist. Denn Harmonie wirkt heilend.

Das bestätigen weltweit Mediziner und Psychologen, die sich mit der Beziehung zwischen Immunsystem, Psyche und Nervensystem beschäftigen. *Die Seele lebt von Harmonie:* von harmonischen Bildern, harmonischen Klängen, harmonischen Gefühlen. Und nirgendwo gibt es mehr davon als in der Natur. Beim Wandern durch blühende Wiesentäler, an einem Bach in der Tiefe des Waldes, beim Anblick eines Sonnenaufgangs am Meer, vor einem blühenden Mandelbaum stehend oder vor der Pracht einer Gebirgskulisse – wo man auch hinschaut: »Die ganze Gegend voller Landschaft«, sagt Ludwig Hösle, Allgäuer Bergführer und Naturliebhaber. Ja, gerade im Gebirge empfinden viele die Heilkraft der Natur – vielleicht auch, weil die Berge so groß und majestätisch wirken.

Die Wirkung der Weite. Ein weiter Ausblick erweitert auch die eigene Wahrnehmungsperspektive. Mit dem *Weitblick* gewinnt man auch wieder den *Überblick* über die eigene Lebenssituation, und nicht selten führt diese erweiterte Perspektive auch zu neuen kreativen Ideen für das private wie für das berufliche Leben. Dass Natur kreativ macht, hat auch eine Studie über die Entstehung betrieblich bedeutsamer Innovationsideen bestätigt: Die meisten kreativen Einfälle hatten die Mitarbeiter nicht auf speziell zu diesem Zweck veranstalteten betriebsinternen Mitarbeiterworkshops, sondern in der freien Natur. Genauso haben über Jahrhunderte die großen Philosophen, Schriftsteller und Maler immer wieder die Inspirationskraft der Natur aufgesucht, wie zum Beispiel Rilke, Hölderlin, Nietzsche, Rousseau, Gauguin und van Gogh, um nur einige von vielen zu nennen. Der weite Blick bewirkt außerdem eine Entspannung der Augen und damit der Wahrnehmung. Er zieht unsere Aufmerksamkeit hinaus in die Landschaft. Das Herz weitet sich, und mit der Zeit beschäftigen wir uns auch nicht mehr so viel mit uns selber. Seit Jahren erfahre ich diese Wirkung der erweiterten Perspektive, wenn ich mich zum Schreiben in die Natur zurückziehe. Immer stelle ich den Schreibtisch ans Fenster: mit Blick in die Weite, auf die Berge, das Meer oder den See vor mir. Das inspiriert nicht nur meine Arbeit, sondern bereichert zugleich mein seelisches Befinden.

Die dreidimensionale Wahrnehmung. Eng verbunden mit der erweiterten Perspektive ist auch der heute immer bedeutsamere Umstand der Dreidimensionalität der Naturwahrnehmung: Je häufiger wir auf zweidimensionale TV- oder PC-Bildschirme schauen, desto wichtiger wird die Kompensation durch natürliche Blickfelder und dreidimensionale Aussichten. »Die dritte Dimension, den Raum in seiner ganzen Tiefe wieder voll zu erfahren, ist ein ebenso notwendiger wie entlastender Ausgleich für die unnatürliche Sehweise auf Bildschirme oder Fernseher«, so Rainer Brämer.

Die Kraft des Lichtes. Wie wichtig das Sonnenlicht für unsere Stimmung ist, zeigt schon die traurige Tatsache, dass in fast allen nordischen Ländern Millionen von Menschen im Spätherbst und Winter unter depressiven Gefühlen leiden, von Medizinern kurz als SAD, saisonal abhängige Depression, bezeichnet. Erschöpfung, Niedergeschlagenheit, geringe Leistungsfähigkeit und vor allem ein überhöhtes Schlafbedürfnis sind die auffälligsten Symptome, häufig begleitet von Heißhunger auf Kohlehydrate und Gewichtszunahme. Die verantwortliche Schaltzentrale in uns ist die lichtempfindliche Zirbeldrüse. Je weniger Licht ihr gemeldet wird, desto stärker kurbelt sie die Produktion des Schlafhormons Melatonin an. Melatonin wiederum hemmt die Ausschüttung der Geschlechtshormone, die unsere so genannten Frühlingsgefühle bewirken. Sonnenlicht dagegen verstärkt nicht nur die Produktion der wichtigsten Aufbaumoleküle für lebende Organismen, Melanin und Neuromelanin (nicht mit Melatonin zu verwechseln!), sondern auch der »Gute-Laune-Hormone« Serotonin und Dopamin. Das natürliche Tageslicht hat also eine signifikante Auswirkung auf unser Gehirn, die biochemischen Prozesse in unserem Körper und unsere Stimmung. Je mehr natürliches Sonnenlicht wir empfangen (natürlich in hautverträglicher Form), umso besser geht es uns. Deshalb werden in vielen Kliniken depressive Menschen mit Lichttherapie behandelt, durch Einsatz von Speziallampen, die weißes Spektrallicht zwischen 2500 und 10000 Lux liefern.

Wer im Freien genügend natürliches Sonnenlicht tankt, sorgt auf leichtere und bessere Weise für seine seelische Verfassung. Übrigens: Besonders groß ist der Bedarf an natürlichem Tageslicht auch bei Menschen, deren Arbeitsplatz mit herkömmlichen Neonröhren beleuchtet wird. Intensives künstliches Licht, das vom Sonnenspektrum abweicht, führt zu so genanntem *Lichtstress* mit einem beträchtlichen Anstieg der Hormone ACTH und Cortisol und auf Dauer ebenfalls zu Depressionen. Versuche haben ergeben, dass diese Stresshormone erst nach 14-tägigem Aufenthalt unter normalen Tageslichtbedingungen wieder auf ein normales Maß zurückgehen!

Die heilende Wirkung der Farben. Schon Johann Wolfgang Goethe beschäftigte sich in seiner *Farbenlehre* ausführlich mit der Wirkung von Farben und optischen Einflüssen auf das menschliche Gemüt. Auch in der Farbtherapie der Naturheilkunde wird die Erkenntnis genutzt, dass die Farben verschiedene so genannte Temperamente haben, also einen Charakter, der ihrer Heilwirkung entspricht. Während *rotes* und *orangefarbenes Licht* vor allem stimulierende und anregende Wirkung haben, unterstützt *Gelb* eher geistige und intellektuelle Tätigkeiten. In der Natur wirken jedoch hauptsächlich die Farben *Blau* und *Grün*. Seit der Antike ist wiederholt die beruhigende Wirkung von blauem Licht festgestellt worden. Sicher haben auch Sie schon erfahren, wie gut es tut, in das tiefe Blau des Himmels, des Meeres oder eines Sees zu blicken. Genauso kann ein Spaziergang in der grünen Natur und im Wald wahre Wunder wirken. Schon im Mittelalter sah die Äbtissin Hildegard von Bingen in der Grünkraft, der *viriditas*, die schöpferische Kraft Gottes in der Natur, die den Augen Ruhe gibt und sieh wie Balsam auf die Seele legt. Und bei Krankenhauspatienten, die aus ihrem Zimmer ins Grüne blickten, wurde festgestellt, dass sie im Vergleich zu anderen Kranken, die nur auf Gebäude oder Wände blickten, schneller gesund wurden und auch weniger Schmerzmittel und persönlicher Zuwendung bedurften.

Der Zauber des Wassers. Am Meeresstrand auf die weite Wasserfläche zu schauen, dem Rauschen der Brandung zu lauschen oder einem plätschernden Gebirgsbach zu folgen, gehört wohl zu den beruhigendsten und erquickendsten Erfahrungen, die die Natur uns bieten kann. Überhaupt hat Wasser, und sei es auch nur als kleiner Teich oder als Springbrunnen, eine positive Wirkung auf uns. Nicht umsonst finden sich solche Wasseranlagen in fast allen Park- und Gartenlandschaften der verschiedensten Kulturen in Ost und West. Auch das Schwimmen im Wasser, das Tauchen in der lautlosen Tiefe des Meeres oder das Gleiten mit einem Segelschiff oder Surfbrett über die Wellen schafft eine noch intensivere Verbindung mit diesem Element. Und so mancher erfährt: Wasser reinigt nicht nur den Körper, sondern auch die Seele!

Wohltuende Klänge. Nicht nur das Rauschen fließenden Wassers, sondern auch manch andere angenehme Geräusche begegnen uns in der Natur: das Wehen des Windes in den Bäumen, das Wiehern eines Pferdes, das Schnurren einer Katze und vor allem das Zwitschern der Vögel im Wald, für viele eine Art Seelenkonzert – zeitlose Klänge der Natur. Unter anderem haben Klangforscher festgestellt, dass die Obertöne der Vogelstimmen das menschliche Gehirn positiv beeinflussen. Ja, gerade als Gegensatz zur permanenten Geräuschkulisse unseres Alltages ist vor allem die *Stille* in der Natur ein wertvoller Ausgleich, der auch in uns wieder Ruhe entstehen lässt. Ist es Ihnen im Gebirge oder mitten in einem dichten Wald auch schon einmal so vorgekommen, »als könne man die Stille hören«? Dabei muss es gar keine völlige Stille sein – selbst wenn sie bisweilen durch leises Rauschen, Wehen oder Zwitschern durchdrungen wird: Entscheidend ist, dass es keine künstlichen Geräusche von irgendwelchen technischen Geräten sind, sondern die heilsamen Klänge der Natur.

Futter für alle Sinne. Neben Augen und Ohren kann die Natur auch für unsere anderen Sinne ein wahres Paradies sein. Man beginnt, die Luft zu schmecken, den würzigen Duft des Herbstwaldes zu riechen, den frischen Wind im Gesicht zu spüren oder im Gehen den weichen Wiesenboden zu fühlen. Der ganze Körper erwacht, wenn wir die uns umgebende Natur plötzlich viel intensiver wahrnehmen. In unserer modernen technisierten Welt verkümmern unsere Sinne oft zu sekundären Instrumenten, und wir reduzieren unsere Wahrnehmung der Welt meist auf das Sehen und Hören.

In der Natur können wir dagegen wieder in einen unmittelbaren sinnlichen Kontakt mit unserer Umwelt treten. Je mehr wir unsere Umwelt als lebendig erleben, desto mehr wird auch unsere *eigene Lebendigkeit geweckt.* Das, was manche den »Geist der Natur« nennen, kann man am leichtesten über eine intensive sinnliche Wahrnehmung erfahren.

Stille und Beruhigung. Insgesamt wird die Natur seit Jahrhunderten als »stillend und seelenberuhigend« (Adalbert Stifter) empfunden. »An ihrer Brust konnte man angesichts rauchender Schlote und sich ausbreitender Manufakturen Trost finden« (Gottfried Keller). Die Natur bietet uns eine Fülle von Möglichkeiten zu intensivem Genießen. Und intensiver Genuss (siehe S. 119) gehört ja auch zu den Möglichkeiten, innerlich aufzutanken.

Deshalb also ist die Natur ein Ort, der vielen Menschen durch alle Zeiten und Kulturen immer wieder die Möglichkeit zu tiefen persönlichen *Seins- oder Einheitserfahrungen* gegeben hat, sei dies nun auf dem Gipfel eines Berges, in der Stille des Waldes oder am einsamen Meeresstrand. Schon seit Urzeiten bietet die Natur und die Wildnis dem Menschen einen Raum für Selbstfindung und Sinnsuche und für die tiefe Erfahrung der uns Menschen immanenten, ureigensten Lebenskraft, die von einem religiösen Menschen als »das Göttliche in uns« benannt wird. Entscheidend ist aber nicht die Frage der Bezeichnung, sondern die Erfahrung an sich, und diese wird von der Natur besonders begünstigt.

Die Seele ganz natürlich auftanken!

Holen Sie die Kräfte der Natur wieder in Ihr Leben! Tauchen Sie wieder ein in die heilende Wirkung der *viriditas*, wie Hildegard von Bingen die Grünkraft nannte. Denn grundsätzlich gilt: Grün tut gut! Oder anders formuliert:

Jedes Grün ist Gold wert.

Die Möglichkeiten hierzu lassen sich am besten an folgendem Fünf-Stufen-Modell darstellen:

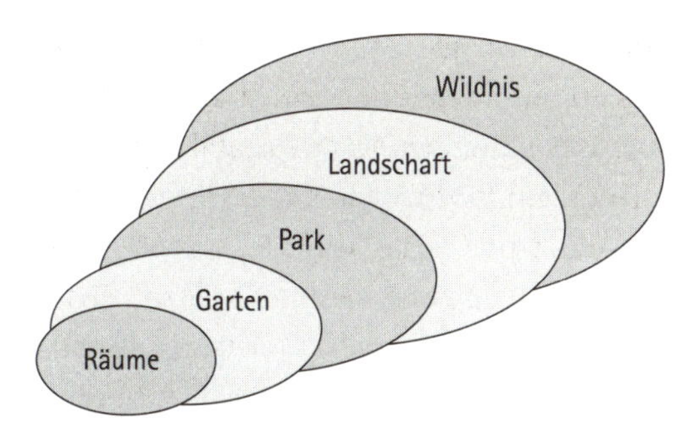

Holen Sie die Natur in Ihre Räume

Umgeben Sie sich mit Pflanzen, in Ihren Wohnräumen wie auch am Arbeitsplatz. Günstig sind vor allem Grünpflanzen. Forschungen haben ergeben, dass sich diese nicht nur positiv auf die Stimmung auswirken, sondern auch den Sauerstoffgehalt und die Luftfeuchtigkeit im Raum verbessern. Nur im Schlafbereich sollten nachts keine Pflanzen stehen.

Bepflanzen Sie auch Ihre Balkone. Der größte Balkon kann zwar keinen Garten ersetzen, doch fällt der Blick immerhin zunächst ins Grüne und nicht direkt auf die gegenüberliegende Häuserfront.

Auch die Klänge der Natur lassen sich – wenn auch »second hand« – in die Räume holen. Im Fachhandel erhalten Sie heute Kassetten oder CDs mit Vogelstimmen und Wasserplätschern. Gönnen Sie sich diese Klänge in Ihren Entspannungspausen, falls ein Spaziergang im Freien nicht möglich ist. Eine gute Alternative sind auch künstliche Plätscherbrunnen oder Wassersäulen, die Sie im Wohnzimmer und gegebenenfalls auch am Arbeitsplatz aufstellen können. Keine Sorge, es wird Sie nicht stören oder ablenken. Nach kurzer Zeit nehmen Sie das Wassergeräusch gar nicht mehr bewusst wahr, und doch hat es nicht nur eine beruhigende Wirkung, sondern fördert auch die Konzentrationsfähigkeit.

Schließlich können Sie am Arbeitsplatz für natürlicheres Licht sorgen. Arbeiten Sie so weit es geht bei Tageslicht. Ersetzen Sie vor allem lichtstressverursachende Neonlampen durch normale Glühbirnen, noch besser aber durch Vollspektrumlampen (»True Lite« oder »Vita Lite«). Diese wurden ursprünglich Ende der sechziger Jahre von der amerikanischen Weltraumbehörde NASA für Astronauten entwickelt. Sie haben ein tageslichtähnliches Spektrum, ihre Lichtfarbe entspricht dem Sonnenlicht, und ihre Strahlung ist gleichmäßig über das Spektrum verteilt. Nicht nur bei Astronauten, auch bei normalen Benutzern bewirkte dies verbesserte Aufmerksamkeit und gehobene Stimmung.

Auftanken im Garten

Schon Jean-Jacques Rousseau glaubte, dass der Mensch im Garten zu den Quellen seines Ichs finden und hier seine Natürlichkeit wiederentdecken könne. Auch in der modernen Psychotherapie wird sukzessive die heilende Wirkung von Pflanzen und Gartenarbeit wiederentdeckt und mit Erfolg eingesetzt – sowohl in der passiven Form durch den bloßen Aufenthalt im Garten, als auch durch aktive, gestaltende Gartenarbeit. Die positiven Wirkungen für die Psyche sind vor allem:

- Gartenarbeit ist eine Tätigkeit im Einklang mit den Zyklen der Natur.
- Sie bringt uns in Kontakt mit Wachstum und Entwicklung, Pflanzen und Erde. Ja, man kann sagen: Die Arbeit in der Erde erdet uns.
- Der verantwortungsvolle Umgang mit den Pflanzen fördert auch einen behutsameren Umgang mit uns selbst, so Nancy Chambers, Leiterin der Therapiegärten des University Medical Center in New York.
- Die Arbeit im Garten verringert für eine gewisse Zeit die grüblerische Beschäftigung mit uns und unseren Problemen.
- Sie ist eine gestaltende, nützliche und somit sinnvolle Tätigkeit, deren sichtbarer Erfolg äußerst befriedigend sein kann.
- Vor allem hilft uns Gartenarbeit, zur Ruhe zu kommen und zu entspannen.

So ist es kein Wunder, dass Gartenarbeit nicht nur bei der Therapie von Kranken erfolgreich ist, sondern auch von vielen Menschen als eine der besten Möglichkeiten entdeckt wurde, um in der Freizeit seelisch aufzutanken. Wenn Sie also einen Garten haben, so nutzen Sie die Gelegenheit! Ansonsten kann auch die behutsame Beschäftigung mit Ihren Heim- und Balkonpflanzen ähnlich positive Wirkungen auslösen.

Ab in den Park – raus ans Licht!

Begeben Sie sich in Ihrem Alltag immer wieder in die unmittelbare Natur in Ihrer Nähe: in einen Park oder Wald, an ein Fluss- oder Seeufer. Sie werden dort auftanken. Am besten, Sie beginnen den Tag schon mit einem Morgenlauf oder einem Spaziergang in der Natur. Wie schon im Kapitel Bewegung erwähnt (S. 108), ist Outdoorlaufen für die Stimmung wesentlich besser als jedes Laufbandtraining in der Halle. Gehen Sie in der Mittagspause in einen Park, und machen Sie einen Spaziergang der Sinne. Atmen Sie tief durch, fühlen Sie Sonne oder Wind auf Ihrer Haut, beobachten Sie Pflanzen und Tiere, und lauschen Sie dem Zwitschern der Vögel. Tauchen Sie ein in die Schönheit und Harmonie der Natur um Sie herum – und sei es auch nur für kurze Zeit.

Suchen Sie sich so oft wie möglich einen Platz an einem fließenden Gewässer. Erlauben Sie sich, dort zu verharren und fünf bis zehn Minuten dem Plätschern zu lauschen und dem strömenden Wasser zuzuschauen. Vielleicht gelingt es Ihnen, sich für ein paar Augenblicke »im Wasser zu verlieren«, darin im Geiste einzutauchen und kurz die Zeit zu vergessen. Schließen Sie einen Moment die Augen und nehmen Sie das Rauschen tief in sich auf – dann können Sie es in sich mitnehmen und auch während Ihres Alltags bei Bedarf schnell wieder abrufen.

Beobachten Sie Tiere. Schauen Sie Vögeln, Enten, Schwänen oder Eichhörnchen zu. Vielleicht haben Sie ja gar das Glück, dass Ihnen ein Reh begegnet, wie es beispielsweise in München im Nymphenburger Park nicht selten geschieht.

Wenn das Wetter es zulässt, lohnt sich in der Mittagspause der Gang zu einem Lokal am Stadtpark oder am Ufer eines Kanals, um mit dem Essen auch noch ein wenig Natur aufzunehmen. Hauptsache, Sie kommen ins Freie und vor allem ans Licht! Wie schon gesagt, das natürliche Tageslicht ist für unseren Organismus und unsere Psyche von maßgeblicher Bedeutung – besonders, wenn Sie in künstlich beleuchteten Büroräumen arbeiten.

Es ist also kein Wunder, dass Studien ergeben haben, dass Angestellte, die in ihren Pausen immer wieder auch nur kurz an die frische Luft gingen, um durchzuatmen und abzuschalten, viel gelassener und zufriedener waren als ihre Kollegen, die das Firmengebäude erst wieder nach Dienstschluss verließen.

Mit dem Rucksack in die Natur

Seit einiger Zeit wird das *Wandern* in der Natur wieder als Quelle für körperliches und seelisches Wohlbefinden entdeckt. Intensive Natureindrücke verbinden sich dabei mit der ruhigen Bewegung des Körpers. Umgeben von der Schönheit der Landschaft kommen Körper und Seele wieder ins Gleichgewicht. Schon nach kurzer Wegstrecke kann man abschalten, die Alltagsprobleme hinter sich lassen, den Kopf frei bekommen und zu sich selber finden. Ganz abgesehen davon, dass längere Wanderungen unsere Fitness stärken, dass dabei Kalorien und Fettdepots verbrannt werden, die Qualität der Blutkörperchen und damit die Sauerstoffversorgung des Körpers sich verbessert und die Gute-Laune-Hormone Serotonin und die Endorphine zunehmen! Zum intensiveren inneren Auftanken beim Wandern beachten Sie am besten folgende Tipps:

- Nehmen Sie sich am Anfang zumindest *einen ganzen Tag* Zeit. Wirksamer ist es natürlich, wenn Sie eine *mehrtägige* Wanderung machen und zwischendurch in Gebirgshütten oder einfachen Gasthäusern auf dem Land übernachten.
- Suchen Sie Wege *abseits der Zivilisation und Ortschaften* in weitgehend unberührter Naturlandschaft.
- Gehen Sie *bewusst langsam.* Es geht nicht darum, Kilometer zu fressen und möglichst schnell von A nach B zu gelangen, sondern darum, die Natur zu genießen. Je ruhiger Sie gehen, umso intensiver sind Ihre Natureindrücke. Je schneller Sie gehen, desto mehr blenden Ihre Sinne dagegen die natürliche Umwelt aus. Außerdem kommen Sie durch langsames und ruhiges Wandern eher zur Ruhe und zur Besinnung.
- *Vermeiden Sie jegliche Technik.* Beim Mountainbiken beispielsweise, so sehr es auch Ihren Adrenalinspiegel in die Höhe treiben mag, reduziert sich die Natur allzu leicht zur bloßen Kulisse. Lassen Sie Ihr Handy daheim oder zumindest ausgeschaltet, falls Sie es für Notfälle zur Hand haben wollen.
- Gehen Sie, wenn möglich, immer wieder mal *alleine* in die Natur! Sicher ist es auch möglich, mit einem vertrauten Menschen eine längere Strecke schweigend zurückzulegen. Und gemeinsames Wandern kann sehr verbindend sein und

auch gute Gespräche ermöglichen. Doch zu leicht lenkt es unsere Aufmerksamkeit von der Umgebung und von uns selber ab. Am intensivsten kann man innerlich auftanken und zu sich selber finden, wenn man alleine unterwegs ist. Wenn Sie es nicht gewohnt sind, so gehen Sie am Anfang erst mal ein paar Stunden oder nur einen Tag alleine zum Wandern.

- Oder nutzen Sie die Angebote mancher Klöster, die nach dem Motto »Zen im Gehen« oder »Beten auf Beinen« meditative Wanderungen anbieten.

Natürlich gibt es neben dem Wandern auch andere Möglichkeiten, in die Stille und Schönheit der Natur einzutauchen. Sie können beispielsweise mit Langlaufskiern durch eine verschneite Winterlandschaft ziehen, mit einer Angel stundenlang in Ruhe an einem Fluss oder See fischen oder mit einem Paddel- oder Segelboot auf dem Wasser dahinfahren – je nachdem, was Ihnen mehr liegt und leichter möglich ist. Finden Sie selber heraus, was Ihnen hilft, Ihre Seele in der Natur aufzutanken – und tun Sie es so oft wie möglich.

Die Wildnis – Natur pur!

Die unmittelbarste und intensivste Form, Natur zu erleben und gleichzeitig zu sich zu finden, ist die nicht-domestizierte Natur: die Wildnis. Ein Aufenthalt in der Wildnis bedarf natürlich einer entsprechenden Vorbereitung, Ausrüstung, körperlichen

Verfassung und oft professioneller Anleitung und Begleitung. Dennoch leben wir heute in einer Welt, in der es möglich ist, die entferntesten und auch wildesten Regionen dieser Erde aufzusuchen und inmitten der imposantesten und schönsten Umgebungen etwas von der Qualität zu kosten und zu erfahren, die uns über die Jahrhunderte verloren gegangen ist: Natur pur!

Nutzen Sie, wenn Sie können, diese Gelegenheiten – auch wenn es Sie etwas Überwindung kosten mag. Es könnte zu einem der unvergesslichsten Erlebnisse in Ihrem Leben werden! Von den vielen Möglichkeiten, Natur in ihrer reinsten Form zu erleben, seien hier nur einige genannt:

- die Besteigung des Kilimandscharo in Tansania;
- ein Treck durch die Regenwälder in Südamerika;
- eine Hundeschlitten-Tour durch Alaska;
- ein Ritt auf Kamelen durch die ägyptische Wüste (ein Erlebnis, das sich unsere 73-jährige Nachbarin schon zum zweiten Male allein mit einer Freundin und einem Kameltreiber gegönnt hat: »Nichts Schöneres, als kontinuierlich auf dem Kamelrücken gewiegt zu werden!«)
- eine Pilgerreise über den Jakobsweg in Spanien.

Auch eine Wanderung durch die Wüste oder das Erlebnis einer Nacht alleine unter freiem Himmel kann tiefgreifende Erfahrungen bewirken. So berichtet Eric-Emmanuel Schmitt, Autor des Bestsellers *Monsieur Ibrahim und die Blumen des Koran*, wie er sich in der Wüste verlaufen hatte und dort eine Nacht alleine verbringen musste. Statt der erwarteten Todesängste und Verzweiflung spürte er eine »schützende Kraft und eigenartige Freude«. Der bis dahin überzeugte Atheist erfuhr ein so starkes und tiefes Erlebnis, dass es sein Leben veränderte und er auf seine ganz eigene Weise gläubig wurde, ohne Bindung an eine Religion.

Oder Sie nehmen an einer so genannten »Vision Quest« teil, einem Ritual, das aus der indianischen Tradition stammt. Bei der Vision Quest verbringen Sie (nach fachkundiger Anleitung und Vorbereitung) vier Tage und vier Nächte alleine in der Natur, um sich den zentralen Fragen Ihres Lebens zu widmen: Wer bin ich, was kann und will ich wirklich? Dies ist eine Herausforderung, der sich immer mehr Menschen stellen. Ob im Tessin, in der Toskana oder in der kalifornischen Wüste, immer sind es die unmittelbaren Naturkräfte der Wildnis, die den inneren Prozess der Teilnehmer fördern und bereichern.

Auftanken in der Natur: Festhalten und mitnehmen möchte ich

....

....

....

....

....

....

....

Musik, Gesang und Tanz

Musik ist eine höhere Offenbarung als alle Weisheit und Philosophie.

Ludwig van Beethoven

Vor einiger Zeit verordnete ein neuer junger Abt in einem abgelegenen französischen Benediktinerkloster grundlegende Reformen. Vor allem befahl er den Mönchen weniger Gesänge und mehr praktische Arbeit. Schon bald war es still geworden in den Klostermauern, gleichzeitig wurden auch die Mönche immer langsamer und erschöpfter. Auch die ärztlich verordnete Aufbaunahrung half nicht, und mit der Zeit verschlechterte sich der Zustand der einst so heiteren Mönche in Besorgnis erregender Weise. Die meisten von ihnen saßen nur noch untätig und teilnahmslos in ihren Zellen. Schließlich wurde der französische Musiktherapeut Alfred Tomatis zurate gezogen. Er führte die langen Gesänge wieder in den Tagesablauf ein, und in kürzester Zeit fühlten sich die Mönche besser, sie waren weniger müde und konnten mit neuem Elan ihrer Arbeit nachgehen. Verblüffend, und doch eine wahre Begebenheit!

Schon vor rund viertausend Jahren wusste man in China und Ägypten um die Heilwirkung der Musik auf den Menschen. Im Alten Testament lässt König Saul nach David schicken, damit er ihn mit Harfenklängen von seinen Schwermutsanfällen befreie. Viele hundert Jahre später schrieb Martin Luther, die Musik vertreibe den Teufel fast so gut wie die Theologie. (Allerdings, fügte er hinzu: »Auch der Teufel spielt Geige«). Und selbst Napoleon Bonaparte bekannte: »Die Musik hat von allen Künsten den tiefsten Einfluss auf das Gemüt.«

Heute spricht man sogar von »Musikmedizin«, und der Beruf des Musiktherapeuten ist mittlerweile, aus den USA kommend, auch in Europa verbreitet. »Stellen Sie sich vor, Sie gehen zum Arzt, und er verschreibt Ihnen eine CD«, schreibt salopp, aber gar nicht abwegig Arved Leyh, Autor des Buches *Nur in Deinem Kopf.* Aufgrund moderner Forschungen weiß man mittlerweile, warum und auf welche Weise Musik so intensiv auf unsere körperliche und seelische Verfassung wirkt.

Die wundersame Wirkung von Musik auf Körper und Seele

Musik wirkt »von selbst«, ohne dass man etwas dafür tun muss, ja man muss sich nicht einmal darauf konzentrieren. Man kann sich der Wirkung der Musik, von Takt und Melodie willentlich nicht entziehen.

Nach dem *Resonanzprinzip*, wonach verschiedene Schwingungen dazu tendieren, sich einander anzugleichen, passen sich unsere inneren Schwingungen auch den Schwingungen der

Musik an. Und mit unserer Schwingung verändert sich schließlich auch unsere Stimmung.

Schwingung der Musik → innere Schwingung → innere Stimmung

Im 19. Jahrhundert wurde der ungarische Forscher Clandy mit einem bemerkenswerten Versuch berühmt, der mittlerweile unzählige Male, immer mit dem gleichen Ergebnis, wiederholt wurde: Auf eine Glasplatte, die an vier Schnüren aufgehängt war, wurde feiner Sand gestreut. Bewegte man am Rand der Glasplatte einen Geigenbogen in einem bestimmten Rhythmus auf und ab, formte sich der Sand zu einem bestimmten geometrischen Muster; bei einem anderen Rhythmus entstand ein anderes Muster.

Anna Röcker beschreibt in *Die Spiritualität des Körpers*, wie Musik nicht nur auf unsere seelische Verfassung, sondern auch auf unseren Körper und unsere Zellstruktur wirkt: Das Ohr, unser primäres Bewusstseinsorgan, verwertet den Schall und liefert ihn als eine Ladung elektrischen Potenzials an das Gehirn. Die Großhirnrinde verteilt diese Ladung dann durch den Körper. Hierdurch verändern sich in erster Linie Herzschlag, Blutdruck und die Gehirnwellen, denn das Gehirn ist voll und ganz von den von außen eintreffenden Signalen abhängig und hat die Tendenz, sich an vorgegebene Rhythmen anzupassen. So kann durch bestimmte Klangmuster eine von außen induzierte tiefe Entspannung und Gelöstheit erreicht werden, genauso wie vollkommen andere Bewusstseinszustände.

Mag also das Gehirn der eigentliche innere »Konzertsaal« sein, in dem die Musik entsteht, so dringt sie anschließend über das vegetative Nervensystem in jeden Bereich des Körpers, sie geht uns buchstäblich »unter die Haut«. Nicht umsonst wird der Freudenschauer, den manche Menschen beim Musikhören bekommen, in der Gehirnforschung auch »Hautorgasmus« genannt.

Musik ist also einer der einfachsten und schnellsten Wege, um einem emotionalen Tief zu entkommen, und was eine Massage bei verkrampften Muskeln bewirkt, kann eine »Musikmassage« für unseren seelischen Zustand sein.

Genau genommen hat die Musik auf den Menschen *zwei Wirkungsweisen*: eine *unmittelbare* (objektive) und eine *mittelbare* (subjektive).

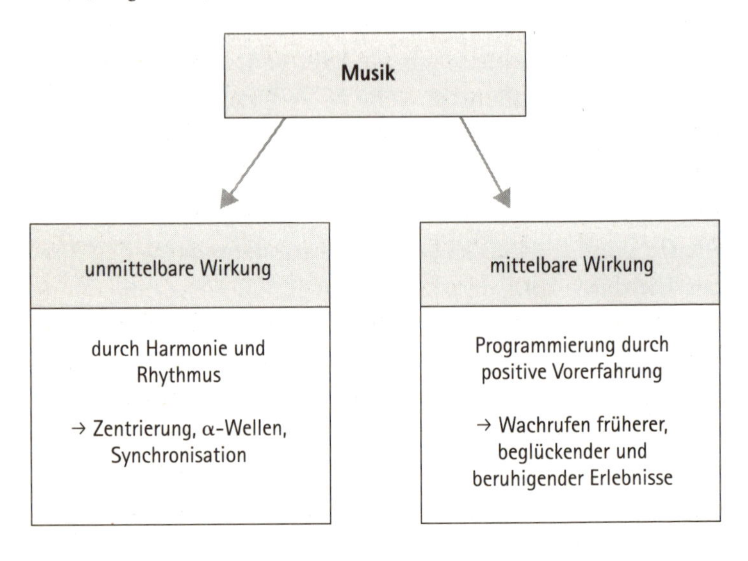

Die unmittelbare Wirkung von Musik

Die unmittelbare Wirkung ist grundsätzlich bei jedem Menschen gleich (daher objektiv) und unabhängig von seiner kulturellen Prägung und persönlichen Erfahrungen in der Vergangenheit mit der jeweiligen Musik. Auch wenn Menschen im Einzelnen unterschiedlich auf Musik reagieren, so lassen sich doch einige solcher übergreifenden Wirkungen festhalten:

So hat man festgestellt, dass langsame Instrumentalmusik den Körper und die Seele eher beruhigt, während schnelle Musik unsere Wachsamkeit erhöht und unsere Aufmerksamkeit steigert. Beispielsweise hat der bulgarische Professor Lozanow in unzähligen Versuchen immer wieder bestätigt, dass Barockmusik im Gehirn die langwelligen Alpha-Ströme erzeugt, die insbesondere beim Lernen förderlich sind. Solche Musik aus dem 17. und 18. Jahrhundert von Komponisten wie *Bach*, *Telemann* und *Vivaldi*, insbesondere die Largo- und Adagiosätze mit 55 bis 65 Takten pro Minute, verursachen einen Zustand wacher Entspannung und tragen zur Synchronisation der beiden Hirnhälften bei. Sie bringen Körper und Geist in Harmonie, senken durch das langsame Tempo den Blutdruck und steigern das physische und emotionale Wohlbefinden. Musik von *Mozart* wird mit Erfolg in der Musiktherapie eingesetzt. Auch sie soll eine beruhigende und heilende Wirkung haben. Durch ihre hohen Frequenzen steigert sie, wie *überhaupt klassische Musik*, die Endorphinproduktion. So verwundert es nicht, dass sich Formel-1-Weltmeister Ayrton Senna wiederholt vor einem Rennen mit Musik von Bach oder Mozart eingestimmt hat.

Dagegen scheint den meisten Menschen ein starkes Abweichen von harmonischen Klängen regelrecht körperliche Pein zu bereiten. In einem Experiment wurde festgestellt, dass sich schon Babys bei konsonanten Harmonien beruhigen, während sie bei Dissonanzen zu strampeln begannen. Dies erklärt nach Ansicht der Wissenschaftler, warum die meisten Menschen einfache »kindliche« Harmonien bevorzugen und warum *Easy Listening*-Musik so populär ist. Einfache Kinderlieder haben tatsächlich eine besänftigende und heilende Wirkung. »Popmusik ist meist wie Babynahrung«, so der Popstar Sting, »Intervalle wie Terzen und Quinten mag jeder, wie in Kinderliedern. Komplexere Intervalle, Sexten und Quarten wie im Jazz, sind weit weniger beliebt.« Noch fremder erscheinen vielen Menschen im Westen die Vierteltöne indischer Musik.

In den vergangenen Jahren hat man in der Musik- und Gehirnforschung vor allem folgende *Einzelwirkungen* von harmonischer Musik auf den Menschen festgestellt:

- Musik *stabilisiert* die tonische und emotionale Verfassung.
- Ähnlich wie Rauschmittel aktiviert sie das körpereigene Belohnungssystem, wodurch *Glückshormone* ausgeschüttet werden. Kein Sport, keine andere Tätigkeit außer Sex lässt die Nerven derart in Endorphinen baden – vor allem dann, wenn wir Musik hören, die unserer Seele gut tut. Heiterkeit,

Freude und bisweilen sogar ekstatische Glücksmomente sind die Folge. Für den Weltstar Sting ist Musik »die beste Methode, um Freude, Ekstase und Transzendenz zu erreichen«.

- Gleichzeitig spricht sie Thalamus und Cyrrus Singuli an, Gehirnstrukturen, die für *Wachheit und Aufmerksamkeit* zuständig sind. Auch wenn die akustische Stimulation der Großhirnrinde noch nicht vollständig erforscht ist, so ist doch die aufmerksamkeitssteigernde Wirkung hoher Töne mehrfach wissenschaftlich nachgewiesen. Ebenso erhöhen zum Beispiel langsame Sätze von Bach die Konzentrationsfähigkeit.
- Intensive Beschäftigung mit Musik soll sich sogar *intelligenzfördernd* auswirken. Studien haben ergeben, dass Musik der stärkste Reiz für neuronale Umstrukturierung im Gehirn ist, der bisher bekannt ist. Vermutlich wird die Vernetzung der Gehirnzellen, die auch beim Schachspielen aktiv sind, durch die Klänge besonders stimuliert. Wissenschaftler der Universität von Kalifornien fanden heraus, dass dies vor allem durch Musik von Mozart geschieht.
- Darüber hinaus *reduziert* Musik *Stress*. Wird der Vestibularnerv insbesondere durch Hochfrequenztöne stimuliert, wie sie beispielsweise in *gregorianischen Gesängen* vorkommen, so spannt und entspannt er die Muskeln im ganzen Körper und fungiert als starker Stresslöser. In Versuchen konnten Menschen, die mit gregorianischen Gesängen als Hintergrundmusik arbeiteten, sich nicht nur besser konzentrieren und entspannter arbeiten, sondern brauchten nachts auch

weniger Schlaf; allerdings brauchte es dazu eine gewisse Gewöhnungszeit.

- Am nachhaltigsten werden die Stresshormone Kortisol, Adrenalin und Prolaktin von indischer *Sitarmusik* (Ravi Shankar) abgebaut. Interessant ist in diesem Zusammenhang ein Experiment des Biologieprofessors Francis F. Broman und der Musikerin Dorothy Retallack über Auswirkungen von Musik auf Pflanzen: In unterschiedlichen Versuchskammern wurden Sommerkürbisse wochenlang mit unterschiedlicher Musik beschallt: mit Rockmusik, klassischer Musik und indischer Sitarmusik. Das Ergebnis war verblüffend: Während die »Rock-Kürbispflanzen« sich in ihrem Wuchs von den Lautsprechern abwandten, wuchsen die Pflanzen bei Musik von Bach, Schubert und Beethoven den Lautsprechern entgegen. Bei der Sitarmusik von Ravi Shankar war die »Begeisterung« am stärksten: Die Pflanzen legten sich in ihrem Bestreben, die Quelle der Sitarmusik zu erreichen, halb in die Horizontale, und die Pflanze, die dem Lautsprecher am nächsten stand, umarmte beinahe den Apparat! Ich selbst habe eine Weile gebraucht, mich an die zunächst fremd klingende indische Musik zu gewöhnen, habe sie heute aber schätzen gelernt und höre sie immer wieder einmal, vor allem als Meditationsmusik.
- Persönlich als angenehm empfundene Musik *mindert Aversion und Angst*. Oft macht sie sogar Mut. Das ist vielleicht ein Grund dafür, dass manche Menschen nachts im Wald pfeifen oder singen.
- Musik kann auch in schwierigen Situationen *beruhigen*.

Das haben Spitzensportler schon lange erkannt, die sich mit sanften Klängen vor dem Wettkampf entspannen oder sich damit in den Matchpausen regenerieren. Auch für Kinder, die nicht einschlafen können, wirken die typischen Schlaflieder besser als jedes Beruhigungsmittel. Der Musikmediziner und Schmerztherapeut Ralph Spintge stellte bei mehr als 100 000 Patienten, denen er vor und während der Operation Musik vorspielte, fest, dass viele von ihnen nicht nur weniger Beruhigungsmittel benötigten, sondern auch weniger *schmerzlindernde* Medikamente.

- In vielen weiteren Fällen wurden verschiedenste *Heilwirkungen* von Musik auf Körper und Seele festgestellt, ebenso wie eine Stärkung des Immunsystems.
- Viele Menschen fühlen sich auch durch Musik mit einer anderen Dimension verbunden; manche Musik scheint für sie »direkt aus dem Himmel« zu kommen. Nicht umsonst gehört Musik zu den großen Seelentröstern der Menschheit. Auf Pythagoras geht die Vorstellung zurück, es gebe eine allumfassende Harmonie des Körpers, der Seele und des Kosmos. Andere wiederum machen die Erfahrung, dass Musik, die einem logisch geordneten Muster gehorcht, auch in ihnen selbst ein Gefühl für Ordnung und Harmonie erzeugt. Der Weg zu einer höheren Intelligenz und zu einer *spirituellen Dimension* führt für sie über die Musik.

Diese Harmonie und Schönheit musikalischer Klänge spiegelt sich nicht zuletzt auf den Gesichtern von Menschen, die in Musik versunken sind, wider: Nie werde ich den Anblick der

Zuhörer bei einem Konzert vor einigen Jahren in St. Martins in the Fields in London vergessen: welch ein inneres Strahlen und welcher zeitlose Friede auf den Gesichtern zu sehen war! Und immer wieder konnte ich erleben, welche »Zauberwirkung« Musik auf unsere Seele und psychische Verfassung hat – vorausgesetzt natürlich, es ist eine Musik, die uns liegt.

Die mittelbare Wirkung von Musik

Zu den eben beschriebenen Effekten von Musik kommt aufgrund unserer bisherigen persönlichen Prägung im Leben die mittelbare Wirkung dazu (daher subjektiv). Entscheidend ist, welche Gefühle mit einer bestimmten Musik bisher erlebt wurden und infolgedessen in unserem Nervensystem zusammen mit diesen Klängen abgespeichert oder »verankert« sind. Je häufiger wir dieselben Gefühle mit einer bestimmten Melodie wiedererlebt haben, umso schneller und intensiver ist die Ankerwirkung. Das ist der Grund, warum jemand schon bei den ersten Klängen einer Mozartsonate automatisch ein freudiges Gefühl verspüren kann, weil er in der Vergangenheit bei dieser Musik immer wieder glückliche Momente erlebt hat. Durch seine positive Vorerfahrung ist das Nervensystem auf Harmonie und Freude programmiert, frühere beglückende Momente werden wieder wachgerufen.

Diese mittelbare Wirkung kann eben von Mensch zu Mensch völlig unterschiedlich sein: Der eine verbindet mit Orgelmusik von Bach tiefe, erfüllte Momente der Geborgenheit, der andere

Kirchenbesuche bei einem strengen und moralisierenden Pfarrer, zu denen er in seiner Kindheit gezwungen wurde. Glücklicherweise ist es möglich, negative Musikanker umzuprogrammieren, der Musik also gewissermaßen »eine zweite Chance« zu geben.

So weit etliche der positiven Wirkungen von Musik. Genauso gut kann Musik allerdings auch Stress verursachen und schaden – insbesondere, wenn sie allgegenwärtig und zu laut ist. Gemeint ist die unvermeidliche Zwangsbeschallung im heutigen Alltag. In Supermärkten, Restaurants, Fahrstühlen, Hotellobbys, Wartehallen von Flughäfen und in fast jeder Telefonleitung, wenn nicht gleich weiterverbunden werden kann, treffen wir von morgens bis abends auf eine ständige Musikberieselung, auf heiteres Hintergrundgedudel. In welchem Hotel ist es heute noch möglich, in Ruhe zu frühstücken, ohne von fremdbestimmten Klängen eingelullt zu werden? Dabei kann jeder Hals-Nasen-Ohren-Arzt bestätigen, dass zu viel Musik das Gehör schädigt: Bei zu vielen Reizen tritt ein Versorgungsdefizit ein, und die Funktionsfähigkeit des Gehörs leidet. Mittlerweile haben sich sogar schon Organisationen gegen Zwangsbeschallung und für musikfreie Zonen gebildet, wie die englische Interessengemeinschaft *Pipedown*, die immerhin erreichte, dass am Londoner Flughafen Gatwick die Dauermusik abgeschaltet wurde.

Nicht unerheblich für die Wirkungsweise von Musik ist auch die Lautstärke: Discomusik und laute Musik im Kopfhörer eines Walk- oder Discmans erreichen in der Regel 90 bis

120 Dezibel. Bei Lautstärken über 85 Dezibel beginnen jedoch die Hörzellen im Innenohr abzusterben. So ist es nicht verwunderlich, dass immer mehr Jugendliche unter Ohrenpfeifen (Tinnitus) und kurzfristigen Hörverlusten leiden. Auf Dauer kann das Gehör sogar unheilbar geschädigt werden. Was den meisten nicht bewusst ist: Die Schäden, die in der Disco am Innenohr entstehen können, entsprechen denen durch Presslufthammergetöse!

Sie sehen: Wie mit vielen wertvollen Dingen im Leben ist es auch bei der Musik eine Frage der maßvollen Dosierung!

Wie Sie Ihre Seele zum Klingen bringen können

Für die positiven Wirkungen der Musik ist nicht nur die *Quantität*, sondern auch die *Qualität* der Musik entscheidend. Die wohl maßgebliche Frage ist: Welche Musik tut Ihnen gut, bei welcher Musik kann Ihre Seele am besten auftanken? Und im Grunde genommen enthält diese Frage auch schon die Antwort: die Musik, die Ihnen liegt und bei der Sie das Gefühl haben, innerlich auftanken zu können – egal, was gerade im Trend ist oder andere Menschen darüber denken. Es geht nur um Sie!

Betrachtet man die praktischen Möglichkeiten, mit Musik innerlich aufzutanken, so kann das Musik-Erleben entweder rein *rezeptiv* passiv oder aber *aktiv* sein:

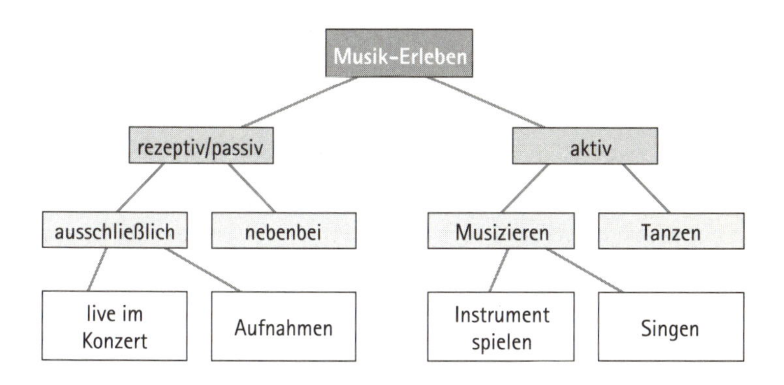

Die *Intensität* des Musikerlebnisses ist in der Regel beim aktiven Musizieren oder Tanzen größer als beim bloßen Zuhören. Dies ist nicht nur durch die eigene körperliche Beteiligung so, sondern auch, weil unsere Aufmerksamkeit dann meist ungeteilt bei der Musik und den erforderlichen Bewegungen ist. Es kann jedoch auch sehr intensiv sein, sich hörend ganz und gar der Musik zu widmen und von ihr ergreifen zu lassen. Hierzu nun einige praktische Tipps:

- Finden Sie heraus, *bei welcher Musik* Sie seelisch am leichtesten und besten auftanken. Erlauben Sie sich auch, mit Musik zu experimentieren, die Ihnen noch nicht so vertraut ist, wie möglicherweise gregorianische Gesänge oder Sitarmusik. Geben Sie vor allem klassischer Musik von Bach, Mozart, Schubert oder Beethoven eine Chance, falls diese nicht sowieso schon zu Ihren inneren Kraftquellen gehört.
- Achten Sie auch darauf, *welche Musik zu welchen Situationen oder Tageszeiten* für Sie am besten geeignet ist. Ich per-

sönlich beginne den Tag beispielsweise am liebsten mit Barockmusik, während mir abends in der Regel eher nach Chopin, Schubert oder Beethoven zumute ist.

- Legen Sie sich eine *Sammlung Ihrer persönlichen »Seelenmusik«* zu. Am besten haben Sie eine Auswahl Ihrer Lieblingsstücke auch auf Reisen dabei – auf einem MP3-Player oder auf Discman und CD. So können Sie auch unterwegs leicht mit »Ihrer« Musik innerlich auftanken.
- Gönnen Sie sich immer wieder *»Musik-Auszeiten«*, in denen Sie ausschließlich »in Klängen baden«. Am besten bei einem Konzert- oder Opernbesuch, der Ihnen ermöglicht, sich ohne Ablenkungen ganz der Musik hinzugeben, sich von ihr ergreifen und bereichern zu lassen. Natürlich können Sie solch ein Konzert auch daheim genießen – vielleicht mit einem Kopfhörer. Dies gelingt Ihnen umso intensiver, wenn Sie dabei keiner anderen Tätigkeit nachgehen. Oder Sie löschen bis auf eine Kerze die Lichter, machen es sich in einem Sessel bequem, schließen die Augen und tauchen ein in die Welt der Klänge.
- Bewusst eingesetzt, kann auch *»Musik zwischendurch«* ausgleichend und stabilisierend sein. Dazu reichen ein paar Minuten in den Arbeitspausen oder auch auf Autofahrten. Gerade im sowieso schon stressigen Straßenverkehr kann es seelisch gesünder sein, persönlich wohltuender Musik zu lauschen als dem, was Radiosender auswählen und was meist von Werbung, Staumeldungen und unerfreulichen Nachrichten unterbrochen ist. Natürlich ist es wichtig, sich über die Verkehrssituation und das Tagesgeschehen zu in-

formieren, doch in der Regel reichen hierfür ein paar Minuten. Die Frage bleibt, womit füttere ich mich in der übrigen Zeit akustisch? Und wenn Sie abends mal erschöpft, ausgelaugt und mit dem Kopf noch voller Probleme nach Hause kommen, so werden Sie in einem zehnminütigen »musikalischen Bad« Ihr inneres Gleichgewicht schneller wiederfinden als in zwei Stunden vor dem Fernseher!

- Manche Menschen haben gute Erfahrungen damit gemacht, spezielle *konzentrationsfördernde* Musik als kaum hörbare *Hintergrundmusik während der Arbeit* laufen zu lassen (so genannter Klangteppich). Besonders geeignet sind hierfür die schon erwähnten Alpha-Gehirnwellen-fördernden Largo- und Adagiostücke aus der Barockzeit oder auch moderne Kompositionen wie beispielsweise *Silence* der Gruppe *Sandelan.* Lassen Sie sich hierzu am besten in einem Fachgeschäft beraten, hören Sie in die verschiedenen Kompositionen hinein, und folgen Sie Ihrem eigenen Geschmack. Wichtig ist allerdings, dass es möglichst unspektakuläre, unaufdringliche Stücke sind, die Sie nicht ablenken. Doch auch hier gilt es, festzustellen, wann ein solcher Klangteppich hilfreich ist, und wann Sie besser in Ruhe arbeiten.
- Mit Sicherheit eine der intensivsten Formen, Musik zu erleben, ist es, *ein Instrument zu spielen.* Aktiv Musik zu machen, kann zu den beglückendsten Erfahrungen im Leben gehören. Wer die Gelegenheit hatte, ein Instrument richtig zu erlernen, wird dies vermutlich wissen. Und wer im Stillen noch den Wunsch dazu hegt, dem sei gesagt: Dazu ist es nie zu spät. Auch wenn Sie vielleicht keine »Konzertreife«

mehr erlangen, so lässt sich nahezu jedes Instrument bis ins hohe Alter zur Liebhaberei erlernen.

- »Menschen, die viel *singen*, sind seelisch gesund«, sagt man, und wer viel singt, lacht meist auch viel. In Deutschland wird außer in Fußballstadien und bei Beerdigungen kaum noch gesungen (und deshalb scheint vielen wohl auch das Lachen vergangen zu sein). Wer Kinder hat, wird viele Anlässe finden, mit ihnen zu singen, nicht nur zum Einschlafen oder zur Weihnachtszeit. Vielleicht können Sie in einem Chor die Erfahrung machen, wie bereichernd das Singen in einer Gemeinschaft sein kann – eine der leichtesten Möglichkeiten, Endorphine zu erzeugen. Und wer es einmal probiert hat, hört in der Regel nicht mehr damit auf.
- Beim *Tanz* wird der ganze Körper zum Musikinstrument. Ob beim Standardtanz, beim Tango Argentino oder bei einer Samba – sich rhythmisch zur Musik zu bewegen, ist für viele ein Seelenbad in Endorphinen, eine der intensivsten Formen, zu sich zu finden. Auch hier ohne Altersbeschränkung! Ich habe schon leidenschaftliche Tänzer erlebt, die erst mit 70 Jahren damit begonnen haben. Probieren Sie es aus – es sei denn, Sie wissen schon aus Ihrer Erfahrung, dass Tanzen partout nichts für Sie ist und Ihnen mehr Stress als Freude bereiten würde. Dann wählen Sie stattdessen lieber eine der vielen anderen Möglichkeiten, musikalisch aufzutanken.
- Last but not least: So merkwürdig es klingen mag, gönnen Sie sich bewusst auch *»musikfreie Zeiten«*, in denen Sie nur dem Klang der Stille lauschen – der feinsten »Seelenmusik« überhaupt! (Mehr dazu erfahren Sie ab S. 241.)

Hier nun noch eine Auswahl von Musikstücken, die von vielen Menschen als bereichernd beschrieben werden – vielleicht ist auch etwas für Ihre Seele dabei:

- J. S. Bach: Orgelmusik, Wohltemperiertes Klavier, Violinkonzerte, Cellosonaten, h-Moll-Messe, Johannespassion
- Mozart: Klavierkonzerte und -sonaten, C-Dur-Messe
- Beethoven: Klaviersonaten, Violinkonzerte
- Chopin: Preludes, Nocturnes
- Schubert: Klaviersonaten, Forellenquintett
- Pergolesi: Stabat mater, Magnificat
- Vivaldi: Concerti con titoli
- Keith Jarret: The Köln Concert
- David Darling: The River, Amber, Eight String Religions
- Sandelan: Silence
- Gesänge aus Taizé
- Gregorianische Gesänge
- Sitarmusik von Ravi Shankar

Musik, Gesang und Tanz: Festhalten und mitnehmen möchte ich

....

....

....

....

....

Kunst und Literatur

Ohne das Schöne und das Erhabene in der Kunst würden wir unsere Menschheit versäumen.

Friedrich Schiller

Wenn ich es irgendwie zeitlich ermöglichen kann, mache ich jedes Jahr auf der Rückfahrt von meiner Schreibauszeit auf Monemvasia Halt in Athen, um das kleine Museum auf der Akropolis aufzusuchen. Mein einziges Ziel dort sind die Statuen der Choren, altgriechische Tempelfiguren, mit einer für mich besonderen Ausdruckskraft. Lange bleibe ich vor ihnen stehen und lasse ihren weisen, unmerklich lächelnden Blick in mich dringen. Als würden diese Gesichter mich aus einer anderen Welt anblicken. Oft spüre ich eine tiefe Ruhe und Zuversicht in mir auftauchen, aber auch eine schalkhafte Lebensfreude und eine innerlich lächelnde Distanz zu manchen Dingen, die mich sonst in meinem Alltag belasten und umtreiben. Wie in einem wortlosen Dialog kann ich dort eine halbe oder auch eine ganze Stunde verbringen – dann gehe ich wieder, nicht ohne mich »zu verabschieden«. Genug aufgetankt für eine Weile von diesem mich so tief berührenden Blick aus fernen Zeiten!

Warum nur hat die bildende Kunst zu allen Zeiten und in allen Kulturen im Leben der Menschen so eine große Bedeutung gehabt? Warum geben manche Menschen für Gemälde, Zeichnungen oder Plastiken ein Vermögen aus? Sicher nicht nur aus materiellen Gründen, von Sammlern abgesehen, die dies als Kapitalanlage betrachten. Und warum befriedigt es manche Menschen so sehr, selbst gestalterisch tätig zu werden, ob sie sich nun mit Ölfarben auf einer Leinwand austoben oder aus weichem Speckstein eine darin versteckte Plastik herausschnitzen?

Andere wiederum können stundenlang in der Lektüre eines Buches versinken und finden in der Literatur immer wieder eine Quelle, um innerlich aufzutanken. In der Tat haben sowohl das Betrachten von Kunst und das aktive künstlerische Gestalten als auch die Lektüre von Büchern auf unser Gemüt und unsere Seele eine besondere Wirkung:

Die Kraft der Kunst

»Kunst versteht sich zunehmend als therapeutischer Kraftraum einer sich selbst entgrenzenden Gesellschaft, doch immer auch noch als Medium ästhetischer Erbauung und Produzent des Schönen«, so der Kunsttheoretiker Dietrich V. Wilke. So verschieden das Erleben von Kunst von Mensch zu Mensch sein mag, so kamen auch Philosophen und Kunsttheoretiker aller Zeiten zu den unterschiedlichsten Ansichten über die Bedeutung und Wirkung von Kunst auf unser Leben. Hier nun eine kleine Auswahl, warum Kunst für unser Empfinden und unser Seelenleben so bedeutsam sein kann:

- Im Mittelalter dienten Kunstwerke in erster Linie als *Illustrationen von Glaubensinhalten*. Die künstlerischen Darstellungen betrafen fast ausschließlich religiöse Themen. Viele Statuen und Gemälde, auch in anderen Kulturen, sollten Gott, göttliche Propheten, Engel und heilige Menschen darstellen. Bilder von Geschichten aus dem Alten und Neuen Testament waren die »Bibel der Armen«, die weder Latein noch Schrift beherrschten. In diesen Darstellungen und Figuren schien Gott zu ihnen zu sprechen. Und noch heute haben viele Menschen das Gefühl, beim Betrachten solcher Bilder oder Statuen *etwas »Göttlichem« zu begegnen* oder zumindest innerlich tief berührt zu werden.
- *Die Wirkung der Schönheit* wurde von Platon als »geburtshelfende Göttin« im Dienst der Idee des Wahren und Guten angesehen. Und wenn auch Platon selbst die rein nachahmende Kunst ablehnte, so trat doch in der Renaissance, mit der Wiederentdeckung der Antike, die Wirkung der Schönheit von Kunstwerken auf den Menschen in den Mittelpunkt. Ja, der Künstler selber wurde bisweilen als göttlicher Schöpfer beschrieben (Marsilio Ficino).
- Die Zweckfreiheit der Kunst, so Immanuel Kant, weckt in uns ein *Lustgefühl, das unabhängig ist vom bloß sinnlichen Genießen*. Kunst könne in uns ein »interesseloses Wohlgefallen« erzeugen, das mehr sei als eine bloß sinnlich angenehme Erfahrung. Interesselos sei die Kunstbetrachtung, weil man dabei keinen speziellen Zweck verfolge.
- Kunst hat oft *etwas Erhabenes*, etwas, was man »schlechthin groß« nennen kann (Immanuel Kant), ähnlich wie man

Naturphänomene wie schroffe Berge oder hohe Wasserfälle als schlechthin groß empfinden kann. Und dieses Erhabene könne der Mensch, so Kant, nur durch ein Vermögen seines Gemütes wahrnehmen, das selbst »übersinnlich« sei. Die zentrale Wirkung des Erhabenen auf unsere Psyche sei die »*Gleichzeitigkeit von Zerrüttung und Festigung der Ich-Identität*«. – Gerade dieser Aspekt wurde im 20. Jahrhundert, in der Postmoderne vom französischen Philosophen und Ästhetiker Lyotard wieder aufgegriffen. Für ihn erhält Kunst ihre Bedeutung in der Darstellung des Erhabenen als dem eigentlich »Nichtdarstellbaren«. Kunst habe die Aufgabe, »vom Unbestimmten, vom Nichtdarstellbaren, vom prinzipiell Unverfügbaren Zeugnis abzulegen«.

- Schon für Friedrich Wilhelm Schelling gewährleistete Kunst den »*Zugriff auf das Absolute*«, weil das Kunstwerk als Produkt der ästhetischen Tätigkeit zugleich bewusst und unbewusst ist. Der Philosophie dagegen, die im Bewusstsein gefangen bleibe, sei der Zugang zum Absoluten verwehrt. Auch der Kunstphilosoph Georg Wilhelm Hegel sah Kunst (neben Religion und Philosophie) als »*Gestalt des absoluten Geistes*«: In der Religion stelle der Geist sich selbst vor, in der Philosophie begreife er sich, in der Kunst werde er selbst anschaulich. Und wie er begriff auch Arthur Schopenhauer Kunst als »anschaubare Wahrheit«.

So verschafft Kunst uns schließlich Zugang zu einer Wahrheit, die sich von uns rein gedanklich nicht erschließen lässt. Das Wesen der Kunst ist »*das Sich-ins-Werk-Setzen der Wahrheit des Seienden*«, die dem Philosophen diskursiv nicht zugänglich ist (Martin Heidegger). Der Philosophie bleibt somit nur noch der Umweg über die Kunst, »um ihren Anspruch auf den *Zugang zum Jenseits der Begriffe* einzulösen« (Theodor W. Adorno).

- Um einen neuen Aspekt ergänzt Schopenhauer die Idee der Wahrheit, indem er die *befreiende Wirkung* von Kunst betont. In der Kunst lasse der Mensch seinen Willen, der ihn ansonsten permanent gefangen hält, hinter sich, denn der Kunstgenuss entlaste ihn vom Druck permanenter Bedürfnisbefriedigung. Indem der Betrachter in eine »unbekümmerte« Welt eintrete, die alles übrige Reale ausblende, auch den Betrachter selbst, sei er gleichsam von sich selbst und seinem in diesen Verflechtungen ablaufenden Leben befreit. »Vergleichbar den erlösenden Impressionen einer neuen Landschaftsumgebung, in die ein Weg den Wanderer eintaucht und die für seinen Lebens-Lauf neue Koordinaten in die Betrachtung alter Gewohnheiten zieht. Die Befreiung von alten Befangenheiten, aus Alltagsroutinen, Zwängen, Sorgen und Einengungen öffnet dem Bewusstsein neuartige Sichtweisen auf altgewohnte Tatbestände, Abstand von einverleibter Nähe und bietet ihm Chancen für die Entdeckung neuer lebensweltlicher Möglichkeiten, die zum ganz Anderen hin den Blick erhebt, so der Kunsthistoriker Dietrich V. Wilke in seinem Artikel, »Begegnungen mit der Kunst«.
- Damit zeigt sich nicht nur die befreiende, sondern auch die den Betrachter *transformierende Wirkung* der Kunst. Schon der Philosoph August Wilhelm Schlegel betonte, dass

Kunstwerke unser Verständnis der Welt transformieren würden, und Clemens Brentano ergänzte, dass sie uns *außeralltägliche, neue Sichtweisen eröffnen.* Für den Lebensphilosophen Henri Bergson bestehen die spezifischen Chancen des Kunstwerks vor allem in seiner *Möglichkeit, Realität mithilfe der Intuition direkt und tiefer erfassen zu können.* Und der Pädagoge und Philosoph John Dewey thematisiert Kunst als *Steigerungsmodus von alltäglicher Erfahrung.* Nach seiner Ansicht bleibt die alltägliche menschliche Erfahrung heterogen und fragmentarisch. Demgegenüber ist die ästhetische Erfahrung eine, die harmonisch sich selbst genügt; sie ist vollendet und in sich geschlossen. Im Gegensatz zur Philosophie erkläre sie die Welt nicht, sondern baue Selbstverständlichkeiten ab: »Von der Philosophie sagt man, sie beginne beim Wunder und ende im Verstehen. Kunst nimmt ihren Ausgang beim Verstandenen und endet im Wunder«. – In diesem Sinne sah auch der Ästhetiker Hans-Georg Gadamer im 20. Jahrhundert das eigentliche Dasein eines Kunstwerks darin, »dass es zur Erfahrung wird, die den Erfahrenden verwandelt«.

- Kunst kann in uns *Freude, Zuversicht und gute Stimmung* erzeugen. Neue Studien aus Großbritannien belegen, dass Kunstwerke in den Behandlungszimmern, Gängen und Eingangshallen die Stimmung der Patienten verbessert. Sie lenke diese nicht nur von ihren gesundheitlichen Sorgen und Problemen ab, sondern, wie die Forscher vermuten, sie mache ihnen auch den Weg frei für »kleine Fluchten in positive Imaginationen«.

- Kunst kann außerdem wie ein *positiver emotionaler »Anker«* wirken. Wie das Bild eines geliebten Menschen auf dem Schreibtisch bei jedem Anblick gute Gefühle in Ihnen hervorrufen kann, oder eine bestimmte Melodie Sie, wann immer Sie sie hören, an einen schönen Moment erinnert (siehe Abschnitt: Die wundersame Wirkung von Musik auf Körper und Seele, S. 152), so vermögen auch Bilder und Figuren, die Sie seelisch berühren, eine entsprechende positive Resonanz in Ihnen auszulösen. Allein der Anblick mancher Bilder, die in meinem Arbeitszimmer hängen, kann genügen, um mich in Stresssituationen ruhiger und gelassener werden zu lassen. Und wenn ich mal ganz wütend über etwas bin, dann kann es sein, dass ich schon nach einem Blick auf den lächelnden Buddha neben mir selber anfangen muss, über mich zu lachen.
- So übernimmt Kunst, nach Dietrich V. Wilke, angesichts einer rückläufigen religiösen Bindungsbereitschaft und -fähigkeit, für viele Menschen mehr und mehr *religiöse Kultfunktionen mit sinnstiftendem Heilsersatz.* Kunst und Kultur gelten als prädestinierte Räume für religiöse Transformationsprozesse. Je mehr die Menschen heute ihren Bezug zur Transzendenz verlieren, desto mehr suchen sie in den profanen Erscheinungsformen der Ästhetik einen Ersatz.
- Last but not least hat auch *der aktive künstlerische Schöpfungsprozess* eine befreiende und heilende Wirkung für unsere Psyche, die vor allem in der Kunsttherapie mit Erfolg genutzt wird. Gefühle, die oft unaussprechbar sind, können in Bildern nach außen getragen werden. Die Bild-

sprache ist sensorisch, die Begriffssprache nicht. Deshalb ist die Bildsprache *unmittelbarer und existenzieller*, sie kann gewissermaßen ohne Umwege unsere Gefühle zum Ausdruck bringen und zu uns sprechen. So macht es sich auch die Kunsttherapie zunutze, dass Empfindungen und Erlebnisse eines Menschen sich unbewusst und unverfälscht durch die Arbeit mit Farbe und Ton in Bildern ausdrücken, und außerdem Anstoß geben, *die eigene Kreativität zu entdecken und zu fördern*, woraus sich für den Menschen tiefe Befriedigung und Glück ergeben können.

Das Entscheidende, was unsere Seele betrifft, ist daher wohl, dass Kunst bei uns *etwas zum Schwingen bringen, etwas beleben kann*, was normalerweise nicht so präsent ist. Es kann eine Seite in uns zum Klingen bringen, die vorher stumm war, eine Facette unserer Sehnsucht spiegeln, *etwas Neues in uns wecken.* – Ich werde nie vergessen, wie ich 1979 in Paris im Impressionistenmuseum (dem heutigen Musée d'Orsay) ergriffen und fasziniert vor den Bildern von Gauguin stand. »Wie hat es dieser Maler in der damaligen Zeit geschafft, so ganz anders zu malen?«, schoss es mir durch den Kopf. Er hatte sich für eine gewisse Zeit in einen anderen Kulturkreis begeben. Im gleichen Moment erwachte diese Sehnsucht auch in mir, und ich beschloss noch dort vor Gauguins Bildern stehend, im Herbst des gleichen Jahres für sechs Wochen nach Griechenland zu gehen, um mich dort alleine auf mein Examen vorzubereiten. Heute kann ich sagen, dass diese Zeit mein Leben entscheidend verändert hat, und seitdem ist kein Jahr vergangen, in dem ich nicht mehrere Wochen alleine hier in Monemvasia verbringe. Der Auslöser war dieses Bild, das wie ein Katalysator einen inneren Prozess in Gang gebracht hat.

Kunst kann wahrscheinlich noch viel mehr bewirken! Was ist es für Sie? Was löst Kunst – und auch welche Kunst? – in Ihrer Seele aus? Vielleicht gönnen Sie sich ein paar Minuten, um darüber nachzudenken! – Und warum lesen viele Menschen so gerne?

Von der Magie der Lektüre

Die Wirkungen des Lesens beruhen vor allem auf zwei Aspekten: dem gelesenen *Inhalt* einerseits und dem *Prozess* des Lesens andererseits. Interessanterweise ist für das Auftanken der Seele der Prozess des Lesens als solcher fast genauso wichtig wie der gelesene Text selber. In seinem Buch *Lost in a Book* beschreibt der amerikanische Kognitionspsychologe Victor Nell unter anderem, welche positiven Wirkungen der Vorgang des Lesens auf die menschliche Psyche und unsere Befindlichkeit hat:

- Zunächst bietet Lesen eine gute Gelegenheit, inmitten aller von außen auf uns niederprasselnden Reize, für eine gewisse Zeit *nur ganz allein mit sich selbst* und der Welt seines Buches zu sein. Wenn ich im Zug, an Flughäfen oder in Cafés Menschen sehe, die in ihre Lektüre vertieft sind, scheint es mir, als würde sich eine unsichtbare Schutzhülle wie ein Kokon um sie bilden, der sie abschirmt von allen Störungen der Umwelt.

- Der Lesende gerät dabei in einen *Zustand entspannter und zugleich konzentrierter Aufmerksamkeit*. Hierbei kann sich, ähnlich wie beim Spielen, der mentale wie auch emotionale Fokus so stark auf eine Sache richten, dass er fast mit ihr verschmilzt. Wie beim konzentrierten Tun (s. oben S. 76) *scheint die Zeit stillzustehen*, und der Lesende taucht mit seiner Lektüre auch in die Gegenwart ein.
- Gleichzeitig kommt es zu einer oft heilsamen *Verlagerung unserer Aufmerksamkeit, weg von den Besorgnissen und Problemen des Alltags*, hin zum Gegenstand der Lektüre. Gerade diese, wenn auch nur vorübergehende, Ausblendung der Alltagssorgen und Anforderungen hat für die Seele etwas sehr Entlastendes und Befreiendes. Mit fokussierter Aufmerksamkeit auf das Geschehen einer Erzählung sind wir (wie bei einer Hypnose) gewissermaßen vor allen sonst sich aufdrängenden Grübeleien und belastenden Zweifeln geschützt. So werden Bücher zu Inseln der inneren Ruhe inmitten der Wogen aller uns bedrängenden Lebensanforderungen.
- Lesen kann zu Prozessen *intensiver Selbsterfahrung und Selbsterforschung* führen, wenn man sich auf seiner Reise in die Fantasie mit dem Gelesenen identifiziert und in einer geistigen Parallelwelt Erlebnisse macht, die einen innerlich berühren, bewegen und damit oft auch bereichern. So wird das Lesen auch nicht zur oft gescholtenen Flucht vor der Wirklichkeit, sondern zu einem geistigen Aufenthalt in ei-

ner Gegenwirklichkeit, die den oft engen *Horizont des eingefahrenen Alltagslebens erweitern* und zur gesunden Reflexion gewohnter Ansichten anregen kann. Hierbei erlebt das lesende Ich gleichzeitig zwei Bewusstseinszustände: zum einen verliert es sich durch Identifikation in der Illusion, zum anderen bleibt es aber auch distanzierter Beobachter und kann dadurch den Realitätssinn aufrechterhalten. Der rational beobachtende Teil des Lesers bewahrt ihm so die Freiheit, um die Kräfte der Imagination und Illusion zu kontrollieren.

- Wie bei einem Spiel ist das Lesen zum Vergnügen eine Tätigkeit, der der Lesende *ohne einen bestimmten Zweck oder gar Zwang um ihrer selbst willen* nachgeht. Gerade dadurch findet der Leser zu sich und seiner Ruhe, dass er kein bestimmtes Ziel verfolgt und ohne irgendeinen Anspruch in seinem Buch versinken, träumen und schwelgen kann.
- Lesen ist eine der *prädestinierten Tätigkeiten*, um den von Mihaly Csikszentmihalyi beschriebenen Zustand des *Flow zu erleben* (siehe oben S. 86), einen Zustand entspannten, fließenden Einswerdens mit seinem Tun, der als zutiefst befriedigend und beglückend erfahren wird. Lesen sei, so Csikszentmihalyi, unter allen intellektuellen Tätigkeiten zurzeit vermutlich die am meisten erwählte Flow-Tätigkeit der Welt. Entscheidend dabei ist allerdings, dass die Lektüre den Leser zwar geistig herausfordert, ohne ihn allerdings zu über- oder zu unterfordern. Hierzu bieten die unzähligen Werke der Weltliteratur jedoch genügend Auswahl für nahezu jeden Geschmack und jedes intellektuelle Niveau.

- Nicht zuletzt hat eine genussvolle Lektüre auch *körperlich wohltuende Wirkungen.* Wie Victor Nell berichtet, verändert sich die Muskelspannung, Herzschlag und Hautwiderstand nehmen ab, und die Atmung wird ruhiger. Dies mag wohl meist unbemerkt geschehen, doch empfindet der Leser als Ergebnis ein ruhiges und angenehmes Wohlgefühl.

Die Gunst der Kunst und der Literatur im Alltag nutzen

Um Ihre Seele durch die Schätze der Kunst und Literatur zu bereichern, bestehen mehrere Möglichkeiten. Vielleicht lassen sich einige der folgenden Ideen auch in Ihrem Leben in die Tat umsetzen und integrieren:

Umgeben Sie sich in Ihrer häuslichen wie auch beruflichen Sphäre mit Bildern, Skulpturen und Kunsthandwerk, die Ihnen nicht nur ästhetisch gefallen, sondern Sie auch innerlich berühren. Wichtiger als das Renommee des Künstlers oder der Preis des Kunstwerks ist es, ob Sie sich seelisch davon angesprochen und wohl damit fühlen. – Ich hatte früher in meiner Wohnung alle möglichen Bilder und Kunstgegenstände, die wohl ganz chic und gerade »in« waren, teilweise auch sehr wertvolle Sachen oder alte Familienstücke, zu denen ich aber innerlich gar keinen Bezug hatte. Mit der Zeit habe ich gelernt, darauf zu achten, ob mich ein Kunstwerk innerlich wirklich berührt oder nicht. Meist ist das etwas, was man sofort, beim ersten Anblick spürt. Einmal habe ich beispielsweise beim Betreten eines Lokals ein modernes abstraktes Bild an der Wand gegenüber gesehen und wusste im gleichen Augenblick: »Das muss ich haben!«. Vom Wirt bekam ich die Adresse der Künstlerin und war glücklich, das Bild erwerben zu können. Heute befinden sich in unserem Haus weitgehend Werke von Künstlern, von deren Ausdruck wir uns innerlich berührt fühlen.

Nutzen und beachten Sie dabei auch die Wirkung von Farben auf Ihr Gemüt. Insbesondere bei der Wahl der Bilder, mit denen Sie sich umgeben (allerdings genauso bei der Wahl der Vorhänge und Wandfarben in Ihrem Zuhause):

- *Gelb* ist eine warme Farbe, mit positiver, aktiver Wirkung, die von den meisten Menschen als heiter, munter, angenehm und sanft reizend empfunden wird, und ein behagliches und angenehmes Gefühl auslöst. Es wirkt eher anregend und befreiend.
- *Orange* steigert die Energie und Wirkung von Gelb und ruft in uns ein gesundes Gefühl von Wärme und Wonne hervor. Die Wirkung von Orange kann als erregend, heiter, freudig und warm beschrieben werden.
- *Rot* hat eine aktivierende, anregende Wirkung auf das vegetative Nervensystem, das eine Steigerung der Puls- und Atemfrequenz und einen Anstieg des Blutdrucks hervorrufen kann. So wirkt es in der Regel stark erregend, erwärmend und vitalisierend.

- *Blau* dagegen hat eine eher beruhigende Wirkung und kann in uns ein Gefühl von Weite und Ferne erzeugen.
- *Grün* schließlich wirkt sich meist positiv beruhigend auf das Gemüt aus. Seine Wirkung wird als sanft, freundlich und friedvoll beschrieben.

Wählen Sie bewusst religiöse Bilder, Statuen oder Symbole, wenn Sie dazu einen inneren Bezug haben. Ein Kreuz, eine Ikone oder eine Buddhastatue kann jedes Mal, wenn Ihr Blick darauf fällt, eine bestimmte Einstellung oder Seelenqualität in Ihnen wiederbeleben, Sie an etwas erinnern, das Ihnen besonders wichtig ist, und Ihnen innerlich Kraft geben. – Auf meinen vielen Reisen habe ich meistens eine kleine griechische Ikone dabei, die mich seit über zwanzig Jahren begleitet. Wenn ich morgens in einem Hotelzimmer aufwache, weiß ich zwar oft nicht, wo ich bin, aber zumindest kann ich die mir vertraute Ikone begrüßen. Von Zeit zu Zeit nehme ich auch eine kleine Buddhastatue mit – »um niemanden zu bevorzugen«, und schließlich will diese Figur ja auch mal durch die westliche Welt reisen.

Gehen Sie immer wieder in Ausstellungen, Museen und Kirchen. Nicht nur aus Bildungsgründen, sondern um sich von manchen Bildern oder Skulpturen innerlich berühren zu lassen. Für viele Menschen sind Museen heute zu »Fluchtburgen in einer Welt flüchtiger Simulationseffekte« und zugleich »Begegnungsstätten heilsamer Sinnorientierung« geworden, so Dietrich V. Wilke. Folgen Sie dabei einfach Ihrem Gespür, was

Sie anzieht und anspricht, und was nicht. Nehmen Sie sich die Zeit, vor einem solchen Kunstwerk zu *verweilen, es auf sich wirken zu lassen und es in sich aufzunehmen.* Vielleicht merken Sie dabei, dass es zwei Arten gibt, zu schauen: Das mentale, informationsspeichernde, wertende Schauen (*von uns weg*) und das aufnehmende, betrachtende, fühlende Schauen (*zu uns hin*). Ersteres speist den Kopf, Letzteres die Seele. – Nach meiner Erfahrung ist es viel bereichernder, bei einem Museumsbesuch drei bis fünf Bilder intensiv zu betrachten und auf sich wirken zu lassen, als im Schnellverfahren fünfzig Werke abzuspeichern, die in der Regel nach kurzer Zeit auch wieder vergessen sind. Was dann bleibt, ist lediglich die Erinnerung, dort gewesen zu sein, und zumindest der Museumskatalog im Regal.

Und wenn Sie neben dem Kunstgenuss Ihre Seele auch literarisch nähren und von der Magie des Lesens profitieren wollen, hier einige Anregungen und Möglichkeiten:

Nutzen Sie immer wieder Gelegenheiten, sich für eine gewisse Zeit in die Lektüre eines Buches oder sonstigen Textes zu vertiefen. Nach Ansicht von Victor Nell eignet sich prinzipiell jede Art von Text, um darin zu versinken: sei dies nun ein anspruchsvoller Roman, eine Biografie, ein Reisebericht, Unterhaltungsliteratur oder auch nur ein Zeitungsartikel – entscheidend ist auch hier die persönliche Vorliebe. Dennoch: Je länger der Text, desto länger der Zeitraum zum ununterbrochenen Versinken. Wenn die Aufmerksamkeit von Schlagzeile zu Schlagzeile springt, ist die psychologische Wirkung eher die gleiche wie beim Zappen im Fernsehen. Ein Buch eignet sich in der Regel viel eher als eine Zeitschrift als Insel der inneren Ruhe!

Schaffen Sie sich »Leseinseln«. Viele Menschen klagen heute, sie würden ja gerne mehr lesen, aber leider hätten sie dazu überhaupt keine Zeit. Falls Sie aufgrund eines gefüllten Alltags ähnliche, nahe liegende Bedenken haben, dann könnten Sie mal ausprobieren, wie viel Ihnen schon solche Leseinseln von fünfzehn Minuten täglich geben. Vielleicht in der Mittagspause oder zwischen Ihrem Berufstag und dem gewohnten Abendprogramm. In einer viertel Stunde ruhigen Sichvertiefens in ein Buch kann man schon zur Ruhe und zu sich finden. Und wenn Sie in dieser Zeit auch nur sieben Seiten lesen, dann könnten Sie jeden Monat einen Roman von etwa 200 Seiten genießen!

Falls Sie es nicht gewohnt sind, außer beruflich erforderlichen Texten und Zeitschriften viel zu lesen, kann es auch sein, dass es Sie *am Anfang etwas Überwindung kostet*, sich Zeit für ein Buch zu nehmen. Wenn Sie mit kleinen Einheiten, etwa Erzählungen oder Kurzgeschichten, beginnen, fällt es leichter. Und je mehr Sie die Erfahrung machen, wie entspannend und wohltuend Lesen sein kann, umso stärker wird auch die Sogwirkung eines Buches. Für viele Menschen übertrifft die Anziehungskraft des Lesens oft sogar die des TV-Programms. *Je mehr Sie lesen, desto stärker wird die Attraktion des Lesens!*

Nutzen Sie wenn möglich gerade Fahrt- und Wartezeiten zum Lesen: in der S-Bahn, im Zug, am Flughafen und im Flugzeug. Nehmen Sie Ihr Buch immer mit, oft ergibt sich plötzlich auch nur für fünf Minuten eine Gelegenheit, kurz in Ihre Lektüre einzutauchen.

Wenn Sie abends gerne und viel fernsehen, könnten Sie mal mit einem TV-freien Leseabend pro Woche experimentieren – oder Sie »berauben« die tägliche Fernsehzeit jeweils um eine halbe Stunde zugunsten der Literatur. Auch auf diesem Weg könnten Sie monatlich ein bis zwei Bücher lesen und dabei mehr auftanken, als es beim Fernsehen je möglich ist.

Stöbern Sie immer wieder in Buchhandlungen oder Bibliotheken, gehen Sie auf Entdeckungsreise. Vielleicht nutzen Sie sogar die Leseecken dort, um das eine oder andere Buch anzulesen. Und gehen Sie ruhig das Risiko ein, auch Bücher zu kaufen, von denen Sie noch nicht ganz sicher sind, ob sie genau das Richtige für Sie sind. Es ist besser, Sie kaufen fünf Bücher und lesen davon nur eines, als dass Sie sicherheitshalber gar keines kaufen. Und für einen eingesparten Restaurantbesuch können Sie Ihrer Seele viele literarische Mahlzeiten bieten.

Vielleicht entdecken Sie auch die Vorzüge von Hörbüchern, besonders, wenn Sie viel mit dem Auto unterwegs sind. Zwar fehlt dabei der aktive Leseprozess, dennoch können Sie sich auch hier in einer Geschichte verlieren und sprachliche Finessen hörend genießen.

Und wenn Sie Kinder haben, lesen Sie ihnen so viel wie möglich vor. So können Sie gemeinsam mit ihnen in eine Geschichte eintauchen und ihnen eine der wertvollsten Erfahrungen für ihre Freizeit vermitteln, die Faszination des Lesens.

Wie immer können Sie in den folgenden Zeilen die für Sie wichtigsten Informationen notieren:

Kunst und Literatur: Festhalten und mitnehmen möchte ich

....
....
....
....
....
....
....
....
....
....
....
....
....
....
....
....

Lachen, Heiterkeit, Humor

Da heitere Gemütsruhe Harmonie erzeugt, ist sie das beste Mittel gegen Krankheiten von Leib und Seele.

Meister Chen

Bombay, sechs Uhr morgens, im Lokhandwala-Park. Etwa sechzig Menschen sind auf einer Wiese neben den Bananenstauden versammelt. Krankenhauspfleger, Studenten, Büroangestellte, Hausfrauen, Rechtsanwälte, Rentner. Wie jeden Morgen treffen sie sich hier, um den Tag gemeinsam zu beginnen – mit Lachübungen. Die zunächst etwas befremdenden Lachaktivitäten reißen spätestens nach der dritten Übung auch den neuen Gast mit, weil Lachen nun mal ansteckend ist und alles tatsächlich äußerst komisch wirkt. Initiator des Ganzen ist der indische Arzt Dr. Madan Kataria. Weil seiner Ansicht nach im normalen Alltagsleben viel zu wenig gelacht wird, hat er Freunde und Nachbarn eingeladen, sich regelmäßig mit ihm zum gemeinsamen Lachen zu treffen, mit Übungen, die auf Elementen des Yoga basieren. Was vor ein paar Jahren mit einer kleinen Gruppe von zunächst nur vier von anderen belächelten Personen begonnen hat, ist mittlerweile zu einer Millionenbewegung geworden. Täglich treffen sich inzwischen in verschiedenen indischen Städten Lachklubs, um auf öffentlichen Plätzen das spezielle Yogalachen zu üben und ihre Lebensfreude für den meist nicht so heiteren Alltag zu mobilisieren.

Die Welle des Lachyoga ist zunächst nach Amerika und mittlerweile auch nach Europa geschwappt. Die Sorge, dass uns das Lachen vergehen könnte, hat auch den Unternehmer Michael Berger veranlasst, im Dezember 1998 in Wiesbaden in einer ehemaligen Kirche das erste »Zentrum der Lachbewegung Deutschlands« zu gründen, wo jeden Mittwochabend nach der Methode von Madan Kataria gelacht wird. Außerdem finden regelmäßig dreitägige Lachseminare statt. Seitdem haben sich etwa fünfzig weitere Lachclubs in Deutschland gebildet. Jährlich finden internationale Humorkongresse und ein Weltlachtag statt, und auch in vielen anderen Ländern sprießen Lachclubs wie Pilze aus dem Boden. Ein neuer Trend: Die Wiederentdeckung der Heiterkeit in einer Zeit, in der viele meinen, sie hätten nichts zu lachen!

Dabei ist uns das Lachen eigentlich angeboren. Ein Baby lacht mit vier Monaten, wenn ihm der Bauch gekitzelt wird, und schon mit einem Jahr findet ein Kind es komisch, wenn Papa oder Mama an seiner Flasche nuckeln. Es erkennt die Inkongruenz der Handlung im Verhältnis zur gewohnten Ordnung: die Grundlage jedes Humors. Selbst von Geburt an blinde Kinder, die ihr Mienenspiel bei niemandem abgeschaut haben können, lächeln spontan. Doch die Wiegen-Heiterkeit ist leider nicht von Dauer: Kinder lachen etwa 400-mal täglich, Erwachsene nur noch ungefähr 15-mal, Depressive so gut wie nie. Wie groß das Bedürfnis nach Lachen und Heiterkeit ist, spiegelt sich auch in den Medien: Jeden Tag bietet das Fernsehen dem deutschen Publikum etwa zehn Programmstunden mit Witz-, Comedy-, Slapstick- oder Humorsendungen. Lächerlich? Keineswegs. Der Mensch braucht das Lachen mehr denn je.

Warum mit dem Körper auch die Seele lacht

Seit Jahrtausenden sagt man, dass Lachen Medizin ist. »Humor« bedeutete früher allgemein Gemütsbeschaffenheit, Stimmung, und wurde vom lateinischen Wort für »Flüssigkeit, Saft« abgeleitet. Und die Vorstellung der Antike, dass unsere Stimmung auf dem Mischverhältnis unserer Körpersäfte beruht, war – wie man mittlerweile weiß – gar nicht so abwegig. Humor galt als *Heilmittel, um unsere Körpersäfte in Balance zu bringen*, um inmitten aller Widrigkeiten und Unzulänglichkeiten des Daseins eine heiter-gelassene Gemütsverfassung zu gewinnen. Und selbst der skeptische Philosoph Arthur Schopenhauer schrieb:

»Die Heiterkeit des Sinnes belohnt sich augenblicklich selbst. Wer eben fröhlich ist, hat allemal Ursache, es zu sein; nämlich eben diese, dass er es ist. Nichts kann so sehr wie diese Eigenschaft jedes andere Gut vollkommen ersetzen, während sie selbst durch nichts zu ersetzen ist. Einer sei jung, schön, reich und geehrt, so fragt sich, wenn man sein Glück beurteilen will, ob er dabei heiter sei; ist er hingegen heiter, so ist es einerlei, ob er jung oder alt, grade oder bucklig, arm oder reich sei: Er ist glücklich.«

Erst in den letzten dreißig Jahren allerdings konnten die günstigen Auswirkungen des Lachens auf unsere Gesundheit und unsere Seelenverfassung durch medizinische und wissenschaftliche Forschungsarbeiten bestätigt werden. Der Neurologe William Fry von der Stanford University gilt als Begründer der Gelotologie, der Lachforschung. Bis zur Gründung dieser Disziplin gab es in den Universitätsbibliotheken zehnmal mehr Regalmeter über Depressionen als über Heiterkeit! Auch der führende österreichische Humorforscher Willibald Ruch hatte es am Anfang schwer, in Kollegenkreisen seine Studien über Heiterkeit zu rechtfertigen. Doch auch differenzierte Experimente am medizinischen Zentrum der Loma Linda University in Kalifornien belegten die positiven Wirkungen des Lachens auf unsere physische und psychische Verfassung mehrfach. Fazit: Wenn der Mensch lacht, genesen Körper und Seele.

Lachen aktiviert den ganzen Körper. Es beschleunigt den Puls und beansprucht mehr als achtzig Muskeln. Eine Minute herzhaftes Lachen entspricht einer Körperleistung von zehn Minuten laufen oder rudern. Es vertieft die Atmung, steigert die Sauerstoffversorgung und fördert dadurch die Verbrennungsvorgänge im Körper. Zwar wird der Herzschlag zunächst beschleunigt, doch verlangsamt er sich dann wieder, sodass der Blutdruck gesenkt wird. Die schädlichen Stresshormone Cortisol und Adrenalin werden reduziert und die Immunabwehrkräfte durch Vermehrung der natürlichen Killerzellen, der T-Lymphozyten und der Immunglobuline gestärkt. Außerdem wurde wiederholt festgestellt, dass Lachen den Genesungsprozess von Kranken fördert: Immer häufiger wird die Lachtherapie nicht nur bei Depressionen, sondern auch zur Beschleunigung der Heilung von Allergien und zur Schmerzreduktion eingesetzt. So haben Versuche ergeben, dass die Schmerzempfindlichkeit von Menschen signifikant sank, wenn diese einen lustigen Film sahen. Daher gibt es mittlerweile in vielen amerikanischen Krankenhäusern »Humorberater« und therapeutische Lachprogramme, und jährlich findet ein internationaler Kongress über »Humor in der Therapie« statt.

Psychisch bewirkt Lachen neben der Steigerung des Lebensgefühls zunächst Entspannung. Als eine der angeborenen Urreaktionen des Menschen aktiviert es die ältesten Gehirnregionen, während die jüngeren, mentalen Zentren im Kopf ausgeblendet werden. Lachen schafft gewissermaßen eine meditative Pause fürs Gehirn, in der die Probleme des Alltags ausgeblendet werden und sich unser Denkapparat erholen kann. Einerseits macht Lachen also den Kopf frei, andererseits steigert es Kreativität und Effizienz, indem es die Nervenzellen im Gehirn aktiviert. So beginnt in etlichen indischen Schulen der Unterricht mittlerweile mit zehnminütigen Lachübungen. »Die Kinder kommen pünktlich in die Schule, weil sie lustig beginnt, und während des Unterrichts sind sie weit weniger zappelig«, berichten die dortigen Lehrer, meist selbst Mitglied in einem der vielen Lachclubs. Der Entspannungsfaktor, den Lachen und Humor mit sich bringen, ist besonders für sehr gewissenhafte Menschen heilsam, die zu Perfektionismus und Selbstkontrolle neigen – für Menschen also, die in ständiger Sorge leben, sie könnten etwas falsch machen. Je mehr sie die Fähigkeit erlangen, auch über sich selbst lachen zu können und einen gewissen Mut zur Unvollkommenheit entwickeln, desto entspannter und gelöster wird ihr Leben. Denn Lachen ist Ausdruck von Befreiung und Spannungslösung, und wenn wir lachen, geben wir vorübergehend jegliche Selbstkontrolle auf.

Daher ist es auch nicht verwunderlich, dass die Fähigkeit zu Humor und Lachen mit einem guten Sexualleben eng zusammenhängen: Bei beidem geht es ums Loslassen und Sich-hingeben-Können. »Wer nicht genießen und lachen kann, wird auch für die Sexualität ungenießbar«, so der Schweizer Psychologe Thomas Spielmann.

Schließlich kommt es beim Lachen (wie auch beim erotischen Erleben) zu einer nicht unerheblichen Ausschüttung von Endorphinen, den Hormonen, die uns Glücksgefühle bereiten. Da wir willentlich auf unser Nervensystem keinen Einfluss haben, also nicht einfach beschließen können, glücklich zu sein, bleibt uns nur der indirekte Weg: Indem wir uns etwas Gutes tun oder lachen, können wir über die entsprechenden hormonellen Reaktionen Glücksgefühle hervorrufen.

All dies sind Streicheleinheiten für die Seele, die uns ganz konkret auch im Alltag gelassener und belastungsfähiger machen. »Denn Menschen mit Sinn für Humor haben gegenüber den Widrigkeiten des Lebens eine Art Puffer, der ihnen hilft, auch schwierige Situationen durchzustehen, ohne dass es an ihrer Stimmung nagt«, so der Lachforscher Willibald Ruch.

Auch im Umgang mit anderen Menschen kann Humor und Lachen Wunder wirken und soziale Bindungen stärken. Am Anfang einer Begegnung dient Lachen meist dazu, sich der Übereinstimmung mit einem Menschen zu versichern. Lachen berührt die Seele eines anderen und »verbindet die Herzen der Menschen«, wie man sagt. In schwierigen Situationen kann ein Witz oder Lachen helfen, ein Missgeschick oder ein Missverständnis zu entschärfen und sozialen Stress abzubauen – vorausgesetzt, die Heiterkeit kommt von Herzen und ist nicht künstlich oder aufgesetzt. Menschen, die viel lachen und andere zum Lachen bringen, sind nicht umsonst so beliebt, sei dies nun in geselligen Runden oder im Geschäftsleben. Und neben allen Führungsqualitäten schätzen Mitarbeiter bei ihrem Chef vor allem, wenn er Sinn für Humor hat und sie mit ihm lachen können – auch und gerade, wenn mal was schief gelaufen ist. »Kein Tag ohne Lachen«, war das Motto einer Aktion, zu der die Bank of America vor einigen Jahren alle Mitarbeiter in Nordkalifornien aufrief: Einen ganzen Monat lang sollten sie ihren Kollegen jeden Tag einen anderen Witz erzählen oder einen Cartoon mitbringen. Nach Aussagen der Geschäftsleitung war das klare Ziel dieser Aktion, sozialen Stress abzubauen und zur Verbesserung des Gesundheitszustandes und der Arbeitsmoral der Mitarbeiter beizutragen.

Lachen scheint also eine Medizin für Körper und Seele zu sein, die nicht nur gesund, sondern auch billig ist und keinerlei schädliche Nebenwirkungen hat. Sollten Sie in Zukunft auch Ihren Alltag mit dieser Ressource bereichern wollen, dann gilt: Nützen Sie jede Gelegenheit, herzhaft zu lachen oder zu lächeln.

So bringen Sie Humor und Heiterkeit in Ihren Alltag

Zunächst steht fest, dass Lachen an sich nicht bewusst zu steuern ist. Doch es gibt genügend Möglichkeiten, den Lachimpuls in uns auszulösen. Und jedes Mal gilt:

Man lacht nicht nur, wenn man fröhlich ist,
sondern man wird auch fröhlich, wenn man lacht!

Wie das geht? Diese Frage hat schon Erich Kästner gestellt: »Worüber lacht der Mensch?« Prinzipiell hat er drei Auslöser ermittelt: Der Mensch lacht,

- wenn man ihn kitzelt, oder
- wenn andere lachen, oder
- über Kontraste, wenn also der natürliche Lauf der Dinge durch etwas Unerwartetes unterbrochen wird.

Alle folgenden Möglichkeiten hängen mit einem dieser drei Faktoren zusammen. Was können Sie also konkret tun?

Gemeinsames Lachen

Sie können einen *Lachclub* in Ihrer Nähe aufsuchen, um dort immer wieder unter Anleitung gemeinsam mit anderen Lachyoga-Übungen zu machen, oder gar an einem mehrtägigen *Lachseminar* teilnehmen. Mit anderen zu lachen ist nun mal viel leichter, da Lachen ansteckt und eine gemeinschaftliche Heiterkeit entsteht – wie auch bei Kabarett- oder Karnevalsveranstaltungen. Alleine dagegen ist es äußerst schwierig. Zunächst mag es Sie vielleicht einige Überwindung kosten, einen solchen Lachclub aufzusuchen, werden doch alle »vernünftigen« inneren Stimmen eine solche Unternehmung als lächerlich abtun. Doch wenn es Ihnen hilft, zu entspannen und innerlich aufzutanken, was kann dann lächerlich daran sein? Ob Sie damit tatsächlich einen neuen, unkonventionellen Weg finden, mehr Spaß und Heiterkeit in Ihr Leben zu bringen, das können nur Sie selbst feststellen, indem Sie es ausprobieren. Was riskieren Sie schon? Etwas Zeit und Geld, aber sicherlich machen Sie eine unvergessliche Erfahrung.

Sie können sich auch eine *CD- oder Tonbandaufnahme* mit vielstimmigem Gelächter von Menschen anhören, die sich mehr als eine halbe Stunde einem derartigen »Reflexlachen« hingeben. Wenn Sie sich einfach »einklinken«, was nach wenigen Minuten in der Regel leicht gelingt, werden auch Sie ein Teil der Lachgruppe – egal, ob Sie daheim im Sessel sitzen oder mitten in einem Stau auf der Autobahn stecken.

Nützen Sie überhaupt jede Gelegenheit, um *mit anderen Menschen zu lachen* – es ist erfahrungsgemäß viel leichter. Forschungen haben ergeben, dass wir mit anderen dreißigmal häufiger lachen. Albern Sie mit Familienmitgliedern und Freunden. Probieren Sie es mal mit einer Kitzelorgie mit Ihren Kindern oder Ihrem Partner. Lassen Sie sich auf Festen vom Lachen anderer anstecken, statt diese als kindisch oder albern abzutun. Lächeln Sie Menschen auf der Straße, im Fahrstuhl oder in der U-Bahn freundlich zu. Sie werden erstaunt sein, wie oft diese zurücklächeln. Und vergessen Sie nicht: Am liebsten lacht der Mensch über banale, alltägliche Geschehnisse. Vielleicht gelingt es auch Ihnen, den Ereignissen des Lebens immer mehr Heiterkeit zu entlocken und selber immer mehr Humor und Fröhlichkeit zu verbreiten. Ihre Seele und die der anderen kann dabei auftanken und belebt werden!

Bewusstes Lächeln

Lächeln Sie täglich mindestens einmal *eine Minute.* Schauen Sie dazu auf eine Uhr mit Sekundenzeiger, dann in den Spiegel, und lächeln Sie sich selber zu, auch wenn Ihnen gerade überhaupt nicht danach zumute ist! Ziehen Sie einfach die Mundwinkel nach oben, zeigen Sie Ihre Zähne, und kneifen Sie gleichzeitig die Augen etwas zusammen, sodass Lachfalten in den Augenwinkeln entstehen. Mit diesem simulierten Lächeln überlisten Sie Ihr Gehirn: Es reagiert wie auf ein wirkliches Lächeln mit der Ausschüttung von Glückshormonen. Aber Vorsicht: Wie der amerikanische Forscher Paul Ekman nachweisen konnte, funktioniert dies nur, wenn sich auch der Augenringmuskel zusammenzieht. Nur dann komme es zu den »süßen Gemütsbewegungen der Seele«, so der französische Physiologe Duchenne, nach dem diese Gesichtsregung auch »Duchenne-Lächeln« genannt wird. Lächeln macht also glücklich, aber eben nur das richtige Lächeln. Das Gehirn lässt sich nicht foppen.

Machen Sie diese Übung wie gesagt mindestens einmal täglich, besser aber, so oft Sie können: am besten gleich morgens nach dem Aufstehen, aber auch tagsüber, beispielsweise in einer spontan eingelegten Lächelminute am Arbeitsplatz. Auch wenn Sie keinen Handspiegel in der Schreibtischschublade haben – es geht mit der Zeit auch ohne! Nutzen Sie die Gelegenheit, wann immer Sie alleine sind, im Fahrstuhl, im Stau oder beim Spazierengehen. Lächeln ist übrigens auch ein hervorragendes Mittel, um Ärger abzumildern. Machen Sie es sich ruhig zur Grundregel: Wenn möglich, erst lächeln, dann reagieren!

Filme, Comedy, Kabarett

Erheitern Sie Ihr Leben mit *humorvollen Filmen, TV-Sendungen oder Kabarettbesuchen.* Gerade hier gilt: Humor ist Geschmacksache. Worüber der eine bis zum Umfallen lachen kann, darüber verzieht ein anderer kaum eine Miene. Ob Sie nun Loriot, Charlie Chaplin, Louis de Funes komisch finden, Harald Schmidt, Gerhardt Polt, die Sendung »Versteckte Kamera« oder lieber einen alten Heinz-Rühmann- oder Heinz-Ehrhard-Film anschauen – egal: Hauptsache, Sie lachen! Legen Sie sich Ihr persönliches Archiv an heiteren Filmen zu. Oft ist es ein Riesenspaß, diese zum wiederholten Mal anzusehen.

Riskieren Sie aber ab und zu auch unbekannte Komödien- oder Kabarettveranstaltungen. Es kann auch erheiternd sein, sich zu amüsieren, worüber andere schallend lachen können.

Witze

Ein Witz ist der kürzeste Weg ins Unbewusste. Weil einen der Überraschungseffekt der Pointe mental an einem ganz anderen Punkt landen lässt, als man erwartet hat, entsteht eine solche Verblüffung, dass man unwillkürlich lachen muss – meist ohne es bewusst zu wollen. Zwei Faktoren prägen einen guten Witz: Seine Kürze und der Kontrast zum normalen Denken in der Pointe. Das Problem der meisten Menschen ist: So schnell sie ein Witz erheitert, so schnell vergessen sie ihn auch wieder. Geht es Ihnen auch so? Dann legen Sie sich einfach ein *Witzarchiv* zu. Kaufen Sie immer wieder mal ein Buch mit Witzen. Sammeln Sie Witze, die Sie gut finden. Notieren Sie beispielsweise gleich im Lokal den Witz auf einem Zettel oder einer Visitenkarte, wenn er zum Besten gegeben wurde. Meist reichen zwei bis drei Stichworte. Schneiden Sie Witze aus Zeitschriften aus oder kopieren Sie sie aus Büchern. Tauschen Sie Witze mit anderen.

Am besten sammeln Sie sie dazu auf kleinen Kärtchen. Jeden Morgen wählen Sie sich einen Witz des Tages, den Sie mitnehmen und mit dem Sie Freunde und Arbeitskollegen erheitern können. Das Erzählen eines Witzes macht übrigens oft genauso viel Spaß wie das Anhören eines neuen! Keine Sorge, Sie machen sich dabei nicht zum Clown. Einer meiner Geschäftspartner ist bekannt dafür, dass er einen bei Telefonaten immer wieder mit dem neuesten »Witz der Woche« zum Lachen bringt. Was auch sonst der Anlass des Anrufes sein mag, gemeinsam Lachen schafft erst mal ein gelöstes Gesprächsklima. Genauso können Sie gelegentlich einen Witz als E-Mail versenden.

Natürlich geht es bei alledem auch um die richtige Dosierung. Doch angesichts der Heiterkeitsknappheit in unseren Breiten darf es im Zweifel lieber ein Witz mehr sein.

Übrigens: Eine wahre Fundgrube mit Anregungen für Humor und Heiterkeit am Arbeitsplatz bietet das Buch *Management by fun* von Matt Weinstein. Falls Sie noch mehr Spaß mit Spaß im Alltag haben wollen!

Lachende Gesichter

Umgeben Sie sich mit *Bildern von lachenden Menschen* – seien dies nun Bekannte oder Gesichter, die Sie aus einer Zeitschrift ausschneiden. Stellen Sie sie auf Ihren Schreibtisch, oder scannen Sie sie ein, und lassen Sie sich von ihnen anlachen, wenn Sie Ihren Computer einschalten. Selbst wenn Sie den Menschen nicht kennen: Das Lächeln erfasst Sie jedes Mal, wenn Sie hinschauen. Bei Freunden von uns hängt in der

Küche eine Pinnwand, an die alle Familienmitglieder immer wieder neue heitere Gesichter oder Cartoons aufhängen. Die Kinder haben daran besonders viel Spaß. Jeder bleibt dort ab und zu stehen, um zu schmunzeln. Das Gleiche lässt sich möglicherweise auch in der Cafeteria Ihrer Arbeitsstelle durchführen, vielleicht sogar mit Babyfotos aller Kollegen. Schon ein Smiley-Aufkleber in Ihrer Brieftasche oder in Ihrem Timer kann Sie bisweilen daran erinnern, das Lächeln nicht zu vergessen.

Über sich selbst lachen

Entwickeln Sie vor allem *Humor in eigenen Angelegenheiten*: Je eher Sie über sich selbst oder eine widrige Situation lachen können, umso gelöster wird Ihr Leben und umso besser werden Sie unerwartete Missgeschicke meistern können. Im Unterschied zum Komischen, das primär vom Verstand erfasst wird, kommt der Humor eher *aus dem Herzen* und führt zu einer Art »gütigem Lächeln sich selbst gegenüber«. In vielen Fällen mag das gar nicht leicht fallen, besonders, wenn etwas richtig schief gelaufen ist. Sich zu ärgern, wäre dann die normale Reaktion. Natürlich können Sie das tun. Sie können aber auch andere Möglichkeiten trainieren: Nehmen Sie etwas Abstand, gehen Sie ein paar Schritte weg, schauen Sie sich selber in Gedanken von außen zu, und versuchen Sie, über sich und Ihre »Tragödie« zu lächeln. Auch wenn Ihnen am Anfang gar nicht zum Lachen zumute ist. Vielleicht entdecken Sie tatsächlich eine witzige Perspektive. Oder Sie sagen sich innerlich: »Wenn ich mich jetzt richtig aufrege und stark schimpfe, wird alles gleich viel besser!« Die *Absurdität* dieses Gedankens hat schon manchen zum Schmunzeln gebracht – sogar angesichts einer über den Akten ausgeschütteten Kaffeetasse. Im richtigen Tonfall kann das auch einen Streit entschärfen. So konnte ich neulich tatsächlich einen wütenden Passanten besänftigen, indem ich freundlich sagte: »Es tut mir wirklich leid, aber wenn Sie mich weiter so anschreien und beschimpfen, werden Sie mir immer sympathischer und dann lade ich Sie zur Strafe auch noch zum Kaffee ein!« Vorsicht, ein solcher Schuss kann natürlich nach hinten losgehen, wenn man an einen gänzlich humorlosen Zeitgenossen gerät. Also: Erst einmal Humor *in eigenen Angelegenheiten* trainieren, dann erst behutsam mit anderen!

Lachen, Heiterkeit, Humor: Festhalten und mitnehmen möchte ich

....

....

....

....

....

....

....

....

Dankbarkeit

Dankbarkeit ist der Schlüssel zur Freude.

Rumi

Oft bin ich zum Schreiben im März oder Oktober an der Nordsee, wenn es dort touristisch ruhig zugeht, dafür aber wunderbare Frühjahrs- oder Herbststürme toben. Allerdings haben diese Stürme die unangenehme Begleiterscheinung, die Aussicht von meinem Schreibtisch auf das Meer zu trüben, da schon nach kurzer Zeit die Fenster vom Salzwasser stark verschmutzt sind. So bleibt mir nichts anderes übrig, als immer wieder die Fenster vor meinem Arbeitsplatz mit Zeitungspapier und dem altbewährten Hausmittel Essig zu reinigen, um den Ausblick auf das weite Meer erneut genießen zu können.

Mit den Fenstern unserer Seele steht es ähnlich: Auch sie verschmutzen schnell in den Stürmen des hektischen Alltags und müssen immer wieder geputzt werden. Sonst dringt auf Dauer immer weniger Licht herein und unsere Innenräume verdunkeln. Schlechte Aussicht(en) für die Seele!

Doch wie soll das gehen: »Seelenfenster-Putzen«? Eines der wirkungsvollsten und einfachsten Mittel hierzu ist das Danken. Denn das Wohlbefinden der Seele ist gar nicht so sehr von den realen Begebenheiten um uns herum abhängig, sondern von unserer subjektiven Wahrnehmung der Dinge. Durch aktives Danken können wir unsere Wahrnehmung erheblich verbessern und damit auch unsere Erlebnisqualität – unsere Lebensqualität!

Die seelenheilsame Wirkung des Dankens ist schon seit Jahrtausenden bekannt, wie sich aus philosophischen Schriften der Antike, aus der Bibel oder aus alten asiatischen Weisheitstexten ergibt. Neu ist dagegen, dass man heute aufgrund psychologischer und molekularbiologischer Forschung weiß, *wie* sich die Praxis des Dankens positiv auf unsere Seelenverfassung und unseren Organismus auswirkt. Auch weiß man, welche Automatismen in uns Dankbarkeit und Zufriedenheit erschweren. Diese sollen zuerst untersucht werden, bevor positive Wirkungen und praktische Möglichkeiten des Dankens dargestellt werden.

Der Automatismus der Unzufriedenheit

Danken ist heute nicht nur etwas »aus der Mode gekommen«, es scheint auch keine dem Menschen angeborene Grundhaltung zu sein. Im Gegenteil: Das kleine Kind nimmt zunächst alles als gegeben und selbstverständlich an, ohne sich im Geringsten zu Dank verpflichtet zu fühlen. Dafür hat es allerdings noch die wunderbare Fähigkeit, sich unmittelbar an Kleinigkeiten zu erfreuen, ganz im Augenblick zu leben und selbstvergessen mit dem zu sein, was da ist – egal, wer dafür gesorgt hat, woran es sich erfreut. Mit zunehmendem Alter aber lernt das Kind, sich zu bedanken, und sagt artig »Danke!«, weil es von ihm erwartet wird – auch wenn es nicht immer von Herzen kommt. Kommt der Dank nur aus Verpflichtung, ist er nicht echt. Selbst bei Erwachsenen sind viele Dankesäußerungen eher antrainierte Höflichkeitsrituale als Kundgebungen eines wirklich vorhandenen Dankbarkeitsgefühls.

Dankbarkeit ist eine Ressource, die wir im Laufe des Lebens erst entwickeln müssen. Zunächst scheint es dagegen in uns eine Art *Automatismus der Unzufriedenheit* zu geben, der zwar in vielen Situationen für unser Überleben unverzichtbar ist, der allerdings das Gefühl der Dankbarkeit erschwert. Dieser lässt sich in fünf Schritten darstellen:

1. Das Fehlerscreening. Einer Versuchsgruppe wurde ein Blatt mit zehn einfachen Rechnungen vorgelegt. Da stand beispielsweise: 12 + 7 = 19; 26 – 4 = 22; 5 + 8 = 13 auch: 37 – 5 = 33, also sofort erkennbar unrichtig. Die Frage an die Teilnehmer lautete: »Fällt Ihnen an diesem Blatt etwas auf?« – und alle, ausnahmslos alle antworteten spontan: »Da ist eine Rechnung falsch!«. Keiner sagte: »Da sind neun Rechnungen richtig«.

Als ich von diesem Versuch zum ersten Mal hörte, musste ich betroffen erkennen: »Das ist eine Haltung, mit der ich ganz oft durchs Leben gehe!« Ich wache morgens auf, und das Erste, worauf sich meine Gedanken automatisch richten, ist irgendein ungelöstes Problem vom Vortag – während ich völlig vergesse, dass ich gesund bin, eine gesunde Familie habe, einen Beruf, der mir Freude macht, Freunde, genug zu essen, ein Haus in einem Wohlstandsland ohne Krieg oder Diktatur und so weiter. Dies muss ich mir tatsächlich immer wieder erst aktiv bewusst machen, sonst richtet sich der Fokus meiner Aufmerksamkeit fast nur noch auf die Dinge, die nicht stimmen.

Ist dies eine Fehlfunktion unseres Gehirns? Keineswegs! Dieses automatische Fehlerscreening garantiert unser Überleben. Auf jedes Gefahrensignal reagieren wir schneller und stärker als auf erfreuliche Dinge – nur so können wir uns sofort in Sicherheit bringen. Hätte sich der Neandertaler in der Wildnis in erster Linie an der schönen Landschaft, den Blumen und dem Vogelgezwitscher erfreut, wäre er möglicherweise vom Bären gefressen worden, der hinter einem Baum seiner Aufmerksamkeit entgangen war. Nur leider hat dieser Mechanismus auf unser Gefühl der Zufriedenheit und Dankbarkeit keinen positiven Einfluss! Denn jede noch so kleine Unstimmigkeit kann wie ein Magnet unsere Aufmerksamkeit in Beschlag nehmen und uns die Vielzahl der gleichzeitig stimmigen Faktoren in unserem Leben vergessen lassen.

2. Der verhängnisvolle Gewöhnungseffekt. Seit seinem sechzehnten Lebensjahr hatte Michael F. von einem Porsche geträumt. Zehn Jahre später hatte er endlich die finanziellen Mittel, sich seinen großen Wunsch zu erfüllen. Überglücklich und stolz stieg er jeden Morgen in sein neues Prachtstück und hatte in den ersten Monaten durchaus das Gefühl, sein Leben habe erheblich an Qualität gewonnen. Doch unmerklich und langsam gewöhnte er sich daran – wie auch schon an seine Penthauswohnung, seine Designeranzüge, seine HiFi-Anlage und die vielen Besuche in erstklassigen Restaurants. Nach zwei Jahren war von dem besonderen Glücksgefühl der Anfangsphase wenig übrig. Dies ist ein Prozess, der auch auf viele andere kostbare Dinge in unserem Leben zutrifft: Wer schaut seinen Lebenspartner nach fünf oder zehn Jahren Zusammenleben noch genauso an wie in der Zeit der ersten Verliebtheit? Vor einiger Zeit besuchte ich einen Geschäftspartner, der in einem Haus direkt am Chiemsee wohnt. Als ich auf die Terrasse trat und eine Bemerkung zu dem atemberaubenden Panorama machte, erwiderte er: »Ach ja, der See! Schön, nicht? Aber wissen Sie, ich hab mich schon so daran gewöhnt, manchmal seh ich ihn gar nicht mehr.«

Erschreckend? Vielleicht. Aber an sich ganz normal. Es ist ein natürlicher Mechanismus, wiederholt vorkommende Reize mit der Zeit auszublenden und unsere Aufmerksamkeit auf neue Ziele zu richten. Bei negativen Reizen mag das sogar hilfreich sein. Nur bei den positiven Dingen im Leben ist es verhängnisvoll. Die große Gefahr ist, all die Reichtümer im Leben mit der Zeit für selbstverständlich zu halten, abzustumpfen, übersättigt zu werden. Dies sind die Qualitätskiller Nummer eins für unser Seelenbefinden! Der Psychologe Abraham Maslow bezeichnete die »Gewöhnungen an unsere Segnungen« als eine wesentliche Ursache »menschlichen Übels, menschlicher Tragödie und menschlichen Leidens«.

3. Das Wunschscreening. Zum Gewöhnungseffekt gesellt sich allerdings noch ein anderer Automatismus unserer Psyche. Statt mit dem zufrieden zu sein, was wir im Augenblick gerade haben, sucht unser innerer Autopilot unseren Lebenshorizont ab, ob sich nicht irgendetwas Neues entdecken lässt, was einen unserer vielen, noch nicht erfüllten Wünsche befriedigen könnte. Wir screenen gewissermaßen die Realität mit dem Wahrnehmungsfilter unserer Wünsche, ähnlich einem Kind, das unter dem Weihnachtsbaum alle Geschenke eilig aufreißt, um das eine zu entdecken, das es sich so sehr gewünscht hat. Wenn dieses aber wider Erwarten nicht dabei ist, so kann es passieren, dass das Kind auch die übrigen Gaben beleidigt ignoriert und schmollt. So erleben auch wir Erwachsenen häufig das Auseinanderklaffen von Wirklichkeit und unserem idealen Wunschbild. Mag sein, dass Wünsche und Ideale gut sind, um positive Veränderungen im eigenen Leben zu verwirklichen. Doch je mehr wir unseren Wünschen hinterherlaufen, um so weniger können wir all die reichen Gaben genießen, die schon vorhanden sind.

Auch jüngste sozialpsychologische Studien haben ergeben, dass sich die Jagd nach Anerkennung durch Geld und Status nicht auszahlt. Vermögen und Einfluss heben langfristig die Stimmung nicht, weil einem sofort die nächsten Ziele vor Augen stehen.

4. Vorsicht Vergleichsfalle! Das Dilemma wird aber nochmals verschärft, wenn wir dabei auch noch in die Vergleichsfalle geraten. »Der Vergleich nährt den Wurm der Unzufriedenheit«, schreibt der Arzt Jörg-Peter Schröder. Dabei ist das Vergleichen an sich noch gar nicht so gravierend. Würden wir uns mit Menschen vergleichen, denen es schlechter geht als uns, so könnte dies unsere Dankbarkeit und Zufriedenheit sogar steigern. So haben psychologische Experimente ergeben, dass schon die bloße Anwesenheit eines Rollstuhlfahrers bei den meisten Menschen die Stimmung hebt und sie auf Fragebögen über die Zufriedenheit mit dem eigenen Leben höhere Werte ankreuzen ließ. Doch tückischerweise vergleichen wir uns fast immer mit Menschen, von denen wir meinen, es ginge ihnen besser als uns, und diese gibt es auch für die Reichsten und Erfolgreichsten. So schrieb der Philosoph Bertrand Russel: »Napoleon beneidete Caesar, Caesar Alexander den Großen, und Alexander vermutlich Herkules, den es nie gegeben hat.« Selbst wenn wir uns nicht mit konkreten Personen vergleichen, so schneiden wir doch auch meist schlechter ab, wenn wir uns an den unzähligen Idealbildern der Medien messen. Da ist es schwer, mitzuhalten, und nur zu leicht entstehen Gefühle von Frustration und Neid.

Dieser Mechanismus mag nach dem Darwinschen Gesetz für unseren Überlebenskampf hilfreich gewesen sein. Denn wenn in der Natur jeder mit jedem rivalisiert, dann genügt es nicht, gut zu sein und genug zu haben – durchsetzen kann sich nur, wer besser ist und mehr hat als andere. Auf diese Weise wird Missgunst gefördert. Für unsere Zufriedenheit und unsere Seele ist es jedoch alles andere als förderlich!

5. Der Teufelskreis Selbstverstärkung. Und es kann noch schlimmer kommen: Haben wir einmal begonnen, die Welt durch die dunkle Brille wahrzunehmen, filtert unser Gehirn aus der Umwelt tendenziell nur noch die Reize heraus, die zu unserer Stimmungslage passen, also die negativen Aspekte. Je dunkler die Brille, desto dunkler die Wahrnehmung. Umso mehr sehen wir Fehler, das, was uns fehlt und das, was andere mehr haben. Dies ist ein sich selbst verstärkender, seelisch destruktiver Mechanismus!

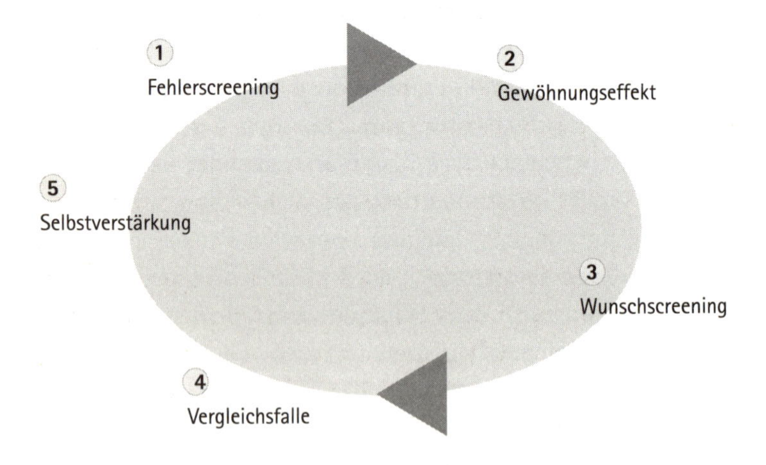

All dies ist völlig natürlich und menschlich! Wir brauchen uns deswegen auch keine Vorwürfe zu machen oder uns als undankbare Charaktere abzustempeln. Die genannten Mechanismen sind in bestimmten Situationen, besonders in der Evolutionsgeschichte, sogar sinnvoll. Nur für unsere Seelenlage und unsere innere Zufriedenheit sind sie es nicht.

Die gute Nachricht: Es ist durchaus möglich, den Teufelskreis zu durchbrechen und der Wirkung dieser Mechanismen etwas entgegenzusetzen. Wohlgemerkt: Sie können nicht verhindern, dass sie weiterhin wirken. Aber Sie können einen psychologischen Hebel in zwei Schritten ansetzen:

- Erstens können Sie *bewusst wahrnehmen*, wenn diese Mechanismen bei Ihnen gerade wieder mal aktiv sind: »Aha, wieder mal sehe ich als Erstes die Fehler und nehme gar nicht wahr, was alles in Ordnung ist«, oder: »Erstaunlich, die Traumaussicht von unserem Hotelzimmer, die mich in den ersten Ferientagen noch so begeistert hat, ist mir nach einer Woche schon fast selbstverständlich geworden«. Damit ist der Mechanismus zwar noch aktiv, aber wenn Sie es schaffen, ihn einfach nur zu beobachten, ohne sich deswegen auch nur im Geringsten zu verurteilen (sonst schütten Sie nur noch Öl ins Feuer), dann gewinnen Sie innerlich schon Distanz, bekommen wieder Handlungsspielraum und können den Unzufriedenheits-Automatismen noch etwas entgegensetzen, indem Sie …
- … sich zweitens die Dinge bewusst machen, die in Ihrem Leben in Ordnung sind, für die Sie dankbar sein können. Danken ist in vielen Situationen ein psychologischer Fahrstuhl aus dem Keller. Und vorbeugend kann bewusste Dankbarkeit verhindern, dass Sie überhaupt in den Keller der Unzufriedenheit sausen. Schalte ich meinen inneren Fokus von »Was läuft falsch, was fehlt?« um auf »Was läuft richtig, was ist gut?«, kann ich die Balance zwischen Anspruchs- und Wunschdenken einerseits und Zufriedenheit und Dankbarkeit andererseits wiederherstellen. So wirkt Dankbarkeit als eine der wichtigsten Ressourcen für unser seelisches Gleichgewicht.

Vom Sinn und der Wirkung des Dankens

Danken hat eine unmittelbare Wirkung auf die Seele und unsere psychische Verfassung. Zu dieser Erkenntnis, die bislang eher in Religion und Philosophie vertreten wurde, gelangte in letzter Zeit auch die psychologische Wissenschaft. In verschiedensten Versuchen und Studien erkundeten und bestätigten Psychologen die seelisch stärkende und stabilisierende Funktion der Dankbarkeit:

Danken erweitert unsere Sicht der Wirklichkeit. Wenn ich mir bewusst mache, wie viele positive Aspekte und Dinge es in meinem Leben gibt, ersetze ich gewissermaßen mein inneres Teleobjektiv, das nur auf die Defizite im Leben gerichtet ist, durch ein Weitwinkelobjektiv, mit dem ich auch all das wahrnehme, was in Ordnung ist. Auf diese Weise verhindert Danken auch, dass ich nur noch um mich selber und meine Probleme kreise.

Wenn ich an etwas denke, wofür ich dankbar sein kann, entsteht automatisch vor meinem inneren Auge das Bild davon. Dieses positive Bild, beispielsweise von einem geliebten Menschen, einem bevorstehenden schönen Ereignis oder einem erreichten Erfolg, bewirkt ebenso automatisch ein positives *Gefühl* in mir, verbunden mit einer entsprechend großen oder kleinen Endorphinausschüttung im Gehirn, je nachdem wie stark die Freude ist, die in mir dabei aufkommt.

Schließlich wirkt auch hier der Mechanismus der Selbstverstärkung. Je mehr Dinge mir bewusst werden, für die ich dankbar sein kann, desto heller wird die Brille, mit der ich ins Leben schaue, und desto mehr Sachen fallen mir auf, die positiv sind. So kommt auch der Psychologe Robert A. Emmons aufgrund seiner Forschungen zu dem Ergebnis: »Je dankbarer wir sind, desto mehr Anlass zur Dankbarkeit haben wir.«

In einem Versuch hatten Emmons und sein Kollege Charles M. Shelton mehrere Studenten zehn Wochen lang Tagebuch über ihr körperliches und emotionales Befinden führen lassen. Einige von ihnen wurden aufgefordert, sich am Ende jeder Woche fünf Dinge zu notieren, für die sie in der vorhergehenden Woche dankbar waren. Von den Versuchsleitern wurde festgestellt, dass genau diese mit ihrem Leben insgesamt zufriedener waren und zuversichtlicher an die kommende Woche dachten als die Vergleichsstudenten. Sie hatten auch weniger körperliche Beschwerden als die anderen.

Emmons stellte außerdem noch folgende weitere positive Wirkungen der Dankbarkeit fest:

- Dankbare Menschen sind *weniger anfällig für Depressionen* und können mit Stresssituationen besser umgehen.

- Sie können *negative Ereignisse* und Schicksalsschläge *besser verarbeiten.*
- Die Versuchspersonen, die sich regelmäßig notierten, wofür sie dankbar waren, *realisierten* im Laufe von zwei Monaten *mehr Lebensziele* als diejenigen, die das nicht machten.
- Dankbare Menschen verhalten sich *sozialer* und engagieren sich häufiger im sozialen Bereich durch Geldspenden oder ehrenamtliche Tätigkeiten.
- Meistens sind ihnen *Status, Besitz und materielle Güter weniger wichtig*, und sie sind seltener anfällig für Neidgefühle.

Insgesamt berichten dankbare Menschen über ein *größeres psychisches Wohlbefinden*, und ihre subjektiv empfundene Lebensqualität ist um einiges höher als bei Menschen, die selten Dankbarkeitsgefühle entwickeln.

Wie Danken Tag für Tag Ihre Seele stabilisieren kann

So weit zum theoretischen Hintergrund! Doch wie kann man diese Ressource der Dankbarkeit praktisch nutzen? Leider scheinen wir einen entsprechenden Automatismus nicht zu haben, sodass Dankbarkeitsgefühle nicht von selbst entstehen. Dankbarkeit ist also keine passive Haltung, sondern etwas höchst Aktives, das ein Mensch durch Aufmerksamkeit und Bewusstmachen herbeiführen muss.

Religiösen Menschen fällt es in der Regel leichter, dankbar

zu sein, da sie das Danken, meist als Gebete, ritualisiert und somit schon seit der Kindheit als regelmäßige Praxis in ihren Alltag integriert haben. Doch auch als nichtreligiöser Mensch kann man *Dankbarkeitsrituale* in seinem Leben neu schaffen. Von Bedeutung ist dabei wirklich die Ritualisierung, also die *regelmäßige Wiederholung, möglichst zur gleichen Zeit und in der gleichen Weise.* Dadurch schaffen Sie letztlich eine Art »Dankbarkeitsautomatismus«. Wichtig ist allerdings, dass Sie es dennoch *bewusst* machen und nicht nur routinemäßig absolvieren. Sonst erfüllen Sie zwar formal Ihr Dankbarkeitsritual, versäumen aber die entsprechenden Gefühle der Dankbarkeit.

An wen Sie Ihren Dank richten ist dagegen für die Wirkung *weniger wichtig.* Ein religiöser Mensch wird in aller Regel Gott danken, ein konfessionell ungebundener Mensch kann entweder dem Universum oder dem Leben an sich danken, oder er formuliert seinen Dank ohne einen Adressaten einfach mit den Worten: »Ich danke für...« – Hier nun einige bewährte praktische Möglichkeiten:

Die große Dankbarkeitsliste

Nehmen Sie sich ein Blatt Papier, Ihr Tagebuch oder auch Ihr Notebook und eine halbe Stunde Zeit, und *notieren Sie alles, wofür Sie in Ihrem Leben dankbar sein können*! Alles, was in Ordnung ist, was positiv ist, worüber Sie sich freuen können. Gehen Sie die verschiedenen Bereiche in Ihrem Leben durch:

Ihre Gesundheit, Ihren Beruf, Erfolge, Eigenschaften und Fähigkeiten, die Sie haben, Wohlstand, Familie und Freunde, Ihre Vergangenheit, Gefahren, vor denen Sie bewahrt wurden, materielle und immaterielle Dinge, das Land, in dem Sie leben, bevorstehende Ereignisse ... und vieles mehr. Vielleicht werden Sie erstaunt sein, was Ihnen dazu noch alles einfällt. Und achten Sie bitte auch darauf, welches Gefühl Sie beim Aufschreiben haben, vor allem aber, wenn Sie am Ende Ihre Liste anschauen!

Am besten machen Sie Ihren Dankbarkeits-Check gleich oder, wenn es jetzt zeitlich wirklich nicht geht, so *notieren Sie* in Ihrem Zeitplaner, *wann Sie es machen wollen*, und reservieren Sie die entsprechende halbe Stunde.

Wiederholen Sie diesen Dankbarkeits-Check regelmäßig – einmal im Monat, einmal im Quartal oder wenigstens einmal jährlich, vielleicht zum Jahreswechsel. Der Return on Investment für Ihr Wohlgefühl und Ihre Lebenszufriedenheit dürfte den Zeiteinsatz rechtfertigen. Übrigens können Sie dies auch in Wartezeiten am Flughafen, im Flieger oder in der Bahn notieren. Vielen Menschen hilft es, sich ihre *Dankbarkeitsliste aufzuhängen*, um sich diese Umstände immer wieder bewusst zu machen. Andernfalls empfiehlt es sich, sie immer wieder hervorzuholen und durchzulesen, wenn Sie mal nicht »gut drauf« oder unzufrieden mit sich oder Ihrem Leben sind. Es kann manchmal mehr bewirken als Psychopharmaka und ist garantiert kein »Placebo forte«!

Das Zehn-Finger-Ritual

Eine Praxis begleitet und bereichert mich seit Jahren: Jeden Morgen zähle ich an meinen Fingern zehn Dinge auf, für die ich an diesem Tagesbeginn dankbar bin. Das mögen grundsätzliche Dinge sein, die nahezu täglich bei meiner Aufzählung wiederkehren – wie meine Familie, die mich erfüllende Arbeit oder meine Gesundheit – genauso wie bevorstehende Ereignisse, das schöne Wetter oder der gute Schlaf der vergangenen Nacht.

Wann Sie ein solches Zehn-Finger-Ritual praktizieren, bleibt Ihnen überlassen: gleich nach dem Aufwachen oder beim Morgenlauf, unter der Dusche oder vielleicht auch erst auf dem Weg zur Arbeit. Optimalerweise machen Sie es aber immer zum gleichen Zeitpunkt.

Die Abendinventur

Notieren Sie sich jeden Abend mindestens sieben Ereignisse, für die Sie an diesem Tag dankbar sein konnten. Für gläubige Menschen ist diese Praxis häufig schon ins Abendgebet integriert. Neben allen Problemen, die Ihnen vielleicht noch durch den Kopf schwirren, können Sie so auch noch mal das Positive der letzten vierzehn bis sechzehn Stunden wachrufen. Und erfahrungsgemäß werden Sie auch mit einem besseren Gefühl einschlafen.

Selbst bei depressiven Menschen kann eine solche Positivinventur eine erstaunliche Stimmungsverbesserung bewirken. Der italienische Psychiater Giovanni Fava empfiehlt allen Menschen, die mehr gute Gefühle entwickeln wollen, eine so genannte »Wohlbefindenstherapie«: Sie sollen sich »Tagebücher des Glücks« anlegen und darin über die guten Momente im Leben Buch führen. Favas Patienten konnten auf diese Weise feststellen, dass es auch in Phasen der Unzufriedenheit und Niedergeschlagenheit positive Momente gibt, und nach zehn Wochen mit dieser täglichen Glücksinventur waren die meisten von ihnen von ihrem Stimmungstief befreit. Vor allem hatten sie erkannt, dass es nicht auf die großen Veränderungen ankommt, damit sich das eigene Leben zum Besseren wende. Stefan Klein schreibt in seinem Buch *Die Glücksformel*, »Zufriedenheit setzt sich wie ein Mosaik aus vielen glücklichen Momenten zusammen. Und sich dieser Augenblicke bewusst zu werden, ist ein sicheres Mittel, das Unglück hinter sich zu lassen.«

Die Robinson-Crusoe-Technik

In schwierigen Lebenssituationen kann eine Technik hilfreich sein, die schon der Schiffsbrüchige Robinson Crusoe auf seiner Insel angewandt haben soll: In seiner anscheinend aussichtslosen Lage listete er sich alle negativen Umstände auf und stellte ihnen jeweils gegenüber, was daran trotzdem noch an Positivem zu finden war:

- Ich bin auf einer einsamen Insel ohne Hoffnung, je wieder fortzukommen, *aber* ich bin noch am Leben, nicht ertrunken wie alle meine Kameraden.
- Ich bin ausgesondert, unter allen Menschen zu lauter Unglück ausgewählt, *aber* ich wurde unter der ganzen Schiffsbesatzung ausgesondert, um dem Tod zu entgehen.
- Ich habe auch keine Kleider mich zu bedecken, *aber* ich bin in einem heißen Landstrich, wo ich kaum Kleider tragen könnte, auch wenn ich welche hätte.

Dies half ihm, wieder Mut zu fassen und bis zu seiner Rettung durchzuhalten. Diese Technik wurde auch vom amerikanischen National Institute of Mental Health in einer umfassenden Studie erforscht, und man stellte fest, dass 60 Prozent aller Teilnehmer dadurch sogar von schweren Depressionen geheilt werden konnten. Aber man muss nicht erst depressiv sein, um sich mit dieser Technik in schwierigen Zeiten wieder bewusst zu machen, dass es immer noch Dinge gibt, für die man dankbar sein kann, mag die Lage zunächst auch noch so düster erscheinen. So berichteten in einer anderen Studie auch Hurrikanopfer noch über Dankbarkeitsgefühle, obwohl sie ihren gesamten Besitz verloren hatten. Sie machten sich bewusst, was ihnen trotzdem noch alles geblieben war: ihr Leben, ihre Familien, die Hilfe der Nachbarn und so weiter. So schafft Dankbarkeit ein uns unterstützendes »Kontrasterleben« (Emmons/Shelton).

Der Dank für Speis und Trank

In dem amüsanten wie auch tiefgründigen Buch *Auch schwarze Schafe können beten* von Johannes Pausch und Gert Böhm schildert einer der Autoren, wie er bei einer langen Zugfahrt einmal einem jungen Pärchen gegenübersaß, das nach einiger Zeit sein mitgebrachtes Essen auspackte. Doch bevor sie zu essen begannen, legten sie die Hände ineinander, und es war deutlich zu sehen, dass sie beteten. Auf die interessierte Frage: »Sie beten vor dem Essen?«, antwortete der junge Mann: »Ja, natürlich beten wir vor dem Essen. Wir danken dafür und bitten um den Segen für diese Speisen. Aber Sie können gerne auch zugreifen, wir laden Sie zum Essen ein – und ich habe für Sie auch schon mitgebetet.«

Ob Sie nun vor dem Essen laut oder leise ein Dankgebet sprechen oder auch nur innehalten und sich mit Dankbarkeit bewusst machen, dass Sie etwas Gutes zu essen vor sich haben – entscheidend ist der Moment des Bewusstmachens und Ihr Gefühl der Dankbarkeit. Meist führt es auch dazu, dass Sie Ihre Mahlzeit intensiver erleben und achtsamer essen. Wie oft ist es mir schon so ergangen, dass ich nach einem Geschäftsessen kaum noch wusste, was ich gegessen hatte. Natürlich waren das auch Begebenheiten, bei denen ich mir nicht den Augenblick Zeit genommen hatte, innezuhalten und kurz zu danken. Und sicherlich lag das nicht an der Gegenwart meines Geschäftspartners! Denn innerlich danken können Sie auch schweigend, mit offenen Augen und auch so, dass es keiner der Anwesenden mitbekommen muss.

Das Beziehungslifting

Auch und gerade in Beziehungen kann der Gewöhnungseffekt verhängnisvoll sein. Nicht selten sieht man selbst hier, beim an sich so geliebten Partner, in erster Linie die Seiten, die einen stören. Manchmal kann es Wunder wirken, sich wieder mal bewusst zu machen, welche Eigenschaften des anderen man besonders schätzt. Sie können das für sich alleine tun, indem Sie es sich aufschreiben, noch besser aber, Sie und Ihr Partner sagen es sich gegenseitig – unter dem Motto: »Was ich an dir besonders schätze, ist…« Das kann von Zeit zu Zeit das Klima der Beziehung beflügeln!

Sich bei anderen bedanken

Wie oft habe ich mir schon vorgenommen, mich bei jemandem für etwas zu bedanken, durch einen Anruf, eine Postkarte oder zumindest eine E-Mail. Und dann habe ich es immer wieder aufgeschoben, manchmal sogar vergessen. Doch ob man einen versäumten Dank bewusst oder unbewusst mit sich herumträgt, in gewisser Weise belastet es einen innerlich doch. So konnte es geschehen, dass ich mich auch nach sehr langer Zeit wieder daran erinnerte und feststellen konnte: Für einen Dank ist es nie zu spät! – Nehmen Sie sich immer wieder Zeit, sich bei anderen zu bedanken, auch für Kleinigkeiten oder vermeintlich selbstverständliche Dinge. Oft genügt eine Flasche Wein, eine Blume, eine Karte oder auch nur ein herzliches

»Dankeschön, das war sehr nett von Ihnen ...«. Entscheidend ist die Geste! Von Hillary Clinton wird berichtet, sie nehme sich jeden Tag bis zu zwei Stunden Zeit, nur um sich bei den Menschen zu bedanken, die sie in irgendeiner Weise unterstützen. Ob Sie sich auch so viel Zeit dafür nehmen wollen, bleibt Ihnen überlassen, aber es kann schon viel bewirken, wenn Sie sich zur Regel machen, jeden Tag mindestens drei Menschen für etwas zu danken. Vergessen Sie dabei die eigene Familie bitte nicht! Denn bei nahe stehenden Menschen ist die Gefahr besonders groß, diesen Dank nicht in Worte zu fassen. Gerade im Familienbereich kann Dank gar nicht häufig genug ausgedrückt werden.

Und noch ein wichtiger Punkt: Danken Sie, so viel Sie können, aber erwarten Sie möglichst keinen Dank von anderen. Wenn Dank eingefordert wird, erzeugt dies bei anderen eher Schuld- als Dankbarkeitsgefühle. Und das bekommt der Seele gar nicht!

Dankbarkeit: Festhalten und mitnehmen möchte ich

....

....

....

....

....

....

Worte und Texte für die Seele

Überall, wo gebetet wird, entsteht ein heilender Raum.
Pater Anselm Grün

Ihre Seele können Sie entweder aktiv im Gebet zur Sprache kommen lassen, oder Sie können sie rezeptiv durch philosophisch-geistige Texte ansprechen und stärken.

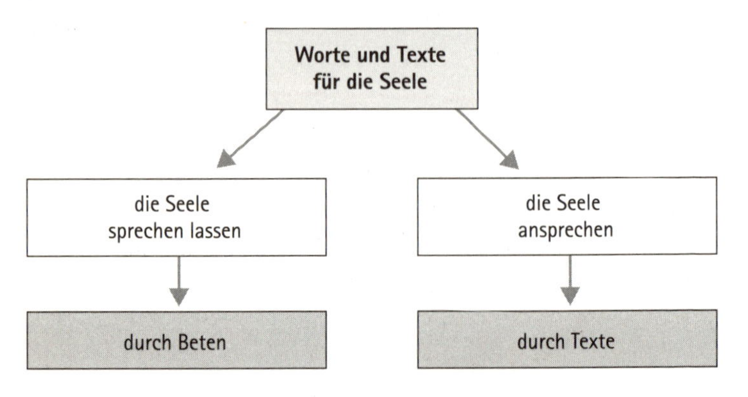

Im Gebet die Seele sprechen lassen

Gebete haben in den religiösen Praktiken aller Kulturen eine zentrale Funktion. Nach Ansicht des amerikanischen Psychologen und Biochemikers Ken Wilber bilden Meditation und Gebet den »gemeinsamen Kern der großen Weisheitstraditionen der Welt«. Doch auch für Menschen ohne konfessionelle oder religiöse Bindung gibt es Formen, die Kraft der Sprache zu nutzen, um damit seelisch auftanken zu können. Warum?

Gebete als Nahrung der Seele

Gebete sind Worte mit Herzenskraft, die mit den innersten Bewegungen eines Menschen zu tun haben – egal, welche weltanschauliche Überzeugung dieser hat. Im Gebet kommt der Mensch in Kontakt mit seinem innersten Wesenskern, mit dem »Besten und Tiefsten in uns selbst«, so Easwaran, mit der allem innewohnenden Kraft, die viele Gott nennen. »Gott lebt im Herzen der Menschen« sagt der Jesuitenpater Rupert Lay. Doch letztlich ist die Benennung nicht das Entscheidende. Zu allen Zeiten und allen Orten fand man für Gott immer wieder neue Namen. Welchen wir auch davon benutzen, wahrscheinlich haben doch alle den gleichen Adressaten, das gleiche höchste Wesen, die gleiche letzte Realität jenseits aller Namen und Formen, argumentiert Easwaran. Der Unterschied besteht für den betenden Menschen wohl eher in der Frage, ob er sich an eine persönliche göttliche Instanz wendet oder an ein unpersönliches, inneres Prinzip höchster Realität. Maßgeblich für die Kraft eines Gebetes ist in der Praxis nicht der Adressat, sondern die Wirkung auf unser Leben.

Zahlreiche wissenschaftliche Studien, die weltweit insbesondere im medizinischen Bereich über die Wirkung von Gebeten auf das Leben von Menschen gemacht wurden, haben bestätigt: Wer regelmäßig betet, erläutert auch Dale A. Matthews, Professor an der Georgetown University (USA), erkrankt seltener, wird schneller gesund, stärkt sein Immunsystem und lebt seelisch stabiler und zuversichtlicher. Beim Beten kommt es zu psychologischen Prozessen, die unmittelbare Auswirkungen auf den Körper haben. Durch wiederholtes Beten, so die Ansicht etlicher Psychologen, schaffen wir uns seelisch stabilisierende Muster, die sich tief in unseren Geist einprägen. Das Gefühl von Schutz und Geborgenheit, von Kraft und Halt, innerem Frieden und vor allem vom Sinn des eigenen Lebens. Viele Menschen, insbesondere Kranke oder von einem Unglück Getroffene, verlieren das Gefühl der Ohnmacht gegenüber dem Schicksal. Das Gebet verhilft den Menschen nicht nur subjektiv zum Bewusstsein, »getragen« zu werden, sondern es mobilisiert in ihnen psychische Reserven und Heilkräfte in ungewöhnlichem Maße. Wie dies genau funktioniert, bleibt von der Wissenschaft bis heute noch unbeantwortet, obwohl es einige interessante Thesen und Versuche hierzu gibt:

- Dass unsere Gedanken Wirkungen außerhalb von uns haben können, zeigt das folgende Experiment aus den USA: Mittels Elektroden wurde der Leitwiderstand von Pflanzen gemessen. Je nachdem, mit welchen Gedanken sich ihnen ein Mensch näherte, veränderte sich der Widerstand signifikant: Kam der Testleiter, um der Pflanze ein Blatt abzuschneiden, schlug die Anzeige wild aus – anders als bei der

Absicht, die Pflanze zu gießen. Die Pflanzen schienen die »Qualität« der Gedanken erkennen zu können, so Tomkins und Bird.

- Der japanische Wissenschaftler *Masuru Emoto* war bekannt geworden durch seine Versuche, mit denen es ihm gelungen war, nachzuweisen, dass Wasserkristalle je nach Art und Qualität von Musikstücken, mit denen er das Wasser bespielte, ihre Form veränderten: bei Mozart-Musik bildeten sich graziöse Kristalle, bei Heavy-Metal-Musik verzerrte Formen. Ein weiteres Experiment führte er zusammen mit dem Priester Karo Hoki am verschmutzten Fuji-wara-Staudamm durch: »Die Kristalle dieser Wasserproben hatten erschreckende Formen. Aber nach stundenlangen Gebeten und Reinigungsritualen des Priesters auf dem Staudamm hatte das Wasser wunderschöne klare Kristalle mit einer hexagonalen Grundstruktur. Die Fotos der Kristalle machten sichtbar: Die Kraft des Gebetes und der zielgerichteten Konzentration besaß ausreichend Energie, um physikalische Zustände zu verändern. Wenn Emotos Erkenntnisse stimmen, dann sind Gebete in allen Religionen äußerst wertvoll und heilsam«.
- Auch nach der *Theorie der so genannten morphogenetischen Felder* des englischen Biologen *Rupert Sheldrake* hat jeder menschliche Gedanke eine energetische Wirkung, die sich ab einer bestimmten Konzentration auf andere übertragen und auch in großer Entfernung Wirkungen haben kann. Je mehr Menschen den gleichen Gedanken entwickeln, desto stärker die Wirkung. Eine mögliche Erklärung, warum man gemeinsamen Gebeten eine größere Kraft zuspricht.

Alles noch keine endgültigen Beweise, sondern lediglich einige von vielen interessanten Beobachtungen. Ob Beten auch Ihrem Seelenleben hilft, können Sie nur selber herausfinden.

Möglichkeiten im Alltag

Je nach persönlicher Überzeugung und Neigung bieten sich hierzu an:

Vorformulierte Gebete aus den religiösen Traditionen – sei es nun das »Vaterunser« oder ein vergleichbares Gebet aus einer anderen religiösen Kultur, wie das »Gebet Baha-Allahs«, das »Unnennbare-Eine« von Laotse oder »Die Anrufung des großen Geistes« der Sioux-Indianer. Viele Menschen sind überzeugt, dass alte Gebetstexte, die über Jahrtausende von Tausenden von Gläubigen wiederholt und wiederholt gesprochen wurden, eine besondere Wirkung haben. Voraussetzung ist natürlich, dass Sie sich mit dem Inhalt identifizieren können, dass Ihnen der Text gewissermaßen aus dem Herzen spricht, und Sie sich nicht an alten Formulierungen und Bildern stoßen. Es gibt übrigens etliche Gebete, die keinen streng-religiösen Inhalt haben. Tipp: Kaufen Sie sich einfach eine Sammlung mit Gebeten aus aller Welt, und wählen Sie sich diejenigen aus, die Ihnen am meisten liegen, die Ihre innersten Anliegen am ehesten ausdrücken. Vielleicht schreiben Sie diese in ein eigenes Heft ab, oder Sie kopieren sie und schaffen sich auf diese Weise Ihre eigene Sammlung.

Mantren – kurze Gebetsformeln, die für eine gewisse Zeit kontinuierlich wiederholt werden, still im Inneren oder leise murmelnd. Das Wort Mantram kommt aus dem Sanskrit und setzt sich aus den Wurzeln *man* – der Geist, und *tri* – kreuzen zusammen und hilft uns sozusagen »durch die Gewässer des Geistes zu kreuzen«, wie Easwaran es nennt. Mantren sind in jeder großen religiösen Tradition entstanden, im Osten wie im Westen. Ein uraltes Mantra aus der Mystischen Tradition des christlichen Mönchstums ist das Jesusgebet mit den Worten »*Herr Jesus Christus, Sohn Gottes, erbarme dich meiner*«, und das wichtigste mantrische Gebet der katholischen Kirche dürfte das *Ave Maria* sein. Am bekanntesten aus dem Osten ist wohl das buddhistische *Om mani padmé hum*, das sich auf das »Juwel im Lotus des Herzens« bezieht. Häufig werden Mantren auch nur in ihrer Kurzform wiederholt, so im Buddhismus das Wort *Om* – das Symbol für die unpersönliche Gottheit, im Hinduismus das Wort *Rama*, das so viel wie »beständige Freude« bedeutet, und schon christliche Wüstenväter wiederholten in abgekürzter Form nur »Herr Jesus Christ«. Die rhythmische, kontinuierliche Wiederholung des Mantras hat eine beruhigende Wirkung auf die Psyche. Sie hilft, Ärger, Bitterkeit und negative Emotionen zu lindern, unsere Aufmerksamkeit wieder in positive Bahnen zu lenken und nicht zuletzt zu uns selber und innerem Frieden zurückzufinden, so Anselm Grün. Als Methode der »Relaxation Response« wird es auch vom amerikanischen Dr. Herbert Benson eingesetzt, als Hilfe gegen Herzrhythmusstörungen, Depressionen, Ängste und Schlafstörungen. Man wählt dazu einen kurzen Satz beziehungsweise ein

Wort mit dem man seinen Glauben oder die ersehnte Wirkung verbindet, beispielsweise »Jesus hilf!« oder nur »Ruhe«, und wiederholt dies, mit geschlossenen Augen sitzend bei jedem Ausatmen, fünf, zehn oder auch zwanzig Minuten. Übrigens: Eine unterstützende Wirkung kann dabei eine Gebetskette wie der christliche Rosenkranz sein. Der Rosenkranz geht auf die islamischen *Tesbih*-Gebetsschnüre zurück, und die Muslime wiederum kopierten hinduistische und buddhistische Vorbilder. Zweck war in allen Religionen nicht nur, die Zahl der gesprochenen Gebete festzuhalten, sondern zu helfen, die Gedanken zu konzentrieren und sich in eine Art heilsame Trance zu versetzen. Auch in Griechenland gehört heute noch das so genannte *Komboloi* zu den unverzichtbaren Accessoires eines jeden Mannes. Zwar hat es dort keine streng religiöse Bedeutung mehr, doch das Schnippen der aufgereihten Kugeln mit dem Daumen über Zeige- und Mittelfinger hilft, »auf elegante Weise Spannung und Nervosität abzubauen«, wie Wolfgang Koydl in seinem Artikel, »In Gottes Hand«, erwähnt.

Bittgebete in eigener Sache. Viele Menschen berichten von der beruhigenden Wirkung des täglichen Gebets um Schutz und Bewahrung. Doch etliche fangen erst an zu beten, wenn sie Probleme haben oder durch Schicksal in eine Notsituation geraten, obwohl sie sonst nicht sonderlich religiös sind. Dann drücken sie im Gebet ihren Schmerz aus, klagen ihr Leid und bitten um Hilfe. Das ist auch völlig verständlich und normal. Die Schwierigkeit bei solchen Gebeten – so der Benediktinerpater und Psychotherapeut Dr. Johannes Pausch OSB – liegt aber darin, dass sie geprägt sind von negativen Gedanken und vor allem von der Vorstellung, dass Gott funktionieren müsse wie ein Automat: Oben wirfst du eine Münze hinein und unten kommt wie beim Zigarettenautomaten die Erfüllung deiner Bitte oder die Abwendung deiner Not heraus. Doch das Bittgebet hat nach theologischer Auffassung nicht die Aufgabe, Gott zu manipulieren, ihn dazu zu bringen, etwas zu tun oder zu unterlassen. »Das Bittgebet verändert nicht Gott oder sein Verhalten, sondern den Bittenden, indem er dem Göttlichen Raum gibt«, so Pater Rupert Lay. Durch das Gebet aktiviert man gleichzeitig seine innersten Selbstheilungskräfte und die seelischen Ressourcen, die man braucht, um durchzuhalten und mit der Schwierigkeit fertig zu werden. Was man aus ganzem Herzen ersehnt, wird gewissermaßen als innerster Wunsch ins eigene Unbewusste geschickt und kann von dort wirken. Schon die Zuversicht, dass einem durch das Gebet geholfen wird, hat eine starke positive Wirkung – ob sich nun ein Mensch im konventionellen Sinn als besonders gläubig bezeichnen würde oder nicht. Die Wirkung ist aber fast immer größer, wenn man sich gleichzeitig auch bewusst macht, was trotz allem noch in Ordnung ist und wofür man noch dankbar sein kann.

Lob- und Dankgebete – sie werden als die schönsten und seelisch beglückendsten angesehen. »Dankbarkeit ist der Schlüssel zur Freude«, so der islamische Mystiker Mevlana Rumi. Früh am Morgen, vor dem Essen, abends vor dem Schlafengehen. Mehr über die Seelenwirkungen des Dankes finden Sie im eigenen Kapitel dazu auf S. 203.

Gebete für andere. Seine Gedanken auf einen anderen Menschen zu richten und ihm aus ganzem Herzen etwas Gutes wünschen, ihm, wie manche es ausdrücken, »positive Energie« schicken, für ihn zu beten – dies hat nicht nur Wirkung für den anderen, sondern tut einem selber auch gut. Es aktiviert auch im eigenen Herzen Verbundenheit, Mitgefühl und Hilfsbereitschaft – Qualitäten, die für ein gesundes Seelenleben essenziell sind. Es verbindet mich gedanklich und emotional mit dem anderen Menschen und bringt ihn mir näher. Eine Art Networking der Seele. Dass Gebete für andere diesen auch wirklich nützen, wurde durch viele Experimente bestätigt, unter anderem – wie Dale A. Matthews beschreibt – durch eine Studie, die der Kardiologe Mitch Krucoff vor einigen Jahren an der Duke University in Durham durchführte. 150 Angina-Pectoris-Patienten wurden in fünf Gruppen eingeteilt, die mit unterschiedlichen Therapiemethoden behandelt wurden. Für eine Gruppe ließ er Gläubige aus verschiedenen Religionen beten, denen lediglich die Namen dieser Patienten mitgeteilt worden waren. Tatsächlich nahmen die Beschwerden dieser Kranken, für die gebetet wurde, schneller ab, und sie erholten sich signifikant besser als die anderen. Gläubige Menschen sind der Überzeugung, die Hilfe von Gott werde durch die Fürbitten gefördert, andere sehen in der Wirkung von Fürbitten den Beweis für die Einheit von göttlichem und menschlichem Bewusstsein. Wie Fürbitten tatsächlich wirken, konnte bis heute nicht bewiesen werden – nur, *dass* sie helfen, wurde vielfach bestätigt.

Eine Variante des Gebets für andere ist es, *ihnen einen guten*

Segen zu schicken. Segnen heißt auf Lateinisch *benedicere* – etwas Gutes sagen. Im Alten Testament wird immer wieder berichtet, wie wichtig es war, den Segen von jemandem zu erhalten. Immer wieder ließen sich Menschen segnen, bevor sie eine größere Reise antraten, und auch heute noch endet kein Gottesdienst, keine Messe, ohne dass die Kirchenbesucher gesegnet werden. Auch Sie können – unabhängig von Ihrer religiösen Einstellung – andere Menschen segnen, indem Sie ihnen still etwas Gutes wünschen. Familienangehörigen, Freunden aber genauso gut Menschen, zu denen Sie keine persönliche Beziehung haben, die Ihnen auf der Straße begegnen oder in der Bahn gegenübersitzen. Sie verbinden sich in positiver Weise mit dieser Person, und Sie bereichern gleichzeitig sich selber, Ihre Seele. »Wenn man anderen Segen zuspricht, so kehrt der Segen zu einem selber zurück« heißt es. Viele Menschen sind überzeugt, dass das Gleiche auch für negative Gedanken gilt, dass ein Fluch oder böse Wünsche auch auf den zurückwirken, der sie ausspricht. Ob Sie diese Ansicht teilen oder nicht, probieren Sie es einfach einmal aus, ob Sie sich auch besser fühlen, wenn Sie anderen gute Wünsche schicken oder ihnen den Segen Gottes wünschen. – Eine alte Segensformel, die ich mit meinen Kindern jeden Morgen auf der Fahrt zur Schule spreche, und auf deren Einhaltung meine Tochter genau achtet, lautet: »Der Herr segne uns und er behüte uns, der Herr lasse sein Angesicht leuchten über uns und sei uns gnädig, der Herr erhebe sein Antlitz über uns und gebe uns Frieden.«

Gebete können genauso gut still, ohne Worte sein. Ein tiefes Seufzen, nicht als Jammern oder Klagen, sondern als Aufatmen und Loslassen, kann für Ihre Seele sehr befreiend wirken. Genauso kann eine Körperhaltung oder eine Geste Ihr Herz sprechen lassen, wenn Sie einfach nur die Hände falten oder Ihre Hände aufeinander auf die Brust legen und mit geschlossenen Augen kurz innehalten. Auch Tränen der Freude oder des Schmerzes können eine Art Gebet sein, da wahre Gebete immer mit den innersten Bewegungen des Menschseins, des Herzens zu tun haben. So soll auch der heilige Benedikt gesagt haben, dass wir dann richtig und wahrhaftig beten können, wenn wir wirklich angerührt sind – angerührt von den Tränen der Trauer und den Tränen der Freude.

Aufgrund von jahrtausendealter Erfahrung der verschiedensten religiösen Traditionen weiß man außerdem, dass es für den Prozess des Betens hilfreich ist, *möglichst zur gleichen Zeit, am gleichen Platz und in der gleichen Haltung* seine täglichen Gebete zu sprechen. Wie die Gebetsteppiche der Moslems wirken diese Faktoren als nützliche »Anker« in unserem Nervensystem, die ein schnelles inneres Umschalten und Eintauchen in die Sprache und Schwingung des Herzens begünstigen. Ebenso soll *gemeinsames Beten* in Gemeinschaft mit anderen intensiver und bestärkender sein – für einen selber wie auch für andere.

Machen Sie Ihre eigenen Erfahrungen, welche Form des Gebets Ihrer Seele am besten tut, und tanken Sie dabei auf, so oft Sie können!

Worte und Texte, die die Seele ansprechen

Was in der heutigen Zeit an Informationen auf uns einströmt, ist alles andere als Nahrung für die Seele. Womit uns die Medien von morgens bis abends in Zeitungen und Zeitschriften, Radio und TV oder übers Internet füttern, ist weitgehend nur belastend, konsumfördernd oder zerstreuend. So wechseln sich Schreckensmeldungen, Werbung, Nervenkitzel, Gewalt, Klamauk- oder gar Trashsendungen ab. Nun haben wir es zwar weitgehend in der Hand, welche Medien wir an uns heranlassen, doch es wird immer schwerer, sich der Berieselung von eher belastenden Informationen zu entziehen. Die Innenweltverschmutzung ist wahrscheinlich schon verhängnisvoller als die Umweltverschmutzung geworden. Es bringt an dieser Stelle jedoch wenig, das alles anzuprangern oder moralisierend zu verurteilen. Es ist nun mal Teil unserer heutigen Realität, und die wenigsten von uns sind in der Lage daran grundlegend etwas zu ändern. Wir haben allenfalls Einfluss darauf, was wir davon auswählen, und ob wir ein gesundes Gegengewicht setzen, insbesondere unsere Innenwelt auch mit positiver und uns aufbauender geistiger Nahrung stärken.

Philosophische und religiöse Weisheitstexte aller Kulturen bilden da eine wahre Fundgrube an Worten und Schriften, die uns geistig stärken und ausrichten können, bei deren Lektüre wir uns orientieren und innerlich gegen negative Einflüsse des Alltags imprägnieren können. Solche Texte können gewissermaßen die Wahrheit der eigenen Seele zum Schwingen bringen: Angenommen im Innersten jedes Menschen ist die Grundweisheit des Lebens verborgen, jedenfalls die eigene Wahrheit, die eigenen innersten Werte und das Wissen, um das, was gut für einen selbst ist. Diese innere Weisheitsquelle kommt in unserem hektischen Alltagsgeschehen oft nicht zur Geltung und wird von allen äußeren Einflüssen überlagert. Durch die Lektüre bestimmter Weisheitserkenntnisse können wir möglicherweise einen Teilaspekt unserer eigenen Lebens- und Seelenweisheit in Resonanz und damit zum Schwingen bringen. Wenn wir mit dem Herzen und nicht nur mit dem Verstand lesen, wird auch nur das uns ansprechen und innerlich berühren, was zu uns gehört, weil es Teil unserer eigenen tiefsten Weisheit ist.

Sinnvoll ist es dabei, mit der Zeit die *Art* der Texte herauszufinden, die einen seelisch nähren – beispielsweise, ob dies eher christliche, buddhistische oder abendländisch philosophische Schriften sind – und die *Themen*, um die es im eigenen (Seelen-)Leben geht. Jede Seele wird sowohl prinzipiell als auch speziell in der jeweiligen Lebenssituation andere geistige Nahrung bevorzugen. Im Laufe des Lebens wird sich dies wahrscheinlich immer wieder ändern. Möglicherweise werden einen manche Basistexte oder Lieblingsautoren ständig begleiten – wie beispielsweise die Bibel, das Tao Te King, Plato oder Rilke – doch andere werden je nach Lebenssituation auftauchen, uns eine gewisse Zeit begleiten und dann wieder entschwinden. Mit der Zeit werden Sie immer klarer erkennen, welche Ihre geistigen Seelenquellen und Ihre persönlich bevorzugten Themen sind.

Praxistipps

Legen Sie sich eine »Seelenbibliothek« zu. Ein Archiv mit Ihren persönlichen Seelentexten, die Sie ansprechen, berühren oder Zuversicht geben. Zum einen in Buchform zum anderen können Sie einzelne Texte auch gesondert sammeln: in einem Ringbuch, einer Kartei, oder auch in einer speziellen Datei auf der Festplatte Ihres persönlichen Computers. Ausschneiden, kopieren oder einscannen. So können Sie sich die geistige Essenz Ihrer Seelentexte schnell verfügbar machen.

Nehmen Sie sich jeden Tag ein paar Minuten, am besten morgens, um in einem dieser Texte zu lesen. Eine Seite oder auch nur ein paar Sätze können schon genügen, Ihnen einen geistigen Impuls aus der Welt der Weisheit und Werte mit in Ihren Alltag zu geben. Es gibt heute auch hervorragende Sammlungen, mit kurzen Texten oder Reflektionen für jeden Tag – aus den verschiedenen religiösen Traditionen ebenso wie von überkonfessionellen Philosophen.

Wenn mich bei meiner morgendlichen Kurzbesinnung ein Gedanke anspricht und berührt, dann schreibe ich ihn mir auf eine kleine Karte, stecke sie in meinen Timer und nehme sie mit in den Tag. Später dann, in der Hektik des Alltages hole ich sie immer wieder mal hervor, sozusagen als »geistigen Mini-Snack« zwischendurch.

Eine Variante davon praktiziert ein Berufskollege von mir: Er hat mittlerweile eine Art Karteikasten mit vielen solcher Sätze auf seinem Schreibtisch stehen. Wenn er früh in sein

Büro kommt, greift er als Erstes in den Kasten und zieht sich seinen »Satz des Tages«, der dann seinen Platz in einem eigenen Kartenhalter bekommt. – Das Gleiche lässt sich natürlich auch elektronisch umsetzen: Jeden Morgen begrüßt Sie auf Ihren Bildschirm als Erstes Ihr neuer Tagesspruch.

Wechseln Sie ab! Nicht nur die Autoren, sondern auch die Kulturen und Traditionen. Natürlich ist es nahe liegend, als Christ täglich in der Bibel zu lesen oder in Texten christlich orientierter Autoren. Und doch kann es eine sinnvolle Ergänzung sein, auch mal Texte aus anderen religiösen oder philosophischen Richtungen heranzuziehen. Es erweitert nicht nur Ihren Horizont, sondern vertieft auch das Verständnis für andere Kulturen, und es kann außerdem Teilaspekte Ihrer eigenen Seelenstruktur zum Schwingen bringen, die in der gewohnten religiösen oder philosophischen Tradition nicht im Vordergrund stehen. So geht es in der Botschaft Jesu primär um den Gedanken der Nächstenliebe, des Friedens, der Vergebung und der persönlichen Beziehung zu Gott, während der Fokus in buddhistischen Texten, wie man sie beispielsweise heute vom Dalai Lama vermittelt bekommt, auf die Achtsamkeit im Alltag, das bewusste Leben im Augenblick und das Stärken des inneren Beobachters gerichtet ist. In der Weisheit indianischer Traditionen steht wiederum die Naturverbundenheit im Vordergrund, im Zen die geistige Klarheit und Disziplin. All dies steht nicht in einem Verhältnis von »richtig oder falsch«, sondern bietet die Möglichkeit der Ergänzung beziehungsweise lässt einen selber herausfinden, was der Struktur und dem innersten Wesen unserer Seele am meisten entspricht! – Eine gute Möglichkeit hierzu bieten übrigens Sammlungen mit Weisheitstexten und Parabeln aus den verschiedensten Kulturen.

Hier noch eine Auswahl von Texten, deren Lektüre viele Menschen als bereichernd empfinden. Vielleicht finden auch Sie darin das eine oder andere, was Ihre Seele anspricht:

- Aus der Bibel: etliche Psalmen, Sprüche Salomons und die Worte Jesu aus den Evangelien
- Das chinesische Weisheitsbuch: *I Ging*
- Lao Tse: *Tao tê king*
- *Reden des Buddha*
- Dalai Lama: *Ratschläge des Herzens*
- Eugen Herrigel: *Zen in der Kunst des Bogenschießens*
- Sri Ramana Maharshi: *Leben und Werk*
- Martin Buber: *Die Erzählungen der Chassidim*
- *Die Bekenntnisse des heiligen Augustinus*
- Meister Eckehard: *Deutsche Predigten und Traktate*
- Marc Aurel: *Selbstbetrachtungen*
- Jörg Zink: *Wie wir beten können*
- Roland Kübler: *Die Mondsteinmärchen*
- Anselm Grün: verschiedene Bücher, insbesondere: *Buch der Lebenskunst*
- Rainer Maria Rilke: *Duineser Elegien, Gedichte*
- Hermann Hesse: *Siddharta, Gedichte*
- Der Papalagi: *Die Reden des Südseehäuptlings Tuiawi aus Tiavea*
- Kahlil Gibran: *Der Prophet*

Worte und Texte für die Seele: Festhalten und mitnehmen möchte ich

Stille, Schweigen, Meditation

Stillsein ist eine wunderbare Macht der Klärung, Reinigung und Sammlung.

Dietrich Bonhoeffer

Die intensivste und im Grunde genommen einfachste Form, innerlich aufzutanken, ist zu schweigen und die Seele in die Stille eintauchen zu lassen. Für unser Seelenleben brauchen wir Stille mehr denn je – zumal wir in einem *Zeitalter des Lärms* leben, eines ständig zunehmenden Lärms.

War es noch im 19. Jahrhundert in vielen deutschen Städten verboten, dass Frauen nach zehn Uhr Abends mit Stöckelschuhen durch die Straßen gingen, weil dadurch die Schlafenden gestört werden könnten, so geben heute schon zwanzig Prozent der gesamten Bevölkerung an, nachts regelmäßig schlecht zu schlafen, weil es zu laut sei. In den letzten zwanzig Jahren hat sich der Lärmpegel in Deutschland verdoppelt (mit weiter wachsender Tendenz), und die Polizeisirenen sind für das menschliche Gehör heute sechzehnmal so laut wie am Anfang des Jahrhunderts. Wir leben sozusagen in einem »ohrenbetäubenden Land«, in dem es kaum mehr auffällt, dass 25 Prozent aller männlichen Deutschen im Alter von 14 bis 25 Jahren einen Gehörschaden haben. Der Lärm scheint mittlerweile als »unabänderliche Begleitmusik der modernen Industriegesellschaft« hingenommen zu werden. Als werde die Betäubung, die vom Lärm ausgeht, gebraucht, weil andernfalls ins Bewusstsein dringen könnte, was im eigenen Leben wehtut – zum Beispiel der innere Lärm der Ängste und Sorgen, die uns belasten.

Und je mehr der Lärm um uns und in unseren Gedanken wächst, um so notwendiger werden Inseln der Stille, um wieder zur Ruhe zu kommen und zu uns selber zu finden; oder auch Meditation, oft nur ein anderes Wort für: in die Stille gehen.

Die Kraft der Stille und der Meditation

Alle religiösen, spirituellen oder mystischen Traditionen weisen den Weg in die *Stille.* »Schweigen ist der spirituelle Weg schlechthin«, sagt Pater Anselm Grün. Stille, so heißt es, ist der erste Schritt zur inneren Heilung, Voraussetzung für seelisches Wachstum und Reifung. Des Weiteren ist Stille auch das bewusste Ausblenden von Geräuschquellen und das Erleben der Ruhe. Was bewirken Schweigen und Stille für unser Seelenleben? Menschen, die die Wirkung und Heilkraft der Stille erfahren haben, berichten:

- Zeiten des Schweigens und Alleinseins ermöglichen, sich auf das Wesentliche zu besinnen, und *tiefe bewusste Erfahrungen* zu machen. Alle Geräusche und Gespräche mit anderen lenken uns dagegen von uns selber ab. Gerade die akustische Reizreduktion steigert die *Wahrnehmung für innere Vorgänge* und die Regungen unserer Seele.

Wenn äußerlich nichts los ist, kann innerlich viel geschehen.

- Das äußere Schweigen kann uns helfen, *dass es auch in uns still wird* und sich unsere Emotionen und Sorgen legen. Die äußere Ruhe kann bewirken, *dass die innere Unruhe vergeht.* Dieser Prozess ist vergleichbar mit einem See nach einem Sturm, dessen Wasser vom aufgewühlten Schlamm zunächst noch ganz braun und undurchsichtig ist. Mit der Zeit sinkt der Dreck zu Boden, und das Wasser wird wieder klar. Im Schweigen können wir eine Dimension innerer Ruhe wiederentdecken, die im normalen Alltag oft in Vergessenheit gerät. Und diese Ruhe kann bisweilen auch noch *nach* der Zeit des Schweigens, wenn der äußere Lärm wieder einsetzt, nicht getrübt werden.
- Stille und Schweigen helfen uns, *unsere eigene Mitte wiederzufinden.* Nach einiger Zeit gelangen wir an den Punkt, an dem Hören und Fühlen ineinander übergehen und eine tiefere innere Wahrnehmung ermöglicht wird. Auf diese Weise können wir auf die leisen Impulse achten, die in der Stille aus unserem innersten Zentrum der Erkenntnis und Weisheit auftauchen, gewissermaßen also *auf unsere innere Stimme hören*, die im Alltag meist überhört wird.
- Stille kann *in uns Ordnung schaffen und uns* von mentalen Begrenzungen *befreien.* Stille, so Om C. Parkin, »lässt die

Grenzen des Gefängnisses, in dem du dich befindest, schmelzen«. Sie kann uns einen Raum großer innerer Weite erfahren lassen.

- Die Stille – so sagt die Mystik – ist die Türe zum Göttlichen. In uns sei ein Ort, »an dem es ganz still ist, an dem Gott schon in uns ist«. Der »Raum der Gottesgeburt« in uns, so Anselm Grün. In der Stille, schrieb Joachim Ernst Behrendt, sind wir dem Göttlichen Geheimnis und Wesen des Seins am nächsten, hier können wir erspüren, was den Gläubigen aller Religionen gemeinsam ist, den uns allen gemeinsamen Grund. In diesem Sinne sind wohl auch die Worte vieler Weisheitstexte zu verstehen, dass Gott in der Stille zu uns spricht. Die Leere ist gewissermaßen der Raum, um die Fülle zu empfinden.

»Still-Stand« und innere »Be-Ruhigung« sind heute lebensnotwendig. Wir brauchen von Zeit zu Zeit »das Hinausfahren von der Autobahn des Alltags auf die Rast- und Tankstellen der Ruhe«, schreibt Peter Seewald in *Die Schule der Mönche*. Wir brauchen das Eintauchen unserer Seele in das Bad der Stille! Wann immer wir still werden, lebt die Seele auf. Ja, man kann in der heutigen Zeit fast sagen: Jeder Augenblick der Stille ist für die Seele wie ein Schluck Wasser für einen Durstigen.

Wie der Körper im Wasser badet,
so badet die Seele in der Stille.

Eine spezielle Methode, mit fokussierter Wahrnehmung in die Stille zu gehen, ist die *Meditation*. Auch wenn es verschiedenste Meditationsformen gibt, so sind ihre Auswirkungen auf Körper und Psyche im Großen und Ganzen ähnlich und mittlerweile mehrfach wissenschaftlich untersucht. Zahlreiche Experimente an großen amerikanischen Universitätskliniken haben mittels EEG-Messungen und Hirntomographenbilder während der Meditation festgestellt:

- Während der Geist wach und bewusst bleibt, erfährt der Körper einen *Zustand tiefer Ruhe.*
- Die Muskeln lockern sich, Pulsfrequenz und Blutdruck sinken, und der Sauerstoffverbrauch nimmt ab.
- Die chaotisch wechselnden Beta-Frequenzen der Gehirnwellen des Wachzustandes werden durch *klare einfache Alpha- und Theta-Frequenzen* ersetzt, die sich auf das gesamte Gehirn ausbreiten.
- Die *rechte und linke Hemisphäre des Gehirns werden synchronisiert.*
- Die Wirkung der *Kortikoid-Stresshormone* wird schon bei Anfängern abgeschwächt, bei fortgeschrittenen Meditierern sogar vollständig *abgebaut.*
- Hierdurch wird bei regelmäßiger Meditation auch das *Immunsystem gestärkt.* Ebenso erhöhte sich bei regelmäßig Meditierenden die Zahl der Antikörper im Blut bis zu 25 Prozent.
- Die Aktivität der Hirnregionen, die für die *Steuerung der Aufmerksamkeit und der Beobachtung* der Vorgänge im Körper zuständig sind, nimmt erheblich zu.
- Je mehr sich die Aufmerksamkeit ausschließlich nach innen

richtet und sonstige Außenreize ausgeblendet werden, kann eine so genannte sensorische Deprivation eintreten. Das bedeutet: Die Scheitellappen des hinteren Neokortex, die für unsere Orientierung im Raum zuständig sind, erhalten keine Signale mehr und können daher nicht mehr melden, wo die Grenze zwischen Ich und der Welt verläuft. Hierdurch kann der Meditierende das intensive *Gefühl von Grenzenlosigkeit und Unendlichkeit* bekommen, als würde er mit der ganzen Welt verschmelzen. Dieser Zustand ist aber nicht eingebildet, sondern aus neurophysiologischer Sicht sehr real.
- Bei besonders tiefer und intensiver Meditation können die Schläfenlappen so stark stimuliert werden, dass *positive Gefühle, gute Laune bis hin zu ekstatischen Gefühlszuständen* ausgelöst werden, oft verbunden mit inneren Einsichten und mystischen Erfahrungen.

Fazit: Das menschliche Gehirn (so die Forscher Newberg und d'Aquili) ist genetisch und anatomisch so geschaltet, dass es mystische Erfahrungen begünstigt. Tiefgreifende spirituelle Seinserfahrungen sind also genauso für »Nichtgläubige« möglich, auch wenn sie diese Erlebnisse nicht religiös interpretieren. Doch lassen Sie uns zunächst auf dem »Boden« unseres Alltagsgeschehens bleiben. Wie ist es konkret möglich, dort die Ressourcen der Stille praktisch umsetzbar zu nutzen?

Die Navigation in der Stille

Das eigentliche Problem, dem die meisten Menschen heute in punkto Stille begegnen, ist nicht in erster Linie der äußere Lärm, der uns umgibt, sondern der innere Lärm der auftauchenden Gedanken, Sorgen und Ängste, wenn wir mal alleine sind und um uns herum alles still ist (wie auf S. 260 beim Thema Meditation noch näher erläutert wird). Bevor man wirklich »die Stille hören« und die Seele darin »baden« kann, muss erst der innere Lärm versiegen, sonst kann einem die Stille sogar laut und erschreckend vorkommen. In einem Zeitungsartikel las ich vor ein paar Jahren einen Bericht über einen Berliner Taxifahrer, der sein Leben im tobenden Verkehr verbringt und sich mit seinem Zelt für drei Wochen in die schwedische Einsamkeit zurückzog – um mal in sich zu gehen. Doch jede Nacht schreckte er auf und konnte nicht wieder einschlafen. »Es war absolut still, kein Vogel, kein Wind. Ich dachte, ich gewöhn mich dran, aber ich hab mich nicht dran gewöhnt.« Wie Druck habe die Ruhe auf seinen Ohren gelegen, lauter als würde in der Wohnung nebenan Schlagzeug geübt. »Stille kann richtig wehtun!«, meinen auch Miller und Schmude.

Erlauben Sie mir einen Vergleich: Mit der Stille ist es oft wie mit dem Anzapfen eines Bierfasses. Erst kommt nur Schaum, dann das Bier. Auch wir stehen im Alltag oft so unter Druck, dass dann, wenn wir plötzlich innehalten und in die Stille gehen, wie bei einem geschüttelten Bierfass unser inneres Chaos wie Schaum herauszischt. Doch wenn man lernt, dieses Gedankenchaos einfach vorüberziehen zu lassen, dann kommt man, wie das Bierfass, zur Ruhe, und die innere Ordnung fließt wie das reine Gebräu.

Ja, Stille ist für viele Menschen die Kraftquelle Nummer eins, die intensivste, innerste Auftankmöglichkeit für die Seele, und gleichzeitig ist sie doch das, wovor wir uns am meisten fürchten. Denn das »Nirwana« ist für viele westliche Menschen alles andere als »erleuchtend« – im Gegenteil, es kann uns beängstigend oder gar bedrohlich vorkommen. Es sei denn, wir haben gelernt, damit umzugehen. Und genau darum geht es: Eine Brücke in die Stille zu finden, die uns hilft, Stille auszuhalten, ja sogar genießen zu lernen! Also nicht: So viel Stille wie möglich, sondern so viel, wie ich noch entspannt erleben kann!

Die Stille als Chance -
nicht als Muss!

Es mag sein, dass es uns immer wieder etwas Überwindung kosten mag, in die Stille einzutauchen. Doch sinnvollerweise nur so viel, dass wir uns dabei nicht überfordern, dass wir uns nicht anstrengen müssen, die Stille zu ertragen – oder gar zu erleiden. Sonst erleben wir die Stille angespannt, was ein tiefes Erleben in der Regel verhindert. Daher ist es wichtig, das eigene Maß zu finden, Stille positiv zu erleben, sowohl was die Dauer als auch was das Umfeld betrifft.

Zeitlich: Wie lange tut mir Stille gut, ohne mich zu überfordern? Zwanzig Minuten am Tag, eine Stunde in der Woche, einen Tag im Monat, eine Woche oder einen Monat im Jahr… oder am Anfang nur ein paar Minuten täglich?

Räumlich: Wo und wie kann ich Stille am besten und leichtesten erleben und genießen? Beim Wandern in der Natur, beim Bergsteigen, beim Tauchen, in einem Kloster, in einem Meditationsraum, in meinem eigenen Zimmer oder einem sonstigen Umfeld? Allein oder in stiller, schweigender Gesellschaft?

All dies ist von Mensch zu Mensch sehr verschieden, je nach Veranlagung und nach persönlicher Erfahrung im Umgang mit Stille. Und es ist so wichtig, behutsam genau dort anzusetzen, wo man selber steht und wie man eben strukturiert ist. – Ohne Idealbilder, ohne Patentrezepte, ohne Dogmen und all diese »Nur so ist's richtig«-Anweisungen! Erlauben Sie sich also herauszufinden, auf welche Weise Sie am leichtesten und tiefsten in den »Ozean der Stille« eintauchen können. Die folgenden Tipps sollen Ihnen Möglichkeiten aufzeigen, wie Sie in Ihrem Alltag die Schwelle zur Stille am einfachsten überschreiten können.

Prinzipiell gibt es zwei Wege, in die Stille zu gehen:

- Einfach nur still sein, ohne irgendwelche Regeln oder
- den Weg der Meditation: eine strukturierte Form, meistens mit einem bestimmten Inhalt, worauf sich die Aufmerksamkeit richtet.

Beide Arten können Sie in Ihrem Alltag nutzen. (Hinweise zur Meditation finden Sie auf Seite 258.)

Schaffen Sie in Ihrem Alltag »Inseln der Stille«: Augenblicke, in denen Sie kurz innehalten. Am besten Sie schließen die Augen, richten Ihre Aufmerksamkeit nach innen und folgen dem Fluss Ihres Atems. Das können Sie morgens nach dem Aufwachen machen, an Ihrem Arbeitsplatz, in der Mittagspause auf einer Parkbank, aber genauso gut in der S-Bahn, in einem Taxi oder im Flugzeug. Auch wenn um Sie herum noch ein paar Geräusche sind, so können Sie doch in die innere Stille eintauchen. Fünfzehn Minuten können ausreichen, um Sie ruhig werden zu lassen und innerlich wieder ins Gleichgewicht zu bringen – wenn Sie geübt darin sind, sogar schon zehn oder fünf Minuten. Ein Freund von mir berichtete, sein Leben habe sich qualitativ entschieden verändert, seit er jeden Tag mindestens zwei Minuten innehält und schweigt. Anfangs musste er sich tatsächlich noch jedes Mal überwinden und hat sich einen Wecker gestellt, doch mit der Zeit wuchs sein Bedürfnis, länger in der Stille zu verharren, und immer häufiger wurden es drei, fünf oder zehn Minuten. Heute kann er sich sein Leben nicht mehr ohne seine täglichen zwanzig Minuten Auszeit vorstellen. Als ich ihn einmal vom Büro abholen wollte und zu früh dran war, meinte er: »Sorry, aber ich habe noch ein Rendezvous«. So musste ich warten, war aber erstaunt, da er weder einen Mandanten bei sich hatte noch telefonierte. Später erklärte er lächelnd: »Ja, ich hatte ein Rendezvous mit mir und der Stille.« – Machen auch Sie ein Rendezvous mit sich! Die Inseln der Stille schaffen sich nicht von selber. Oft müssen wir sie wie kostbares Land dem Meer der ständigen Anforderungen abgewinnen, die von morgens bis abends auf uns einstürmen. Doch wieviel Sie auch zu tun haben: zwei Minuten sind immer drin.

Schaffen Sie sich Orte der Stille. Einen Ort ohne Fernsehen, Musikberieselung oder sonst einer Ablenkung. Am besten einen eigenen Platz, den Sie immer wieder aufsuchen, wenn Sie still werden wollen. Natürlich können Sie auch an Ihrem Schreibtisch die Augen schließen und kurz abtauchen. Doch es kann hilfreicher sein, sich dafür einen eigenen Platz zu reservieren, beispielsweise einen Stuhl oder Sessel in einer Ecke – Ihren persönlichen Ruheplatz, an dem Sie am besten auch sonst nichts anderes machen. Dann koppelt Ihr Nervensystem mit der Zeit die Erfahrung des Stillwerdens und Innehaltens mit diesem Platz und schaltet gewissermaßen schon auf »Ruhe«, wenn Sie sich dorthin begeben. Denken Sie an den Gebetsteppich eines Moslems: Er benutzt ihn nur zum Beten und nicht auch zum Teetrinken oder Kartenspielen. Wenn er ihn ausrollt und sich daraufkniet, schaltet sein Nervensystem schon um auf »Innehalten und sich im Gebet versenken«. Für manche Menschen ist es gut, an diesem Platz, wenn er sich in ihrer Privatsphäre befindet, zusätzlich eine Kerze aufzustellen, eine Ikone, eine Buddhastatue oder ein Bild, mit dem Sie Ruhe und Stille verbinden. – Orte der Stille können Sie aber auch unterwegs aufsuchen, beispielsweise in einer Kirche, egal ob Sie sich ihr konfessionell zugehörig fühlen oder nicht. Oft sind es Orte, die schon Stille und Ruhe ausstrahlen, wenn Sie sie betreten. – Übrigens: Inspiriert vom Meditationsraum im New Yorker Gebäude der Vereinten Nationen wurde 1994 im Seitenflügel des Brandenburger Tores ein »Raum der Stille« eröffnet. Der ehemalige Kanzlerkandidat Björn Engholm schrieb vor einigen Jahren für *Die Zeit* in der Rubrik »Ich habe einen Traum«, jede Firma solle Räume der Stille, des Innehaltens einrichten, in dem jeder pro Tag eine halbe Stunde für sich sein könne. Bisher leider nur ein Traum. Doch Ihren Raum der Stille können Sie auch selber schaffen.

Ein einfacher *Trick, um Stille mitten im Alltagsgeschehen »hörbar« zu machen,* besteht im Einsatz von Oropax oder Ohrstöpseln. Wenn Sie damit Ihre Ohren nach außen »dicht« machen, können Sie besser nach innen hören. Insbesondere hören Sie Ihren Atem verstärkt, falls Sie durch die Nase atmen. Lassen Sie zwischen Ein- und Ausatmen jeweils eine kurze Pause (etwa drei bis vier Sekunden). Dies sind die Momente, in denen Sie den Eindruck haben können, die Stille zu hören – und in denen Sie mit einer tiefen inneren Ruhe in Kontakt kommen können. Das Wahrnehmen der Atempausen ist das Entscheidende beim Beobachten des eigenen Atems. Oropax hält also nicht nur äußere Geräusche ab, sondern unterstützt das Lauschen nach innen.

Nützen Sie Wartezeiten als Gelegenheiten, innezuhalten! Angenommen, Sie kommen zum Bahnhof und stellen fest, dass Ihr Zug 25 Minuten Verspätung hat. Was tun? Viele Menschen suchen sofort etwas, um die Zeit totzuschlagen oder zu überbrücken: eine Illustrierte, ein paar Telefonate per Handy, ein Gespräch mit den Mitreisenden über die empörende Unpünktlichkeit der Bahn, oder sie sitzen da und ärgern sich alleine über die Verspätung. – Verständlich, menschlich, normal. Warten ist in unserer Kultur negativ besetzt. Nicht nützlich verbrachte Zeit scheint vertane Zeit zu sein. – Sie könnten sie aber auch als Chance sehen, einfach mal nichts tun zu müssen und sich in Ihrem immer schnelleren Tagesablauf eine Ruhepause zu gönnen. Gleiches gilt, wenn Sie beim Arzt warten müssen oder in einen Stau geraten. Auch ein Stau kann eine willkommene Zwangspause darstellen, der Ihnen Gelegenheit bietet (bei ausgeschaltetem Radio) stillzusitzen und einfach auf Ihren Atem zu achten. Nutzen Sie jede Unterbrechung, um Stille zu tanken. Dann können Sie in Zukunft das Wort »STAU« als Abkürzung sehen für: »Stille Tanken Aufgrund Unterbrechung«.

Experimentieren Sie mit Zeiten der Stille in unterschiedlicher Länge: Täglich einige Minuten, pro Woche ein bis zwei Stunden, in denen Sie beispielsweise still spazieren gehen oder ein Buch lesen, und jeden Monat vielleicht einen ganzen Tag alleine schweigend wandern. Wenn Sie nach einem solchen Tag in der Natur heimkehren, kann es sein, dass viel Belastendes von Ihnen abgefallen ist, Sie mehr und mehr zur Ruhe gekommen sind und Ihre Seele wie nach einem reinigenden Bad wieder frei atmen kann, so Anselm Grün in *Damit dein Leben Freiheit atmet.* Und möglicherweise gönnen Sie sich auch einmal im Jahr eine ein- bis zweiwöchige Auszeit der Stille in einem Kloster, in der Natur oder an einem sonstigen Ort, wo Sie weitgehend in Ruhe alleine sein können. Es geht auch gar nicht darum, die ganze Zeit zu schweigen, sondern einfach viel Ruhe und Stille genießen zu können. Ich fahre beispielsweise jährlich für einige Wochen alleine an einen einsamen Ort zum Schreiben. Und auch wenn ich zwischendurch mal in ein Café oder zum Telefonieren gehe, Einkäufe mache und Musik höre – nirgendwo tanke ich so viel Ruhe und Stille wie in dieser Zeit! – Zum Nachdenken:

Stellen Sie sich vor, Sie kommen an einen Urlaubsort, voller Sehnsucht nach Ruhe und Stille – noch voller Hektik und innerem Lärm aus dem Alltag. Am ersten Morgen auf der Terrasse sind Sie gerade dabei, in die Ruhe und Stille ringsum einzutauchen, da werden Sie plötzlich aufgeschreckt vom Baulärm auf dem Nachbargrundstück. Sie sind außer sich vor Wut, empört und verzweifelt. Alles andere haben Sie erwartet, nur das nicht! Der ganze Tag, die ganze Laune sind ruiniert…

Doch dann: Nach einer Woche in völliger Ruhe am gleichen Ort, voller innerem Frieden und vollgesogen mit Stille, sitzen Sie wieder morgens auf der Terrasse. Außer Vogelgezwitscher und Meeresrauschen kein Laut. Da beginnt der Baulärm auf dem Nachbargrundstück. – Sie nehmen ihn erst nach einiger Zeit wahr und zur Kenntnis. Doch er kann die Stille in Ihnen nicht trüben – die Stille ist nicht nur in Ihnen, sondern gewissermaßen »um Sie herum«. Sie genießen einfach die Ruhe des Ortes – und hören (fast nebenbei), dass da auch irgendwo gebaut wird…

Und natürlich können Sie auch mit anderen gemeinsam schweigen. Zusammen mit dem Partner oder einem guten Freund zwei Stunden still durch den Schnee zu stapfen, lässt nicht nur die eigene Seele auftanken, sondern kann die Verbindung mit dem anderen vertiefen und bereichern (mehr hierzu im Kapitel »Gleichklang mit anderen«, Seite 264).

Die Auszeit im Kloster

So wie in der Antike Eremiten aus den Städten in die Wüste zogen, um in der Einsamkeit Gott zu finden, zogen sich später die Mönche in die Abgeschiedenheit der Klöster zurück, um ein Leben in Einfachheit und Stille zu führen. Auch wir können uns im heutigen Alltag Wüstenzeiten gönnen, »den Mönch in uns entdecken«, wie der Buchtitel des Religionswissenschaftlers Raimon Pannikar heißt, und uns für eine Weile in die Stille eines Klosters zurückziehen. Nicht wenige Menschen nutzen diese Möglichkeit, sich für einige Tage dem Rhythmus der Mönche anzuschließen und Stille zu tanken. Für die Reinigung unserer »Innenräume« kann sich eine Zeit im Kloster wie ein Katalysator auswirken. Warum? Worauf beruht die Heilkraft einer Auszeit in einem Kloster?

Zunächst lösen wir uns von unserer gewohnten Umgebung – von eingefahrenen Abläufen, von festgefahrenen Beziehungen, von den vielen Anforderungen und Problemen, von gesellschaftlichen »Spielen« und sonstigen Zerstreuungen.

Zu all dem bekommen wir vorübergehend eine gesunde Distanz.

Alles im Kloster ist auf Ruhe ausgerichtet. Ruhe ist der Grundbaustein der Welt der Mönche. Diese Ruhe wird gefördert durch dicke Klostermauern, die den Lärm der Welt abhalten, durch Kreuzgänge im Innenhof als Sphären der Stille und Meditation, durch den fast lautlosen Gang der Mönche, das leise Sprechen und das häufige Schweigen. Und nicht zuletzt durch einen Tagesablauf, der in Ruhe beginnt, mit einer frühzeitigen Nachtruhe endet und auch tagsüber Zeiten der Rast und Besinnung bietet. All dies, um das Lauschen nach innen zu unterstützen. Eine Atmosphäre der Ruhe und Stille, die in christlichen wie buddhistischen Klöstern als Voraussetzung für das Auftanken der Seele gesehen wird, so argumentiert Simone Kosog in ihrem Buch *Die Ruhe der Mönche.*

Viele Reize werden dort reduziert, und wir erfahren eine heilsame Enthaltsamkeit – vor allem von der permanenten telefonischen Verfügbarkeit, von E-Mail-Terror, von sinnlosen TV-Abenden und von der Gefahr, an irgendeiner Bartheke zu versumpfen. Gewissermaßen wird radikal alles ausgeblendet, was einen Menschen von sich selbst ablenken kann, um einem Gelegenheit zu geben, sich auf das Wesentliche zu besinnen.

Alles im Kloster ist auf Sammlung und Kontemplation ausgerichtet. Gelegenheit, zu schweigen, loszulassen, nach innen zu schauen, in den Raum der Seele, zu lauschen, lange Unterdrücktes aufsteigen zu lassen und letztlich zu sich selber zu finden. »Schon die Kapuze der Mönche ist zu nichts anderem gedacht, als zum Zeichen der Sammlung über den Kopf gezogen zu werden«, so Peter Seewald.

Die ordnende Wirkung des Rhythmus der klösterlichen Tagesordnung. Eine Struktur, die die Seele beruhigt und rhythmisiert. Psychologen bestätigen immer wieder, wie wichtig der ordnende Rhythmus für ein gesundes Seelenleben ist und dass viele psychischen Probleme mit der Entrhythmisierung unserer Zeit zusammenhängen. Ohne Rhythmus verliert sich unsere psychische Energie unkoordiniert. Wer sich im Kloster auf den Rhythmus des dortigen Tagesablaufes einlässt, kann eine Neuordnung und Konzentration seiner psychischen Energie erfahren. Für manche kann dadurch eine Woche Einzelexerzitien mehr bewirken als eine Woche Urlaub.

Die Gemeinschaft mit anderen, die ebenfalls auf dem Weg »nach Innen«, zu sich selber unterwegs sind. Die Möglichkeit der Ansprache oder Seelsorge, sofern man Bedarf danach hat. Gemeinsame Rituale und Andachten. Ansonsten die Erfahrung, wie wohltuend gemeinsames Schweigen, beispielsweise bei den Mahlzeiten sein kann.

Und etliche weitere Angebote: an Meditationen oder Exerzitien, an geistiger Lektüre und oft auch an seelisch wohltuender Musik.

Natürlich ist es wichtig, dass man sich dabei wohl fühlt. Wer das Klosterleben als Korsett, Enge oder Unfreiheit erfährt, wird dort kaum entspannen und innerlich auftanken können. Einige Tage allein in der Natur können dann möglicherweise mehr bewirken. Doch um das herauszufinden, ist es wohl am besten, es auszuprobieren. Eine wichtige Erfahrung wird man in jedem Falle machen. Adressen von Klöstern im deutschsprachigen Raum finden Sie im *Klosterführer* des Grünewald Verlags und in *Der Klosterurlaubsführer* von Hanspeter Oschwald, erschienen im Herder Verlag.

Meditieren, aber wie?

Infolge der weltweiten Vernetzung von Kulturen und der Verbreitung der Religionen finden sich heute die verschiedensten Anleitungen, wie man am besten meditieren soll. Das Angebot an Büchern, Kursen und Seminaren dazu ist unüberschaubar. Immer wieder stellen sich Menschen die Frage, welche denn die »richtige« Meditationsform sei. Die Antwort ist im Prinzip ganz einfach: Diejenige, die *Ihnen* persönlich am meisten liegt, mit der Sie am besten und am leichtesten zurechtkommen und zu sich finden können. Dann ist diese Form gut und richtig – für Sie! Ihre eigenen Erfahrungen werden Ihnen also die Antwort geben. Und es ist durchaus möglich, dass Sie im Laufe der Zeit eine übernommene Meditationsform verändern oder eine neue als bereichernder erkennen werden. Oft ist es hilfreich, am Anfang eine Meditation unter fachlicher und seriöser Anleitung in einem Kurs zu lernen, unterstützt durch die Gemeinsamkeit mit anderen. Sie können aber auch alleine für sich beginnen, indem Sie beispielsweise die notwendigen Informationen einem entsprechenden Buch entnehmen oder sich Kassetten oder CDs mit Anleitungen hierzu besorgen. – Im Wesentlichen werden Sie immer wieder auf folgende Faktoren stoßen:

Wichtig ist die aufrechte Haltung der Wirbelsäule. Diese fällt am leichtesten, wenn Sie *auf einem Stuhl mit gerader Lehne aufrecht sitzen*, Ihre Beine parallel halten mit den Fußsohlen am Boden (nicht unter den Stuhl gezogen), und die Hände auf den Stuhllehnen, auf Ihren Knien oder locker im Schoß ruhen lassen. – Manche ziehen es vor, auf dem Boden zu sitzen, im Schneidersitz auf einem Sitzkissen (damit die Wirbelsäule gerade bleibt) oder auch im Lotussitz, wie man ihn von Buddhastatuen kennt. Doch ist diese Haltung am Anfang sehr gewöhnungsbedürftig, nach einer gewissen Meditationszeit oft auch schmerzlich, und für die Kniegelenke eine ziemliche Belastung. – Der Vorteil der Meditation auf einem Stuhl sitzend besteht unter anderem darin, dass Sie sie ohne große Vorbereitung *überall* (in Ihrem Büro, in der Bahn, am Flughafen oder auf einer Parkbank) *und vor allem unbemerkt* praktizieren können.

Schließen Sie einfach die Augen ... und atmen Sie ruhig und tief in Ihren Bauch. Gemeint ist die volle Zwerchfellatmung, bei der sich auch Ihr Bauch leicht hebt und senkt, nicht die

»flache« Brustatmung, zu der man meistens im hektischen Alltag neigt. Halten Sie nach dem langsamen Einatmen den Atem ein bis zwei Sekunden an, atmen Sie langsam wieder aus und lassen Sie wieder eine kurze Atempause, bevor Sie erneut einatmen. Gerade diese kurzen Atempausen fördern das Innehalten und Zu-sich-Kommen. Es gibt sogar Meditationsexperten, die sagen, die Atempausen seien mit die wichtigsten Momente der Meditation.

An sich wär's das auch schon! Wären da nicht die Gedanken. Viele im Alltag verdrängte Sorgen, Ängste, Wünsche und Pläne melden sich nun zu Wort, wenn wir eigentlich endlich einmal nur Ruhe haben wollen. Und das Dilemma dabei ist: Je mehr wir dagegen ankämpfen und versuchen, die Gedanken und Stimmen in uns zum Schweigen zu bringen, desto schlimmer kann es werden. Im alten China gab es ein gutes Bild dafür: Die Gedanken sind Affen, die im Baum des Gehirns hin und her springen. Der Mensch versucht nun, einen nach dem anderen zu fassen und ihn auf die Erde zu werfen, bis der Baum frei ist. Doch oft werden die Affen den Baum alsbald von der anderen Seite her wieder besteigen, und der Aufruhr kann größer sein als am Anfang. – Was tun? Zwei Dinge können Ihnen helfen, damit umzugehen:

- Machen Sie sich damit keinen Stress! Es ist völlig normal, und jeder, der meditiert, macht diese Erfahrung. Es entspricht der natürlichen Arbeitsweise unseres Gehirns, sofort nach einer Beschäftigung zu suchen, sobald mal nichts geschieht. Also *erlauben Sie sich, diesen Vorgang zunächst einfach nur wahrzunehmen*, vielleicht sogar mit einem leichten Lächeln darüber, wie verrückt es doch ist, dass unser Gehirn in dem Augenblick, wo wir mal innerlich abschalten und zur Ruhe kommen wollen, mit einem Gedankenmarathon beginnt. Aber verbieten Sie sich nicht zu denken (was sowieso nicht geht!), und seien Sie auch nicht frustriert oder ärgerlich darüber, dass Sie gedanklich abschweifen – dadurch wird es nur noch schlimmer. Wenn möglich, entspannen Sie dabei und nehmen gelassen wahr, dass Sie mal wieder in Gedanken unterwegs sind. – Und dann:

- *Kehren Sie mit Ihrer Aufmerksamkeit zu Ihrem Atem zurück!* Das Atmen hat nämlich nicht nur eine körperlich beruhigende Funktion, sondern ist gleichzeitig ein geistiges Mittel, um die Aufmerksamkeit zur Ruhe kommen zu lassen. Beobachten Sie Ihren Atemfluss. Manchen Menschen hilft es, dabei leise mitzuzählen: beim ersten Ein- und Ausatmen »eins, eins, eins … – eins, eins, eins«, beim nächsten Ein- und Ausatmen »zwei, zwei, zwei … – zwei, zwei, zwei …« und so weiter. Wenn Sie bei zehn angelangt sind, beginnen Sie wieder mit eins. Wenn Sie merken, dass Sie gedanklich abschweifen, fangen Sie wieder von vorne an. Und falls Sie mit einem Mantra meditieren (siehe hierzu S. 229), so kehren Sie einfach mit Ihrer Aufmerksamkeit zu Ihrem Mantra zurück. – Gleiches gilt natürlich auch, wenn Sie mit Musik meditieren; dann richten Sie Ihre bewusste Wahrnehmung eben wieder auf die Musik.

Weitere Hilfen, vor allem in der Anfangsphase, können sein:

- *Möglichst immer zur gleichen Zeit* am Tag zu meditieren. Das hilft Ihnen, in den Rhythmus zu gelangen.
- *Möglichst immer am gleichen Platz* zu meditieren, auf einem besonderen Stuhl oder einem bestimmten Teppich. Das hilft Ihrem Geist als »Ankerplatz«, sich auf die Meditation einzustellen. – Was übrigens auch der Sinn der moslemischen Gebetsteppiche ist.
- *Beenden Sie Ihre Meditation durch ein Signal*, beispielsweise eines Weckers. Nach einer gewissen Zeit weiß Ihr Nervensystem allerdings sowieso, wann die Zeit vorbei ist. *Optimal sind etwa zwanzig Minuten.* Allerdings können es auch dreißig sein, oder auch nur zehn. Es kommt auf Sie an: besser regelmäßig zehn Minuten als nur sporadisch zwanzig oder dreißig.

Doch vor allem: *Setzen Sie sich nicht unter irgendeinen Erfolgszwang.* Es geht beim Meditieren nicht um irgendeine Leistung. Nichts muss geschehen, nichts muss sich einstellen, weder besondere Gefühle noch erleuchtende Erkenntnisse. Je weniger Sie erwarten, und je mehr Sie darauf verzichten, es perfekt oder »richtig« machen zu wollen, umso leichter werden Sie entspannen und zur Ruhe kommen. Außerdem tritt die eigentliche Wirkung der Meditation erst mit der Zeit aufgrund der Regelmäßigkeit ein. Meditation hat zwar immer auch eine unmittelbare Wirkung, doch die spürbare Wirkung ist gewissermaßen »kumulativ« und nicht »sofort reaktiv«. Geben Sie daher am Anfang auch nicht sogleich auf, falls Sie noch keine große Wirkung merken. Lassen Sie sich möglichst vier bis sechs Wochen Zeit, bis Sie entscheiden, ob Sie weitermachen oder nicht. – Und wenn es Ihnen gar nichts bringt, dann lassen Sie es eben. Es gibt noch genügend andere Möglichkeiten, innerlich zur Ruhe zu kommen und aufzutanken!

Stille, Schweigen, Meditation: Festhalten und mitnehmen möchte ich

....

....

....

....

....

....

....

....

....

....

....

....

....

....

....

....

....

Gleichklang mit anderen

Wir sind geboren, um gemeinsam zu leben. Und unsere Gemeinschaft ähnelt einem Gewölbe, in dem die Steine einander am Fallen hindern.

Seneca

In den meisten der bisher genannten Quellen kann man alleine auftanken: in der Natur wie in der Musik, in der Stille wie im Gebet, in der Entspannung wie beim Genießen. Und oft ist es für unsere bewusste Wahrnehmung, unsere Konzentration auf den Moment, auf unseren Körper, auf unsere Empfindungen sogar besonders hilfreich, wenn wir allein sind.

Doch würde unsere Seele auf Dauer verkümmern, würden wir all dies immer nur für uns selbst erfahren, statt es auch mit anderen Menschen zu erleben, mit Gleichgesinnten, mit »verwandten Seelen«. Der schönste Sonnenuntergang kann den nicht erfüllen, der in sich die Sehnsucht nach einem Menschen verspürt, mit dem er diesen besonderen Moment teilen kann. Und so gilt nicht nur, dass geteilte Freude doppelte Freude ist, sondern auch, dass geteilte Augenblicke seelischen Erlebens, im Gleichklang mit anderen Menschen, intensivere und erfüllendere Augenblicke im Leben sind.

Je größer der Gleichklang,
desto tiefer kann man innerlich auftanken.

Warum aber sind Gemeinsamkeit, Nähe und Empathie für unsere psychische Verfassung so wichtig?

Die Kräfte des Gleichklangs

Evolutionär betrachtet braucht der Mensch natürlich zum Überleben die Hilfe und die Unterstützung seiner Artgenossen, den Schutz der Sippe. Genauso bedarf jedes Kleinkind der Fürsorge anderer. Doch jenseits dieser elementaren Bedingtheiten des Menschen als »sozialen Wesens« (Aristoteles) benötigen wir auch für unser seelisches Wohlbefinden und zum Auftanken die Gemeinsamkeit mit anderen. Unsere psychische Verfassung wird von der Qualität unserer Beziehungen und Begegnungen mit anderen viel stärker beeinflusst als wir meistens ahnen. Maßgeblich sind dabei in erster Linie:

Der Aspekt des Teilens. Gemeinsames Erleben verbindet, im Augenblick selbst und für die Zukunft, sei es bei gemeinsamen Reisen, einer zusammen zelebrierten Mahlzeit, bei Teamarbeit oder einer Schicksalsgemeinschaft. Oft entsteht eine innere Verbindung, an die Jahre später noch angeknüpft werden kann. Nicht umsonst sind Esseneinladungen in allen Kulturen von so großer Bedeutung, mögen diese nun auf politischer, geschäftlicher oder familiärer Ebene stattfinden. Das Teilhaben an einem bestimmten Ereignis schafft eine Verbindung zwischen den Menschen jenseits der kognitiven Wahrnehmung.

Wie gesagt: Natürlich können wir auch alleine intensiv erleben, bisweilen sogar bewusster, weil wir mit unserer Aufmerksamkeit und Wahrnehmung ganz bei uns sind, doch ist dieses Erleben von einer anderen Qualität: Mag uns das alleinige Erleben tiefer mit unserer eigenen Seele in Kontakt bringen, so verbindet die Gemeinsamkeit unsere Seele mit anderen Menschen.

Gemeinsame Schwingung. Angenommen, jeder Mensch hat eine Art persönlicher innerer Frequenz, so fühlt er sich meistens mit Menschen unwohl, die eine andere »Wellenlänge« haben. Bei gleicher oder ähnlicher Wellenlänge treten dagegen die Frequenzen in Resonanz zueinander, und es entsteht ein seelischer Gleichklang – etwas, wonach die meisten Menschen sich bewusst oder unbewusst sehnen. Leider stößt man im Alltag nicht so häufig auf die gleiche Seelenfrequenz; umso größer ist dann aber die Anziehungskraft, wenn man jemandem begegnet, der die gleiche Wellenlänge hat. Das bloße Zusammensein mit einem solchen Menschen kann eine Wohltat für die eigene Seele sein, uns erfüllen und auftanken lassen.

Noch intensiver kann das Gefühl in einer Gruppe von Gleichgesinnten sein, sei dies bei einer religiösen, politischen oder sportlichen Veranstaltung. Hierbei kann das starke Gefühl einer Welle entstehen, in der der Einzelne wie ein Tropfen aufgeht, von der er sich getragen und mitgerissen fühlt.

Je stärker die Welle desto berauschender kann das Erleben sein. Allerdings: So kraftvoll und ergreifend gemeinsames Schwingen in einer Welle mit anderen auch sein mag, so ist es doch äußerst empfehlenswert zu prüfen, »wes Geistes Kind« die Welle treibt. Im Übrigen gilt: Durch alles gemeinsame Schaffen, Singen, Spielen oder Feiern kann eine gemeinsame Schwingung der Beteiligten entstehen, ein Gleichklang mit den anderen, der uns psychisch wohl tut. Und dies sogar mit Menschen, die womöglich eine »andere Wellenlänge« haben.

Das Gefühl der Geborgenheit. Die Nähe eines vertrauten Menschen und das Gefühl der Zugehörigkeit lassen uns Geborgenheit empfinden. Diese Geborgenheit bei einem Menschen fördert gleichzeitig die Geborgenheit in uns selbst. Sie stärkt unser Vertrauen, unsere Unbeschwertheit und unser seelisches Wohlbefinden.

Die Seele tankt im Gefühl der Geborgenheit.

Wie grundlegend wichtig menschliche Nähe und Geborgenheit für unsere psychische wie auch gesundheitliche Verfassung ist, zeigt sich vor allem dann, wenn diese vorübergehend oder länger fehlen. Einsamkeit ist eine der schwersten Belastungen für die Seele, mit nicht unerheblichen körperlichen und psychischen Symptomen: Anspannung und Unruhe, Appetitlosigkeit und Schlafstörungen, nagende Selbstzweifel und Ängste erschweren und verdunkeln das Leben. Einsamkeit bewirkt Stress, bei Menschen, und – wie man mehrfach festgestellt hat – auch bei Tieren. Kontaktmangel steigert die Ausschüttung des Stresshormons Cortisol. Umgekehrt haben Geborgenheit und Nähe eine beachtliche *stresslindernde Wirkung.* Wie der kalifornische Neurowissenschaftler Robert Sapolsky feststellte, auch bei Affen: Seine Studien ergaben, dass je mehr ein Affe in Gesellschaft seiner Artgenossen war und sich um sie kümmerte, je mehr dauerhafte Freundschaften er einging, umso weniger Stress hatte er und umso belastbarer war er. Auch Menschen mit emotionalen Bindungen, die eine vertraute Person zum Reden haben, sind belastbarer und besser in der Lage, sogar schwere Schicksalsschläge zu verarbeiten.

Der innere Gleichklang mit einem nahe stehenden und vertrauten Menschen bewirkt unter anderem die *Ausschüttung von Endorphinen und des Botenstoffes Serotonin.* Sie fördern das Gefühl von wohliger Wärme und Verbundenheit. Serotonin kann einem Gefühle von großer Zuneigung und tiefer Freundschaft mit allen Menschen geben.

Die heilende Kraft der Empathie. Am besten können wir bei Menschen auftanken, bei denen wir *so sein können, wie wir sind.* Ohne uns in irgendeiner Weise verstellen zu müssen. Menschen, bei denen wir uns so geborgen fühlen wie im eigenen Seelenraum. Menschen, die uns zuhören können, ohne uns zu verurteilen, ohne uns zu bewerten und ohne uns sofort mit einer Fülle von (gut gemeinten) Ratschlägen zu begegnen. Ratschläge seien manchmal schlimmer als Schläge, sagt der Volksmund, und einen ähnlichen Tenor hat das folgende Gedicht der Lyrikerin Mascha Kaléko (1912–1975):

Ausverkauf an gutem Rat

Ich habe aus traurigem Anlass jüngst
So viel freundschaftlichen Rat erhalten,
Daß ich mich genötigt sehe,
Einen Posten guten Rat billig
Abzugeben.
Denn: so einer in Not ist,
Bekommt er immerfort
Guten Rat. Seltener Whisky.

Durch Schaden-Freunde
Wird man klug.
Sie haben für alles
Passenden Rat parat.
Für Liebeskummer und Lungenkrebs.
Für Trauerfälle und deren Gegenteil.
Denn Rat erspart oft Taten.
Befolgt der Freunde Un-Rat nicht!
Dann seid ihr wohl beraten.

Mit freundlicher Genehmigung entnommen aus:
Mascha Kaléko, In meinen Träumen läutet es Sturm.
Gedichte und Epigramme aus dem Nachlass.
Herausgegeben und eingeleitet von Gisela Zoch-Westphal.
München 1977.

Der Raum, in dem die Seele entspannen und auftanken kann, braucht kein Veränderungsprogramm, keine Belehrungen, Korrekturen, Bedingungen oder sonstigen Einschränkungen. Daher sind Menschen so wichtig und wohltuend, die unsere Gefühle verstehen und die uns einfach so annehmen, wie wir sind und wie wir uns geben, mit all unseren »Fehlern« und »Schwächen«. Menschen, bei denen wir auch mal »nicht gut drauf sein« dürfen, bei denen wir die Freiheit zur Imperfektion haben, und uns dennoch wertgeschätzt fühlen.

Carl Rogers beschrieb die heilende Wirkung der Empathie mit den Worten: »Wenn dir jemand wirklich zuhört, ohne dich zu verurteilen, ohne dass er den Versuch macht, die Verantwortung für dich zu übernehmen oder dich nach seinen Mustern zu formen – dann fühlt sich das verdammt gut an. Jedes Mal, wenn mir zugehört wird und ich verstanden werde, kann ich meine Welt mit neuen Augen sehen und weiterkommen. Es ist erstaunlich, wie scheinbar unlösbare Dinge doch zu bewältigen sind, wenn jemand zuhört.« Solche Menschen sind kostbar und leider auch selten, denn richtiges Zuhören erfordert die Fähigkeit, die eigenen Vorstellungen zurückzulassen, was »richtig« oder »falsch« ist und wie man sich zu verhalten habe. Es sind Menschen, die anderen Raum geben können.

Unsere Seele atmet dort auf,
wo wir den Raum haben, so zu sein,
wie wir eben sind.

Zuhören ist Raumgeben, denn das Gesagte braucht Echo. Ohne Raum gibt es kein Echo. Ohne Raum hat man das Gefühl, an eine Wand zu reden. Und je schnelllebiger die Zeit wird, um so wichtiger die Frage, ob man bei anderen auf eine Wand oder einen weiten Raum trifft.

Manchmal findet man diese Möglichkeit, in Gegenwart anderer einfach so sein zu können wie man ist, vor allem bei guten Therapeuten, Seelsorgern oder Coaches. Am schwierigsten ist es für die meisten Menschen wohl, sich selber so anzunehmen, wie man ist, da wir meistens die gnadenlosesten Bewerter und Verurteiler in uns selbst haben, deren Anklagen oft beginnen, sobald wir mal alleine sind. Gerade davor kann uns die Empathie anderer bewahren.

Der Raum, den die Seele gerade in Bezug auf die Mitmenschen erlebt, lässt sich zusammenfassend so darstellen:

Hinderlich sind vor allem folgende Faktoren:

Förderlich für unser inneres Wohlbefinden erweisen sich dagegen meistens:

Die Wirkung körperlicher Berührung. Die menschliche Haut, unser größtes und empfindsamstes Organ hungert regelrecht nach Berührung. Schon Versuche mit Rattenkindern hatten ergeben, dass diese erheblich schneller wachsen, wenn sie oft gestreichelt werden, und bei Affen, die einander kraulten, wurden erhöhte Endorphinausschüttungen gemessen. Menschenbabys, die im Brutkasten dreimal täglich gestreichelt wurden, wuchsen schneller, waren gesünder als andere Frühgeborene auf der Station und konnten ihren Brutkasten durchschnittlich eine Woche früher verlassen, so der Autor Stefan Klein. Auch für Erwachsene ist der Hautkontakt ein Seelenelixir. Berührungen, so der Psychologe Saul Schanberg sind für unser Wohlbefinden wichtiger als Vitamine. Streicheln löst über die Druckrezeptoren in der Unterhaut die Freisetzung von Endorphinen aus und vermindert gleichzeitig die Stresshormone im Körper. Vor allem, weil Streicheln keinerlei Leistungsdruck erzeugt, im Gegenteil, diesen sogar reduziert. – Doch leider leben wir in einer Zivilisation der kultivierten Berührungslosigkeit. Bis auf den Umgang mit Kindern und dem erotischen Liebesleben scheint der Hautkontakt aus unserem Alltag verbannt. Wir treffen ihn wieder in Massagesalons und – berührungslos – in der Sprache der Werbung, die sich in zunehmender Weise subtiler Streichelvokabeln bedient. Seele und Haut jedoch gehören zusammen. Wird die Haut gestreichelt, lebt die Seele mit auf. Mit dem Körper wird also auch die Seele massiert (wie es auch im Kapitel zur körperlichen Entspannung S. 91 dargestellt wurde).

Dies mögen nur einige Faktoren und Wirkungen menschlichen Gleichklangs mit anderen sein. Doch tragen sie entscheidend dazu bei, dass wir innerlich auftanken können. Mit den folgenden Tipps können auch Sie in Ihrem Alltag diese Ressource aktivieren und beleben.

Praktische Möglichkeiten des Gleichklangs mit anderen

Unser Leben mag im Zeitalter der Kommunikation noch so reich an Kontakten mit anderen sein, die Momente wirklicher Nähe, im Gleichklang mit anderen, sind eher selten, doch können wir bewusst dafür sorgen und sie gezielt suchen.

Bei allem, was Sie mit anderen gemeinsam tun, kann eine gleiche Schwingung entstehen. Egal, ob es beim Spielen, Musizieren, Sporttreiben, Tanzen oder Bergwandern ist oder auch bei gemeinsamen Mahlzeiten oder feierlichen Ritualen. Hierbei entsteht die Resonanz mit den anderen nicht aufgrund einer schon bestehenden gemeinsamen Wellenlänge oder Seelenverwandtschaft, sondern *aus dem gemeinsamen Tun heraus,* das die Teilnehmenden verbindet und in eine ähnliche Schwingung bringt. Umso störender sind in solchen Gruppen natürlich »Spielverderber« oder »Blockierer«, denn sie verderben den anderen nicht nur die Laune, sondern verhindern auch noch den entspannenden Flow der gemeinsamen Schwingung. Und gerade diese ist ja psychisch so wohltuend. – Erlauben Sie sich also immer wieder mal Spielabende mit der ganzen Familie oder mit Freunden, genießen Sie bewusst, mit anderen Sport zu treiben, ob Fußball, Tennis, Hockey oder Aerobic. Laden Sie Freunde und Bekannte zum Essen oder Grillpartys ein. Schon die gemeinsame Vorbereitung kann belebend und erfüllend sein – und sogar das gemeinsame Aufräumen! Vielleicht entdecken Sie auch, wie schön und verbindend es sein kann, mit anderen zu musizieren, im Chor zu singen oder zu tanzen. Die Möglichkeiten zu gemeinsamen Unternehmungen sind unbegrenzt. Und natürlich hat es auch etwas Mitreißendes, mit anderen Sportfans in der Südkurve des Stadions (oder vor dem Fernseher) bei einem Fußballmatch mitzufiebern. Überhaupt: Selbst gemeinsames Fernsehen verbindet und kann innerlich wohltuend sein.

Achten Sie auf »seelenverwandte« Menschen mit gemeinsamer Wellenlänge. Pflegen Sie den Kontakt mit ihnen, suchen Sie sie immer wieder auf, sie sind Gold wert für Sie und Ihre Seele. In der Regel erkennen Sie diese Menschen sehr schnell, meistens werden seelenverwandte Menschen, wenn sie sich begegnen, wie magnetisch angezogen. Häufig erleben sie ein sofortiges Gefühl der Vertrautheit, als würden sie sich schon länger kennen. Schaffen Sie sich so ein Netzwerk der Seelenverwandtschaft. Im Zusammensein mit diesen Menschen können Sie Ihre inneren Batterien nachladen, Ihre Seele auftanken lassen.

Suchen Sie immer wieder mal – oder wenn Sie es gerade brauchen – Menschen auf, bei denen Sie einfach so sein können, wie Sie sind. Bei denen Sie sich aussprechen können, seelisch abladen und zur Ruhe kommen können, ohne Vorhaltungen, Ermahnungen oder Belehrungen fürchten zu müssen. Dies können natürlich solche soeben genannten Seelenverwandten sein, es können aber auch Menschen aus Ihrer Verwandtschaft oder Bekanntschaft sein, die einfach die Fähigkeit haben, einen liebevoll ganz so anzunehmen und zu lassen, wie man eben ist. Für mich war meine Großmutter ein solcher Mensch, der mir bis in ihr hohes Alter aufmerksam zuhören konnte, der ich jeden »Mist« aus meinem Leben erzählen konnte, mich ausweinen konnte, und bei der ich immer ein Gefühl von Zuversicht, Wohlwollen und völliger Annahme hatte – besser als mancher Therapeut. Doch natürlich kann auch ein guter Therapeut, Seelsorger oder Coach ein solcher Mensch sein. Es ist gut und hilfreich, zu wissen, wo man solche Menschen findet, wenn man sie braucht. Aber auch ohne Krisenfall kann es seelisch wohltuend sein, sich ab und an bei einem solchen Menschen aussprechen zu können – dies ist sicher auch einer der positiven Effekte der christlichen Beichte.

Versuchen Sie auch selbst, anderen Menschen Raum zu geben, ihnen aufmerksam zuzuhören, ohne Bewertung oder Belehrung. Üben Sie sich in der Kunst der Empathie! Eine der wohl schwierigsten, aber wertvollsten Fähigkeiten im Zusammensein mit anderen. Am schwierigsten wohl in der eigenen Beziehung und gegenüber Kindern. Schwierig, aber nicht unmöglich. Hier ein Minifahrplan der Empathie in vier Schritten:

1. Hören Sie dem anderen aufmerksam zu. Lassen Sie ihn seine ganze Geschichte erzählen, ohne zu unterbrechen, zu bewerten oder zu belehren. *Lassen Sie auch Raum für seine Emotionen*, seien diese auch noch so negativ. Ärger, Wut und Trauer erzeugen Stresshormone und verengen den Blick, sie schränken das eigene Beurteilungsvermögen ein. Erlauben Sie es Ihrem Gegenüber Dampf abzulassen, sich womöglich auszuweinen. Auch wenn es vielen Menschen, vor allem Männern, nicht leicht fällt, die Tränen eines anderen einfach mit Mitgefühl auszuhalten, ohne sofort tröstend oder helfend einspringen zu wollen, um den Tränenfluss schnellstmöglich zu stoppen. Darum geht es hier auch gar nicht. Wenn die Emotionen »raus« sind, kehrt von selber Ruhe ein, der Blick und die Wahrnehmung weiten sich wieder, und Ihr Gesprächspartner kann wieder das »große Ganze« sehen.

2. Signalisieren Sie Ihrem Gegenüber, dass Sie sich wirklich für seine Probleme interessieren und ihn verstehen. Dieses Gefühl, ohne Verurteilung und Belehrung verstanden und angenommen zu fühlen, ist so wohltuend. Die verbale oder nonverbale Botschaft: »Ich kann gut verstehen, wie du dich fühlst!« ist in dieser Situation Balsam für die Seele.

3. Versuchen Sie herauszuhören, was den Gefühlen zugrunde liegt, welche Motive und Bedürfnisse der andere hat. Gerade die oft unausgesprochenen Bedürfnisse hinter den Worten sind das Entscheidende. Beschwert sich eine Mutter, dass ihre Kinder »nie« Zeit für sie haben, dann geht es gar nicht darum, ob sie tatsächlich jede Woche von ihnen besucht wird und vielleicht sogar täglich angerufen wird, sondern es geht darum, ihre Einsamkeit und ihr Bedürfnis nach mehr Nähe und Zuwendung herauszuhören. Klagt ein Freund darüber, dass seine Kinder »immer überall alles« herumliegen lassen und »nie etwas aufräumen«, so kann dahinter einfach ein tiefes persönliches Bedürfnis nach Ordnung und Sauberkeit stecken und die Sorge darüber, dass seine Kinder mit ihrer Unordnung im Leben mit anderen Menschen Probleme bekommen könnten. Die Bedürfnisse hinter den ausgesprochenen Worten herauszuhören, ist eine der größten Künste der Kommunikation. Das ist am schwierigsten, wenn man selber betroffen ist, wenn sich der Ärger des anderen gegen einen selber richtet. Wer es schafft, sich dann innerlich aus der Schusslinie zu nehmen, eine gesunde Distanz zu wahren, den Angriff zu überhören und dennoch mit Mitgefühl das Bedürfnis des anderen zu erkennen und darauf einzugehen, hat die wohl höchste Stufe empathischen Zuhörens erreicht.

4. *Vergewissern Sie sich immer wieder, dass Ihr Gesprächspartner sich auch wirklich verstanden fühlt.* Am besten, indem Sie das Gehörte von Zeit zu Zeit kurz zusammenfassen oder paraphrasieren: »Was ich gehört habe, ist…«, oder: »Verstehe ich dich richtig, es geht dir darum, dass…«. Auf diese Weise verhindern Sie, in die Sackgasse von Fehlinterpretationen und verwirrenden Projektionen zu geraten. In der Regel können Sie sicher sein, sofortiges Feedback zu erhalten, sollten Sie mit Ihrer Annahme falsch liegen!

Nutzen Sie Gelegenheiten für Hautkontakt und Zärtlichkeit. Auch in einer Gesellschaft vorprogrammierter Berührungsängste bietet der Alltag doch immer wieder Nischen und Oasen für wohltuende Berührungen:

- Gönnen Sie sich von Zeit zu Zeit eine entspannende *Massage.* Ob in klassischer Form, Shiatsu oder Ayurveda – mit dem Körper wird auch Ihre Seele massiert (siehe dazu auch S. 91 im Kapitel körperliche Entspannung). Übrigens können Sie auch beim Friseur die Minimassage Ihrer Kopfhaut bewusst genießen.
- Lassen Sie sich von einem Familienmitglied, Ihrem Partner oder Freunden vor dem Sonnenbaden *eincremen.* Auch daraus lässt sich eine Hautzeremonie machen, die Sie sich gegenseitig gewähren können.

- Suchen Sie *mit Ihrem Partner* so viele Momente der Zärtlichkeit wie möglich. Verlängern Sie in Ihren intimen Begegnungen Vor- und Nachspiel. Für das seelische Erleben sind diese oft wichtiger als der eigentliche Geschlechtsakt. Doch auch losgelöst von sexuellen Begegnungen können Sie Berührungen und Zärtlichkeiten genießen. So kann es abends vor dem Fernseher viel verbindender sein, nebeneinander auf dem Sofa zu kuscheln, als auf zwei Sesseln Abstand zu halten.
- Auch sonst bietet das Alltagsleben genügend Gelegenheiten, mit Freunden, Bekannten und anderen Menschen in einen *kurzen, gesellschaftlich erlaubten Körperkontakt* zu kommen. Kleine, zufällig wirkende Berührungen an der Hand, dem Arm oder der Wange können für eine zwischenmenschlich positive und seelisch belebende Stimmung sorgen. Ein Experiment in den USA hat übrigens belegt, dass Kellner erheblich mehr Trinkgelder erhielten, wenn sie kurz zuvor den Gast am Arm oder der Schulter berührt hatten.

Also: Achten Sie auf Gleichklang mit anderen, ob durch gemeinsame Schwingungen, durch Seelengleichklang, durch passive oder aktive Empathie oder durch wohltuende Berührungen. Lassen Sie Ihre Seele im Zusammensein mit anderen Menschen auftanken. Und seien Sie gewiss: Sie werden in der Regel nicht alleine auftanken!

Gleichklang mit anderen: Festhalten und mitnehmen möchte ich

Rituale und Feste

Rituale halten Seele und Leben zusammen.

nach Gerhard Bliersbach

Warum zog Niccoló Machiavelli jeden Abend zur gleichen Zeit seine schönsten Kleider an, setzte sich ans Fenster mit dem Blick nach Westen, um in den Klassikern antiker Autoren zu lesen? Warum geht jemand heute in ein Café, um sich dort eine Tasse Tee zu bestellen, die er genauso gut daheim, und dabei viel günstiger zu sich nehmen könnte?

Ist es der Reiz des Besonderen, das Zelebrieren des Augenblicks, herausgelöst aus dem gewöhnlichen Geschehen des Alltags? Es ist die Kraft der Rituale, die unser Leben durchziehen und bereichern, in denen wir innerlich auftanken können.

Die Bedeutung der Rituale hat sich im Lauf der Zeit stark verändert. Die kürzeste lexikalische Definition lautet schlicht: Ein *Ritual* ist ein Vorgehen nach einer festgelegten Ordnung. Ursprünglich ging es um einen Handlungsablauf mit religiöser, transzendentaler und existenzieller Zielsetzung. Doch im 20. Jahrhundert traten die religiösen Bedeutungen eher zurück, und die Sozialwissenschaften haben den Begriff des Rituals säkularisiert und als »Routinisierungen« zur Alltagsbewältigung und Existenzsicherung uminterpretiert. Möglicherweise auch als Folge der Erfahrungen mit den Nationalsozialisten, die das öffentliche Ritual zur Manipulation der Massen missbraucht und diskreditiert haben. Doch obwohl viele überlieferten Rituale mit der Zeit an Bedeutung verloren haben und die Skepsis gegenüber etlichen Ritualen berechtigt sein mag, so ist doch nach wie vor – oder wieder – ein großes Bedürfnis der Menschen nach dem, was Rituale für unser Leben bewirken können, vorhanden. Auch die Psychotherapie hat mehr und mehr die heilsame Bedeutung von Ritualen für die seelische Verfassung und Stabilität des Menschen bestätigt. Warum? Warum sind Rituale für unsere Seele so wichtig?

Wie Rituale unser Leben bereichern

Zunächst haben alle Rituale zwei grundsätzliche Wirkungsweisen (wie sie ähnlich auch schon bei der Wirkung von Musik dargestellt wurden): eine unmittelbare (direkte) und eine mittelbare (konditionierte) Wirkung.

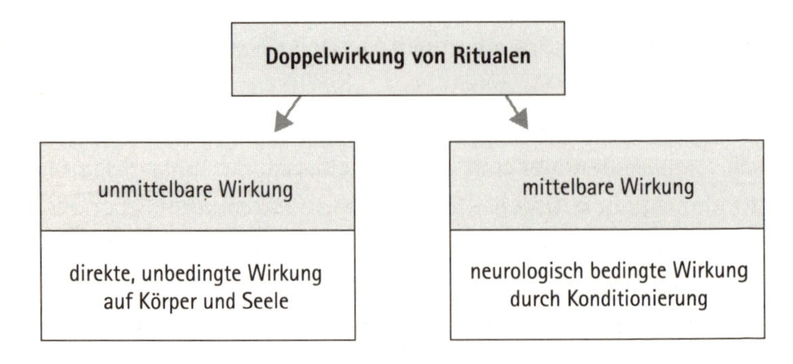

Die unmittelbare Wirkung von Ritualen

Es gibt mehrere Aspekte der unmittelbaren Wirkung von Ritualen:

Rituale haben eine stabilisierende Funktion, indem sie unser Leben und unsere Zeiterfahrung strukturieren. Rituale schaffen Ordnung im Bewusstsein und bilden innere Ankerplätze im schnellfließenden Strom der Zeit. Sie geben Sicherheit und Halt. Wie wichtig dieser Aspekt ist, kann man bei Kindern erleben, die aufs Genaueste an den kleinen und größeren Ritualen des Alltags festhalten: gemeinsames Frühstück, Tischgebete, die Gutenachtgeschichte und ein bestimmtes Lied vor dem Einschlafen. Jedes Mal muss es gleich ablaufen (jedenfalls für eine gewisse Periode), und es kann eine Tragödie werden, sollte eines davon einmal ausfallen. – Gemeinsame Rituale verankern einen außerdem in der Gemeinschaft mit anderen, verstärken also den inneren Halt und das Gefühl der Geborgenheit in der Familie oder einer bestimmten Gruppe.

Rituale helfen, wichtige Übergangssituationen im Leben zu markieren und zu überbrücken. Sei dies der Eintritt in die Schule, die Heirat oder der Antritt eines Amtes. Genauso können sie uns in schwierigen Zeiten stützen, wie nach dem Tod eines Familienangehörigen oder einer schweren Krankheit. Doch auch im Alltag bereichern kleine Übergangsrituale unser Leben, und sei es auch nur die erste Tasse Kaffee am Arbeitsplatz, mit der wir morgens noch mal kurz innehalten, um von Privatsphäre auf Arbeitswelt umzuschalten. Gewissermaßen »nehmen wir dabei den einen Gang heraus und legen einen neuen Gang ein«.

Rituale schaffen in unserem Leben feierliche Unterbrechungen. Sie bilden Momente der Besonderheit und Erhabenheit, indem sie sich eben vom sonst oft so »grauen Alltag« abheben. Dies ist gewissermaßen ein entscheidender Selbstzweck des Rituals: Es dient keinem messbaren oder wirtschaftlichen Zweck – außer der psychischen Bereicherung. Zweck des Rituals ist allenfalls das innere Erleben des feierlichen Ablaufes. Selbst die Geschenke, die einem nach Weihnachten oder einer Hochzeit verbleiben, sind nur Beiwerk des eigentlichen Geschehens.

Schließlich (vielleicht der wichtigste Aspekt) sind es Zeitinseln, die uns Gelegenheit zur Einkehr und Selbstreflexion bieten. Im Großen wie im Kleinen: Ob es der Morgenlauf im Park ist, der Espresso in einem Café zwischendurch, das Glas Rotwein am Abend vor dem Kamin oder der Kirchgang, die Weihnachtstage oder eine jährliche Fasten-Auszeit. Jedes Mal können wir kurz aussteigen aus dem Rennen des geschäftigen Lebens und bilanzieren, wo wir stehen, wie es uns geht, was wir wollen. Rituale haben insofern eine *zentrierende Funktion*, als sie uns helfen, innezuhalten und mit uns selbst in Kontakt zu kommen. Gerade deshalb sind es Möglichkeiten, seelisch aufzutanken und die inneren Ressourcen zu aktivieren.

Die unmittelbare Wirkung auf unseren Organismus und unser Gemüt beruht aber auch auf der Kraft der einzelnen Elemente, derer sich das Ritual bedient. Dies ist eine direkte und unbedingte Wirkung aufgrund der psychischen und physischen Reaktionsweisen des Menschen. So unterstützen beispielsweise die folgenden Mittel und Elemente die Sammlung und Zentrierung einer Person im Rahmen einer religiösen oder anderen Feier:

- Ein besonderer Raum, der in der Regel *Erhabenheit* ausstrahlt und *Geborgenheit* vermittelt, wie zum Beispiel eine romanische oder gotische Kathedrale, ein buddhistischer Tempel oder eine Moschee. Besonders in einer Krypta kann so mancher sich wie in einer Höhle geborgen fühlen.
- Das Halbdunkel in diesen Räumen unterstützt einen, die *Aufmerksamkeit von außen nach innen zu lenken und sich zu sammeln.* Je weniger Licht ans Auge dringt, umso geringer ist die Ablenkung, und umso leichter fällt es, bei sich zu bleiben und zu verharren.
- Offenes Feuer oder Kerzen haben eine *beruhigende Wirkung* auf die Seele. Daher sind sie ein wesentliches Element in fast allen religiösen und feierlichen Zeremonien der verschiedensten Kulturen. Dies kann man auch erfahren, wenn man eine Weile in ein Lagerfeuer oder einen offenen Kamin blickt, oder wenn man sich auch nur ein paar Kerzen anzündet. Die so genannte romantische Wirkung von Kerzenlicht beruht eben darauf, dass der Anblick einer offenen Flamme die meisten Menschen innerlich wohltuend und angenehm berührt.

- Der Einsatz von Weihrauch oder Räucherstäbchen *fördert einen meditativen Zustand des Gehirns.* Beide bestehen aus Substanzen, die jene Gehirnareale in ihrer Aktivität drosseln, die für analytisches und rationales Denken zuständig sind, und somit unterstützen sie das Gehirn, in einen nicht grübelnden, tranceähnlichen Zustand zu geraten. Statt mit unseren Gedanken, wie sonst im Alltag, ständig in die Vergangenheit oder Zukunft zu eilen, können wir so leichter in ein tiefes gegenwärtiges Erleben »eintauchen«.
- Bestimmte Symbole, Statuen, Bilder erinnern den Gläubigen an wichtige Inhalte seiner religiösen Tradition. Der bloße Anblick kann genügen, um innerlich sofort *wachzurufen, was für ihn wertvoll und heilig ist.*
- Die besondere Kleidung der Priester und Mönche, Schmuck und Blumen sind *Ausdruck der Feierlichkeit* der Zeremonie und tragen dazu bei, das Ritual vom normalen Alltagsleben abzuheben.
- Die Klänge von Glocken, Gongs oder Klangschalen haben in fast allen Kulturen ganz bestimmte Frequenzen, die eine *heilende oder beruhigende Wirkung* auf den Menschen haben. Es sind Frequenzen, die auch außerhalb ritueller Feiern im Rahmen von Klangtherapien erforscht und eingesetzt werden.
- Der Einsatz von Musik, Gesängen oder Tänzen hat (vgl. dazu S. 151) eine für unsere Gemütslage *bereichernde und oft beglückende Wirkung.*
- Mantrenhafte Gebete oder Gesänge haben einen positiven *tranceförndernden und zentrierenden Einfluss* auf unsere seelische Verfassung (siehe S. 229).

- Auch bestimmte besondere Körperhaltungen und Gesten können *das innere Erleben unterstützen.* Gefaltete Hände oder Stehen mit nach oben geöffneten Händen, Knien oder Lotussitz: Sie sind zum einen Ausdruck einer inneren Haltung, zum anderen fördern sie die eigene Andacht und Feierlichkeit. Wie innen, so außen – wie außen so innen!
- Die geordnete, immer gleiche Abfolge eines Rituals beziehungsweise der kirchlichen Liturgie hat eine *ordnende und stabilisierende Funktion* für Geist und Seele. Sie vermitteln Sicherheit und erlauben es, sich in den Ablauf des gewohnten Ritus »fallen zu lassen«, ohne ständig darauf Acht geben zu müssen, was wohl als Nächstes geschieht.
- Schließlich wirkt bei vielen Ritualen die Kraft der Gemeinsamkeit, die ein *gemeinsames Schwingen mit anderen* ermöglicht, das Aufgehen und Getragenwerden in der Gruppe Gleichgesinnter (vgl. dazu auch S. 266).

Die mittelbare Wirkung von Ritualen

Die *mittelbare Wirkung* auf uns beruht auf dem wiederholten Erleben der gleichen Elemente. Unser Nervensystem wird konditioniert, indem gleichzeitig mit einem bestimmten äußeren Reiz oder Geschehen die dabei erlebten Gefühle und inneren Zustände gespeichert werden. Bei der nächsten Begegnung mit einem dieser Elemente oder Reize werden automatisch die früher erfahrenen und verankerten Gefühle wachgerufen. Wer beispielsweise wiederholt mit dem Geruch von Weihrauch einen nach innen gekehrten Zustand der Andacht erlebt und somit in sich gespeichert hat, wird jedes Mal, wenn er diese Essenz riecht, leichter in eine entsprechende meditative Verfassung geraten. Bei den meisten Ritualen wird diese Wirkung dadurch noch verstärkt, dass mehrere solche Faktoren gleichzeitig erlebt werden, zum Beispiel der gleiche sakrale Raum, mit Kerzenlicht, Weihrauch und bestimmten Klängen, und in zeitlicher Abfolge ein positiv verankertes Element auf das andere folgt. Dies erleichtert es einem regelmäßigen Kirchgänger, sehr schnell in einen Zustand der Sammlung zu gelangen, viele der in der Vergangenheit mit dem gleichen Ritus erfahrenen positiven und beglückenden Erlebnisse und Gefühle wiederzubeleben und darin seine Seele auftanken zu lassen – immer vorausgesetzt, diese Erlebnisse waren für ihn bereichernd und wohltuend.

Hat jemand dagegen mit einem Ritual eher negative Erfahrungen gemacht und gespeichert, weil er beispielsweise zum Kirchgang gezwungen wurde, weil er wiederholt moralisierenden Vorhaltungen und für ihn unakzeptablen Belehrungen begegnet ist, dann werden eben auch diese wieder automatisch, mit den entsprechenden negativen Gefühlen, wachgerufen. So wird verständlich, wie es bei einem Ehepaar mit unterschiedlicher religiöser Vergangenheit geschehen kann, dass die Frau während eines kirchlichen Ritus tiefe, beglückende Erlebnisse hat, während der Mann, der ihr zuliebe daran teilgenommen hat, überwiegend Unwohlsein, Beklemmung und Stress empfindet. So kann die mittelbare, konditionierte Kraft der Rituale förderlich, wie auch hinderlich sein. Erst durch wiederholte, neue positive Erfahrungen ist mit der Zeit eine Umkonditionierung möglich. – Auch bei Ritualen anderer kultureller Traditionen, die uns am Anfang fremd und schwer zugänglich erscheinen, kann es sein, dass wir mit der Zeit mit ihnen vertraut werden, bereichernde Erfahrungen machen und so die positive Konditionierungswirkung nutzen können.

Natürlich haben Rituale noch etliche andere Funktionen, insbesondere unter sozialen und kulturellen Aspekten, doch sollte in diesem Buch der Fokus darauf gerichtet bleiben, dass und warum Rituale uns seelisch stabilisieren und uns helfen können, innerlich aufzutanken. Im Folgenden soll es nun darum gehen, Möglichkeiten aufzuzeigen, wie wir in der heutigen Zeit diese rituellen Ressourcen für unser Leben praktisch nutzen können.

Alltägliche Rituale für Ihre Seele

An sich ist unser Alltag von morgens bis abends eine Abfolge von kleineren oder größeren Ritualen, angefangen von Morgenritualen, Begrüßungsritualen, Arbeitsritualen, Essensritualen und Freizeitritualen bis hin zu feierlichen und religiösen Ritualen. Die meisten dieser Rituale werden unbewusst vollzogen, was die Wirkung der Rituale an sich auch nicht mindert. Um aber die Kraft der Rituale für das eigene psychische Erleben und Wohlbefinden besser zu nutzen, ist es hilfreich, *bewusst* zu erkennen, welche Rituale Ihnen persönlich gut tun, und welche nicht, wovon es abhängt, ob Sie in einem Ritual seelisch auftanken können, wie Sie neue Rituale in Ihr Leben integrieren können, und mit welchen kleinen und größeren Ritualen Sie Ihren konkreten Alltag bereichern können.

Wie Sie prinzipiell vorgehen können:

Am besten beginnen Sie mit einer kurzen *Ritualinventur.* Vielleicht nehmen Sie sich eine Viertelstunde Zeit und notieren sich, welche Rituale Sie in Ihrem Leben innerlich wirklich bereichern und welche Sie eher belasten. Wenn möglich schreiben Sie sich auch auf, warum das für Sie so ist. Grundsätzlich bieten sich Ihnen dann vier Möglichkeiten:

- Sie können Rituale, die Ihnen gut tun und Sie erfüllen, *bewusster und gezielter, oder sogar häufiger praktizieren.*
- Sie können die für Sie belastenden oder inhaltsleer gewordenen Rituale *eliminieren.*
- Bei Ritualen, die Sie in der bisher erlebten Form eher belastet haben, die sich aber nicht vermeiden lassen, können Sie versuchen, diesen eine andere Bedeutung zu geben oder sie so zu *verändern,* dass Sie sich damit wohler fühlen.
- Und Sie können *neue Rituale kreieren* und in Ihr Leben integrieren.

Ob Sie ein Ritual als positiv und für Sie bereichernd erleben können, hängt prinzipiell von vier Faktoren ab:

- Es sollte von seinem Zweck und Gehalt weitgehend *zu Ihrer Einstellung und Ihrem Wertesystem passen*, sodass Sie sich inhaltlich damit identifizieren können. Daher tun sich viele Menschen heute mit religiösen Ritualen schwer, wenn deren überlieferter Sinngehalt nicht mehr mit ihrem Weltbild konform geht.
- Sie sollten in der Vergangenheit mit diesem Ritual *möglichst keine* belastenden oder beeinträchtigenden Erfahrungen gemacht haben, sonst werden diese *Negativprägungen* (wie oben schon dargestellt) jedes Mal wieder mit wachgerufen.
- Das Ritual sollte weitgehend *authentisch und echt* vollzogen werden. Wenn es dagegen für die meisten Teilnehmer eher eine Farce ist oder es routinemäßig, ohne inneres Engagement »heruntergeleiert« wird, kann seine Wirkung sogar gegenteilig sein und Sie innerlich unangenehm berühren.
- Je mehr *positive Vorerfahrungen* Sie außerdem mit dem Ritual verbinden, umso schneller kann es in Ihnen seine Wirkung entfalten, desto leichter kommen Sie »in Fluss« – weil in Ihrem Bewusstsein und Nervensystem gewissermaßen schon die »Kanäle« angelegt sind, in denen die Energien des Rituals fließen können.

Sie können also auch neue Rituale kreieren und in Ihr Leben integrieren. Doch wie entsteht eigentlich ein Ritual? Ein Mönch antwortete einst auf diese Frage in einer verblüffend vereinfachenden Weise: »Wissen Sie, das ist wie mit einer Parkbank. Da erlebt jemand an einem Abend einen wunderbaren Sonnenuntergang, alles um ihn herum und in ihm ist friedlich und voller Harmonie, er ist eins mit sich, dem Universum und mit Gott. Dieses Erlebnis erfüllt ihn so sehr, dass er am nächsten Abend um die *gleiche Zeit* den *gleichen Ort* wieder aufsucht, um sich *in der gleichen Weise*, Richtung Westen gewandt, auf seine Parkbank zu setzen, in der Hoffnung *das Gleiche* wie beim letzten Mal *wiederzuerleben*. – Und schon haben Sie ein Ritual!« – Um sich ein neues, seelisch erfüllendes Ritual im eigenen Lebensalltag anzugewöhnen, ist es zweckmäßig und hilfreich, folgende Umstände zu berücksichtigen:

- Üben Sie das Ritual *regelmäßig*, möglichst *zur gleichen Zeit*, möglichst *am gleichen Platz* und jedes Mal möglichst *in gleicher oder zumindest in ähnlicher Weise* aus. So programmieren Sie Ihr Nervensystem, das Sie mit jeder Wiederholung der gleichen Handlung in zunehmendem Maße unterstützt. Wenn Sie beispielsweise jeden Morgen um 6.30 Uhr eine viertel Stunde meditieren, dann »ruft« Sie gewissermaßen nach einigen Wochen täglicher Übung Ihre »innere Uhr«, um diese Zeit am Morgen zur Meditation (zeitlicher Anker). Wenn Sie dabei den gleichen Platz aufsuchen (visueller Anker) und dort eine bestimmte Meditationshaltung einnehmen (körperlicher Anker), dann schaltet Ihr Nervensystem fast automatisch auf »Meditieren« – denn zu dieser Uhrzeit, an diesem Ort und mit dieser Haltung ist in Ihrem Nervensystem der innere Zustand der Meditation gespeichert und verankert. Natürlich können Sie zusätzlich auch noch bestimmte Klänge oder Musik einsetzen (akustische Anker) und den gleichen Geruch einer Duftlampe (Geruchs-Anker). All diese Faktoren sind zwar nicht das Eigentliche, worum es Ihnen geht, aber sie sind doch hilfreiche Begleitumstände, die es Ihnen erleichtern, Ihr Ritual zu praktizieren und aus Ihrem sonst so andersartigen Leben »umzuschalten« und innezuhalten. – Später, wenn das Ritual in Ihrem Leben fest verankert und zur Gewohnheit geworden ist, können Sie es auch unabhängig von Zeit, Ort und sonstigen Umständen praktizieren. – Dennoch sind Regelmäßigkeit und Gleichheit der Umstände immer wichtige Hilfen. Von ihnen profitieren nahezu alle Rituale und religiösen Praktiken in den verschiedensten Kulturen.

- Erlauben Sie sich, wenn das neue Ritual Sie am Anfang viel Überwindung kostet, *klein anzufangen* (beispielsweise nur mit wenigen Minuten) *und die Zeit dann langsam zu steigern.* Weil der Anfang oft so schwer ist, kann es durchaus sinnvoll sein, ihn sich so leicht wie möglich zu machen. Auf diese Weise gewöhnen Sie Ihr Nervensystem auch schrittweise an die neue Praxis, ohne sich zu überfordern. – Und Überforderung in der Anfangsphase ist für viele neue Vorhaben häufig der Grund, warum man schnell wieder aufgibt.

Kleine und große Rituale im Alltag

Nutzen Sie einige der vielen Möglichkeiten, »*Minirituale für die Seele*« in Ihr Alltagsleben einzubauen:

Am wichtigsten ist wohl, wie man den Tag beginnt und abschließt. Anfang und Ende bilden den Rahmen des Tages. Besonders der Morgen ist für rituelle Handlungen prädestiniert. Oft wird unterschätzt, welch grundlegende Entscheidung für die Stimmung des restlichen Tages hier getroffen wird, wie beim Start im Sport. Wer seine Seele durch kleine Rituale am Tagesbeginn kurz auftanken lässt und sich innerlich eine positive Ausrichtung gibt, geht mit einer ganz anderen Grundstimmung in den Tag und imprägniert sich gewissermaßen gegen so manche Widrigkeiten, die einem im Laufe des Tages begegnen können.

- Sofort nach dem Aufwachen können Sie beispielsweise ans Fenster gehen, Vorhänge und Jalousien öffnen und *den neuen Tag begrüßen.* Vielleicht heißen Sie ihn willkommen, wie ein kleines Kind, das Sie neu anvertraut bekommen. Und so wie man am Anfang ein Kleinkind behutsam, sanft und besonders fürsorglich behandelt, kann es auch Ihnen gut tun, mit sich selber in ähnlicher Weise umzugehen.
- *Bei der Morgentoilette* bereitet man sich nicht nur äußerlich auf die Welt draußen vor. Im Bad fallen meist auch die Würfel für die emotionale Verfassung, mit der wir in den Tag starten. Wie wäre es mit einem Ritual, *sich vor dem Spiegel stehend liebevoll zu begrüßen*, sich anzulachen und ein paar aufmunternde Worte zu sagen, zum Beispiel: »Guten Morgen Michael(a), willkommen in einem neuen Tag!« Und wenn Sie dabei lachen müssen, weil Sie vielleicht noch etwas

zerknittert oder verkatert dreinschauen – umso besser: Ein wenig Humor am Morgen tut der Seele immer gut!

- *Beim Duschen* können Sie bewusst für Ihren Körper und Ihre Gesundheit *danken* oder sich zehn Dinge aufzählen, für die Sie an diesem Morgen dankbar sein können.
- Sie können sich *einige Minuten Zeit nehmen innezuhalten*, ein Morgengebet zu sprechen oder einen kurzen Text zu lesen, der Sie innerlich ausrichtet und stärkt. Möglicherweise hören Sie dabei eine Ihnen wohltuende Musik.
- Natürlich können Sie auch Ihre *morgendliche Tasse Kaffee oder Tee bewusst zelebrieren*, genauso wie das Frühstück – alleine oder gemeinsam mit Ihrem Partner oder der Familie.

Nutzen Sie Ihre Rituale auf dem Weg zur Arbeit. Sie können zum Beispiel im Auto gute Musik hören, in der Bahn seelisch wohltuende Texte lesen oder unterwegs in einem Café einkehren und sich dort bewusst eine halbe Stunde Zeit für sich gönnen, bevor Sie Ihre Berufswelt betreten.

Auch die Begrüßung anderer Menschen kann zum Ritual werden – und weit mehr sein als der Austausch von Gewohnheitsfloskeln. Wenn Sie dem anderen bewusst begegnen, vielleicht ihre wirkliche Freude spüren lassen, diesen Menschen zu treffen und womöglich ein paar ehrlich gemeinte, nette Worte sagen, dann können diese zu Streicheleinheiten für die Seele des anderen, aber auch für Sie selber werden. Beide setzen danach ihren Weg bereichert fort.

Einige Menschen nutzen kleine Rituale kurz vor Arbeitsbeginn – beispielsweise indem sie sich positiv auf die vor ihnen liegenden Aufgaben und Aktivitäten einstimmen. Natürlich kann auch hier im Büro, Geschäft oder sonstigem Arbeitsplatz zunächst das Zelebrieren einer Tasse Tee oder Kaffee zu einem ritualisierten Moment der Einkehr und des Übergangs werden.

Für manche Situationen empfiehlt Dale Carnegie das Ritual mit der Sorgendose. Stellen Sie auf Ihren Schreibtisch eine Dose oder Schachtel mit der Aufschrift »Sorgen«. Wenn sich tagsüber plötzlich ein »unerwünschtes« inneres Problem meldet, das mit der gegenwärtigen Aufgabe in keinerlei Zusammenhang steht, jedoch zum Grübeln und Nachdenken verleitet, dann notieren Sie stichwortartig das Problem und werfen Sie den Zettel in die Sorgendose. Psychologisch gesehen ist es damit im Augenblick »bearbeitet«. Wenn Sie diese Dose in entsprechenden Zeitabschnitten leeren und sich dann, wenn Sie Zeit haben, den konkreten Problemen auch widmen, dann weiß Ihre innere Steuerungszentrale gewissermaßen, dass es auf Wiedervorlage liegt, und kann sie vorübergehend in Ruhe weiterarbeiten lassen. Natürlich kann die »Sorgendose« genauso gut eine Seite in Ihrem Timer oder ein entsprechendes Dokument in Ihrem Computer sein! Hauptsache, Sie räumen es vorübergehend mental und seelisch aus dem Weg.

Nutzen Sie Pausenrituale:

- Die zehnminütige *Kurzmeditation* im Büro, eine Viertelstunde auf der Parkbank in der Mittagszeit, der Gang um den Häuserblock, ein paar Minuten Entspannungsmusik zwischendurch, die Zigarette auf dem Balkon oder immer wieder das Innehalten bei einem Espresso oder Tee während der Arbeit.
- *Vor dem Essen* bietet sich jedes Mal das Ritual an, *kurz zu danken*, um sich dessen Wertigkeit wieder bewusst zu machen, und um die Speisen intensiver zu genießen (siehe oben S. 220).
- Zwischen Arbeit und Feierabend ist für viele Menschen ein *Übergangsritual* hilfreich, um seelisch den Alltag wie eine Haut abzustreifen, sich sozusagen zu »häuten«. Das kann ein Spaziergang mit dem Hund sein, ein Saunabesuch, ein Pils an einer Bartheke, eine heiße Dusche oder Badewanne oder das bewusste Wechseln der Kleider. Achten Sie auf diese Übergänge! Hier sind Rituale besonders wichtig. Wie oft habe ich die Erfahrung gemacht, dass ich abends beim Spiel mit meinen Kindern nur körperlich, aber nicht geistig anwesend war, nämlich dann, wenn ich den Übergang (unbewusst) übergangen hatte!

Wie der Beginn, so ist auch der Abschluss des Tages ein psychisch wichtiger Dreh- und Angelpunkt. Mit welchem Ritual wollen Sie den Tag beenden, bevor Sie »abtauchen« ins Reich des Schlafes und der Träume? Eine erprobte Methode ist es, sich in einem *Tagebuch* die bedeutendsten Ereignisse des Tages zu notieren, was einen bewegt, verunsichert, gefreut oder bereichert hat.

Ob schriftlich oder nicht, es geht primär darum, noch einmal kurz innezuhalten und sich des eigenen Lebens an diesem Tag *noch einmal bewusst zu werden*, für manches davon zu danken. Variante: Zählen Sie sich einfach sieben Dinge auf, für die Sie an dem Tag dankbar sein können (siehe hierzu schon im Kapitel Dankbarkeit S. 217).

Nutzen Sie auch die Kräfte der größeren Rituale, kirchlicher Feiern und traditioneller Feste, wie Weihnachten und Ostern. Vielleicht gelingt es Ihnen, sie vom Ballast der reinen Gewohnheit und Äußerlichkeit zu befreien, ihre ursprüngliche oder eine neue Bedeutung für Ihr Leben zu entdecken. Beispielsweise kann man sich bewusst machen: Weihnachten hat das alte germanische Fest des Lichtes ersetzt (weil ab dem 22. Dezember die Tage länger wurden), Jesus hat, so die christliche Überlieferung, das Licht in die Welt gebracht, was kann in das eigene Leben wieder Licht bringen, für wen kann man selber möglicherweise »Licht« sein?

Schließlich haben Sie die Möglichkeit, von Zeit zu Zeit von den *Ritualen des Weglassens* zu profitieren, auch Fastenzeiten genannt. Und eigentlich könnte es einen doch wundern: Wenn die Menschen sich an die vielen Dinge in ihrem Leben gewöhnt haben, sodass sie kaum noch etwas reizt, dann versuchen sie, durch Reizerhöhung die Lebensintensität zu steigern – woran man sich allerdings auch wieder gewöhnen kann. Viel sinnvoller ist es – so zumindest auch die Weisheit der Epikuräer, der altgriechischen Meister des wahren Genusses –, vorübergehend durch Reizreduktion ein erneut intensives Erleben des Gewohnten zu ermöglichen.

Das ist das eigentliche Geheimnis des Fastens – abgesehen von seiner gesundheitlichen Reinigungsfunktion für Körper und Seele. Sicher, am Anfang mag es etwas Überwindung kosten und der Lebensgenuss geschmälert erscheinen, doch dann braucht man dafür immer weniger Kraft, während die Lebensintensität zunimmt.

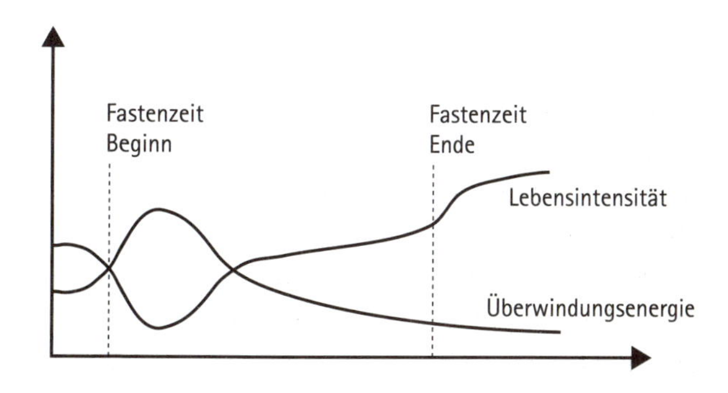

Fasten ist also keine Entbehrung, die sich *gegen* den eigenen Lebensgenuss richtet (durch Unterdrückung der eigenen Bedürfnisse), sondern ein gesunder Verzicht *für* etwas, nämlich für ein intensiveres eigenes Erleben! Wer schon einmal gefastet hat, weiß in der Regel, dass dies ein gesteigertes Körpergefühl, größere geistige Klarheit und letztlich auch eine größere Genussfähigkeit bewirkt. Allerdings, wenn Sie fasten, dann bitte nicht mit einer Leidensmiene und nach außen kundgegebener Haltung der Entbehrung, sondern am besten so, dass es die Umwelt gar nicht mitbekommt, oder allenfalls mit einer einfachen Erklärung, dass Sie vorübergehend etwas weglassen. Was das ist, hängt ganz von Ihnen ab, irgendetwas, das Sie vorübergehend mal lassen wollen, sei dies Fleisch, Schokolade, Alkohol oder Fernsehen. Ja, ein Monat ohne Fernsehen kann viel bewirken – und dann stellt man vielleicht sogar fest, dass man gar nichts versäumt hat! Doch empfehlenswerterweise verzichten Sie jeweils nur auf eine Sache, sonst kann die Fastenzeit tatsächlich zu einer eher frustrierenden Überforderung werden, bei der Sie so sehr in Ihrem Kampf mit Ihrem »inneren Schweinehund« gefangen sind, dass es Ihre Seele schwer hat, dabei wirklich aufzutanken. Letztlich geht es darum, für sich selber eine (seelisch) gesunde Balance zwischen »reiz-armen« und »reiz-vollen« Zeiten zu finden. So kann Fasten Ihr Leben als sinnvolles Ritual bereichern.

Rituale und Feste:
Festhalten und mitnehmen möchte ich

....

....

....

....

....

Engagement für andere

Der Lohn einer guten Handlung liegt darin, dass man sie vollbracht hat.

Seneca

In den vergangenen dreißig Jahren ging der Trend in Deutschland zunächst immer mehr in Richtung Egokult und individueller Selbstverwirklichung, verbunden mit einer nachlassenden Bereitschaft, sich um andere zu sorgen. Allerdings wurden viele dabei frustriert und einsam.

Wiederholte Umfragen ergaben jedoch, dass seit Mitte der neunziger Jahre ein Trendwechsel eingesetzt hat: Die Deutschen scheinen sich wieder stärker ihren Mitmenschen zuzuwenden und zu einer »neuen sozialen Offenheit« zu finden. Wie die Shell-Jugendstudie 2002 zeigte, sehnen sich immer mehr junge Menschen danach, von der Gesellschaft gebraucht zu werden, und mehr als zwanzig Millionen Deutsche engagieren sich zurzeit ehrenamtlich für das Gemeinwesen.

Tatsächlich scheint ein erfülltes Leben ohne Engagement für andere nicht möglich zu sein. Etwas für andere Menschen zu tun, sich helfend einzusetzen, in welcher Form auch immer, scheint nicht nur bei uns, sondern in allen Kulturen ein Grundbestandteil eines seelisch gesunden Lebens zu sein. Warum?

Warum ist es so sinnvoll und wichtig, und warum kann es wohltuend sein, in irgendeiner Weise einen Beitrag zum Wohle des Gemeinwesens zu leisten?

Vom Sinn und Gewinn des Engagements für andere

Etliche Menschen werden karitativ tätig, um ihrer religiösen oder ethisch-moralischen Überzeugung gerecht zu werden. Immer wieder hört man: »Es ist eine Christenpflicht, Nächstenliebe zu üben«, und die Aussage Jesu »Liebe deinen Nächsten wie dich selbst« wurde immer wieder als Pflicht (miss-)verstanden, die es zu erfüllen gilt, um einst im Himmelreich dafür belohnt zu werden. Doch wie soll man eigentlich Liebe aus Pflicht üben? »Wenn das Erbarmen nicht aus dem Herzen kommt, kommt es beim Empfänger auch nicht wirklich als Barmherzigkeit an, sondern verursacht bei ihm eher ein schlechtes Gewissen, das ihn mit Schuldgefühlen erfüllt«, schreibt Pater Anselm Grün. Und genau genommen sind Pflichterfüllung und Moral hierfür auch gar nicht erforderlich, denn »wer Erbarmen übt, tut sich selbst wohl«, heißt es schon in den Sprüchen Salomons (11, 17). Mit anderen Worten: Wer anderen hilft, tut seiner Seele etwas Gutes. Warum ist das so?

Einsatz für andere als Voraussetzung persönlicher Reife. In allen geistigen Traditionen findet sich die Erkenntnis, dass der helfende Einsatz für andere ein wesentlicher Teil, wenn nicht gar Voraussetzung des persönlichen Reifungsprozesses ist. Ob Moses, Jesus, Mohammed oder Buddha, alle haben den Menschen die gleiche Weisung gegeben: »Wer nur für sich selbst lebt, kann niemals über sich hinauswachsen. Wer aber für das Wohl anderer da ist, der wird seine höchste Entwicklungsstufe erreichen«, formuliert es Eknath Easwaran. Schon vor der jüdischen und christlichen Tradition hat der römische Philosoph und Rhetoriker Cicero gesagt: »Durch nichts ist der Mensch den Göttern näher, als wenn er seinem Nächsten Gutes tut«. So haben auch Umfragen von amerikanischen und finnischen Wissenschaftlern über die Beweggründe freiwilliger Helfer ergeben, dass der Wille zu helfen von vielen Menschen als elementarer Teil der eigenen Persönlichkeit gesehen wird.

Blick über die eigene Lebenssituation hinaus. Wer sich ständig nur um sich selber dreht und sich ausschließlich mit den eigenen Wünschen und Bedürfnissen beschäftigt, isoliert sich immer mehr von seiner Umwelt und wird mehr und mehr in sich selber gefangen. Er baut sozusagen die unsichtbaren Wände des eigenen Gefängnisses immer höher. Der Einsatz für andere Menschen dagegen, die meist unter viel schwierigeren Umständen leben, löst einen aus dem Gefangensein in der eigenen Lebenssituation und macht einem in der Regel auch wieder bewusst, wie gut es einem selber geht. Menschen, die sich helfend für andere engagieren, *fördern in sich die Fähigkeit zu Mitgefühl, Verständnis und eigener Zufriedenheit.* Gewissermaßen ist der Profit unter anderem eine persönliche »Horizont- und Herzerweiterung«.

Tieferer Lebenssinn. Das Engagement für andere kann unserem Leben einen tieferen Sinn geben, und die menschliche Seele sehnt sich nach Sinn! Sinn ist ein Hauptfaktor für Erfüllung und Zufriedenheit im Leben. Und für sinnhaftes Handeln ist der Mensch oft bereit, alles zu geben – im positiven, wie leider auch im negativen Sinne (wie beispielsweise die Selbstmordattentate zeigen). Wie der amerikanische Glücksforscher Martin Seligman bestätigt, ist der Einsatz der eigenen Stärken für ein höheres Ziel Voraussetzung für ein »sinnvolles Leben«. Untersuchungen über die Motivationsfaktoren von Putzpersonal in Krankenhäusern haben ergeben, dass diejenigen sogar Glück bei ihrer Arbeit empfanden und mit Begeisterung und großem Engagement bei der Sache waren, die glaubten, dass sie eine sinnvolle und für die Patienten wichtige Arbeit leisteten.

Der Mensch hat anscheinend ein natürliches und tiefes Bedürfnis zu geben. Und er ist froh, wenn er jemanden findet, dem er geben kann. Das kann man schon an der Freude kleiner Kinder erkennen, wenn sie einem etwas selbst Gebasteltes schenken können. Und auch viele Jugendliche haben das Bedürfnis, sich sinnvoll zu betätigen. So sagt beispielsweise Josef Grundner, früher bei Cap Anamur, jetzt Mitglied des Peace-Corps »Grünhelme«, stellvertretend für viele andere: »Ich habe mir schon als junger Mensch gewünscht, etwas zu bewegen.« Von wegen Null-Bock-Generation! Für manch ehrenamtlich Tätige ist Helfen ein wesentlicher, mittragender Grund ihres Lebens geworden. Und wie wesentlich dieser Faktor ist, wird meist erst deutlich, wenn jemand meint, er könne nichts mehr geben oder für andere tun. Das Schlimmste für Arbeitslose sind nicht einmal die finanziellen Schwierigkeiten, sondern das Gefühl, nicht gebraucht zu werden! Ebenso ältere Menschen, die nach ihrer Pensionierung in Wohltätigkeit einen heilsamen Ausweg aus dem Gefühl der Leere und der persönlichen Nutzlosigkeit finden. – Sich für andere zu engagieren, erfüllt also in allen Lebenssituationen unser Bedürfnis, gebraucht zu werden und gibt dem Leben Sinn.

Sofortiger Return on investment. Wenn wir etwas für andere tun, dann tut es uns selber gut, und zwar unmittelbar im Augenblick der Tat. Wir bekommen gewissermaßen in »Seelenwährung« sofort vergütet, was wir tun – ein »instant return on investment«. Nicht erst später im »Jenseits«. Daher müsste es heißen:

Wir werden nicht später für unsere guten Taten belohnt,
sondern durch unsere guten Taten –
im Augenblick, da wir sie tun!

Dass der Helfer vom Helfen selbst belohnt wird, schien auch König Salomo zu wissen, der im Alten Testament schrieb: »Eine segnende Seele wird gesättigt, und wer andere tränkt, wird selbst erquickt.« (Sprüche 11, 25) Letztlich könnte man sagen: Was auch immer Sie für andere tun, Sie tun es auch für sich!

Dies ist gewissermaßen ein gesunder »altruistischer Egoismus«, der auch unabhängiger machen kann von der Anerkennung durch die Öffentlichkeit. – Sie dienen sich selbst, wenn Sie anderen dienen! So hat sich auch Mutter Theresa durch ihr Engagement für andere viel Gutes getan und ein seelisch reiches und erfülltes Leben gelebt.

Doch es geht bei alledem nicht darum, es Mutter Theresa nachzumachen, alles aufzuopfern oder gar zum oder zur Heiligen zu werden. Es geht darum, sinnvolle Möglichkeiten in Ihrem konkreten Alltag zu finden, wie Sie sich, ohne sich zu überfordern auf Ihre persönliche Weise engagieren können, wenn Sie es wollen.

Wirken, aber wie?

»Was kann ich schon tun? Es hat eh keinen Sinn! Was soll ich alleine schon bewirken können?« – Diese und ähnliche Sätze hört man immer wieder mit resigniertem Ton vorgetragen, von Menschen, die sich an sich ja gerne mehr engagieren würden, aber...

Doch jeder Einzelne kann sehr viel bewirken! Dabei sind zwei Aspekte wichtig:

1. Für den einzelnen Menschen und seine Seele ist es in erster Linie gar nicht so wichtig, *wie viel* er bewirkt, sondern *mit welcher inneren Haltung* er sich engagiert. Ob jemand als Helfer bei einer Erdbebenkatastrophe von 2000 Verschütteten eine Person oder drei rettet, mag zwar objektiv, für das Ausmaß der Gesamthilfe von Bedeutung sein, subjektiv, für den Helfer sel-

ber ist entscheidender, dass er sich voll engagiert, »sein Bestes« gegeben hat. So kommt es letztlich auch nicht auf die absolute Summe einer Spende an, sondern *dass* ich im Verhältnis zu meinem sonstigen Vermögen einen gewissen Betrag eingesetzt habe. Da man es wie gesagt auch für sich selber tut, passt eigentlich auch nicht die übliche Formulierung »geopfert«.

Maßgeblich ist, dass sich bei meiner persönlichen Seeleninventur eine ausreichende Balance von dem ergibt, was ich für mich und für andere einsetze.

2. Der Umfang des Engagements für andere *kann sich im Laufe des Lebens entwickeln und steigern.* Es kann sein, dass jemand am Anfang »nur« drei bis fünf Prozent seiner zeitlichen und materiellen Ressourcen für andere einsetzt, und dass im Laufe der Jahre aufgrund der positiven Erfahrungen damit, wie gut es ihm selber tut, der Wunsch in ihm wächst, mehr zu tun, und er dann zehn bis hin zu fünfzig oder noch mehr Prozent für andere gibt. Aber ein Prozent ist auch schon etwas! (Soweit sich das Engagement für andere überhaupt in dieser Weise quantifizieren lässt.) Das Bedürfnis der Seele, zu wirken und einen sinnvollen Beitrag im Leben zu leisten, entfaltet sich mit der Zeit von selber, wenn man es nur zulässt.

So lassen sich auch die Möglichkeiten, sich für andere zu engagieren, in Stufen darstellen, wobei der Umfang des Engagements nichts über dessen Wertigkeit aussagt.

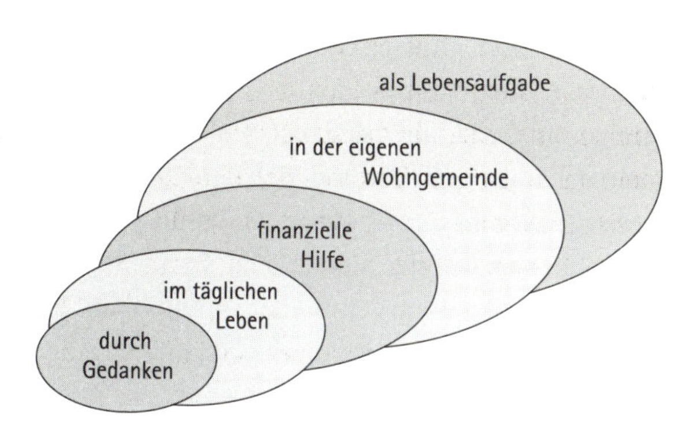

- Natürlich kann die Hilfe für andere zur *Lebensaufgabe* werden, wie bei Albert Schweitzer, Mutter Theresa oder Rupert Neudeck, Initiator der Cap Anamur. Menschen dieser Art gab es und gibt es glücklicherweise immer wieder, sonst wäre die Not vieler Menschen auf der Erde noch größer. Ihr Engagement ist ihre Berufung, der Hauptsinn ihres Lebens und entsprechend werden sie auch seelisch, durch das was sie tun, erfüllt. Eine solche Entscheidung wird auch nicht im Kopf getroffen, sondern entfaltet sich von innen, in der Regel weil jemand so tief ergriffen wird vom Leid anderer, dass alles andere im eigenen Leben neben dem Wunsch zu helfen zweitrangig wird.
- Andere engagieren sich in einem *Amt* oder übernehmen eine *größere Aufgabe* im sozialen, politischen oder kulturellen Bereich – vorübergehend oder auch länger, ohne jedoch ihren sonstigen beruflichen und privaten Weg zu verlassen. Ob als ehrenamtlicher Bürgermeister, Leiter einer Hilfsorganisation, Gründer einer Umweltinitiative oder auch

durch einen mehrwöchigen freiwilligen Einsatz als Helfer in einem Krisengebiet.

- Weniger zeitraubend, aber genauso sinnvoll und innerlich bereichernd kann es sein, sich *in der eigenen Wohngemeinde* zu engagieren: in der Nachbarschaftshilfe, im Kirchenverein, im Elternbeirat der Schule oder im Jugendsportverein, im Lions- oder Rotaryclub ebenso wie beim Malteser Hilfswerk oder den Johannitern.
- Wer weniger Zeit investieren und doch anderen helfen will, hat natürlich immer die Möglichkeit, seinen Beitrag durch *finanzielle Hilfe* zu leisten: durch Spenden an Hilfsorganisationen genauso wie durch gezielte Geldunterstützung vor Ort. Viele Menschen übernehmen Patenschaften für Kinder in der Dritten Welt, zu denen sie dann durch Briefe, den Austausch von Fotos und kleine Geschenke eine persönliche Beziehung aufbauen.
- Der unmittelbarste Ansatzpunkt mit den meisten Möglichkeiten, bietet allerdings *das tägliche Leben.* Oft unterschätzt man, wie viel hier ohne großen finanziellen oder zeitlichen Einsatz erreicht werden kann, für andere und die eigene Seele. Der konkrete Alltag bietet die besten und einfachsten Möglichkeiten, um sich zu üben, etwas mehr für andere zu tun und mit der Zeit, aufgrund der positiven Erfahrung, auch die eigene Einstellung zu verändern. Hier kann es schon genügen,

- jemandem eine kleine unerwartete Freude zu bereiten, einem Familienmitglied, Bürokollegen oder auch einem

Passanten auf der Straße, durch ein freundliches Wort, ein herzliches Lächeln oder eine Geste der Aufmerksamkeit;
- sich Zeit zu nehmen, jemandem in Ruhe zuzuhören und Verständnis und Mitgefühl für seinen Kummer oder seine Freude zu zeigen;
- eine leere Zigarettenschachtel von der Straße aufzuheben und in den nächsten Abfalleimer zu werfen, auch wenn es nicht die eigene ist. Man schafft »ein Stückchen Ordnung« auf der Welt (vergleiche oben S. 53).
- einem älteren Menschen über die Straße zu helfen;
- einen Streit zu schlichten oder den Ärger eines Arbeitskollegen aufzufangen, auch wenn es einen nichts angehen müsste;
- einen Freund oder Bekannten anrufen, nur um ihm zu sagen, dass man gerade an ihn denkt und sich freut, dass es ihn gibt, ohne weiteren Zweck - ein solch »zweckloses« Telefonat ist für die Seele keineswegs zwecklos!

Wenn Sie ein wenig nachdenken, werden Ihnen wahrscheinlich noch so manche Gelegenheiten einfallen, wie Sie um sich herum mit geringem Aufwand etwas zum Besseren gestalten können. Und das kann sogar ansteckend sein! Auch *Gedanken, gute Wünsche und Gebete* können für andere viel bewirken - für die anderen wie in uns selber (siehe oben S. 231).

Finden Sie selbst heraus, was Sie anspricht, wozu Ihr Herz Sie ruft, und erlauben Sie sich auch, das eine oder andere auszuprobieren. Manchmal kostet der erste Schritt etwas Überwindung. Doch mit jeder Erfahrung, wie viel Freude es bereiten kann, etwas für andere zu tun, wächst in der Regel auch die innere Bereitschaft und der Wunsch, sich mehr zu engagieren. Nicht, um eine Pflicht zu erfüllen, sondern um sich und die eigene Seele davon erfüllen zu lassen!

Engagement für andere:
Festhalten und mitnehmen möchte ich

....
....
....
....
....
....
....
....
....
....
....
....
....
....
....
....
....
....
....

Teil III

Zusammenfassung und Tipps zur Umsetzung

Im zweiten Teil dieses Buches haben Sie anhand der 15 dargestellten Seelenquellen so viele Informationen und Anregungen bekommen, dass es völlig verständlich wäre, wenn Sie sich fragen: Wie soll ich mir das nur alles merken und in meinem Leben umsetzen? Ich sage Ihnen, das müssen Sie nicht. Es geht gar nicht darum, sich die vielen neuen Informationen zu merken, allenfalls die für Sie wirklich relevanten, und diese zu notieren hatten Sie ja am Ende jedes Kapitels Gelegenheit. Ebenso wenig geht es darum, alle Anregungen umzusetzen, sondern nur diejenigen, die wirklich zu Ihnen passen, bei denen Sie wirklich innerlich auftanken können. Wie Sie das auf Ihre Weise leichter realisieren können, dazu erhalten Sie im Folgenden einige Tipps und vorher nochmals eine Zusammenfassung, die Ihnen den Gesamtzusammenhang der verschiedenen Seelenquellen veranschaulichen kann.

Das Wichtigste im Überblick

Um den Überblick zu erleichtern, zeigt Ihnen der folgende Abschnitt die verschiedenen Ebenen, auf denen die Seelenquellen wirken. Anschließend erfahren Sie, wie sich Körper und Geist einerseits und unsere innere Verfassung andererseits gegenseitig beeinflussen. Schließlich finden Sie eine Zusammenfassung der wichtigsten Wirkungsweisen der einzelnen Seelenquellen.

Die verschiedenen Ebenen

Die im zweiten Teil dieses Buches aufgeführten Seelenquellen wirken auf sehr unterschiedlichen Ebenen unseres äußeren und inneren Lebens. Der dargestellte Weg führt gewissermaßen von außen nach innen und dann wieder nach außen:

- Von *äußerem Tun* (Ordnung schaffen im Außen und konzentriertes Tun)
- über den *Körper* (körperliche Entspannung, Bewegung und Genießen)
- und die Wirkung *heilsamer Impulse* (durch Natur, Musik, Gesang, Tanz, Kunst und Literatur)

- zu den *positiven inneren Kräften* (Lachen, Heiterkeit und Danken)
- und dem *Eintauchen im Innersten* (mit der Sprache des Herzens, Meditation und Stille)
- und schließlich wieder nach außen zur *Verbindung mit den Mitmenschen* (im Gleichklang mit anderen, Ritualen, Festen und dem Engagement für andere).

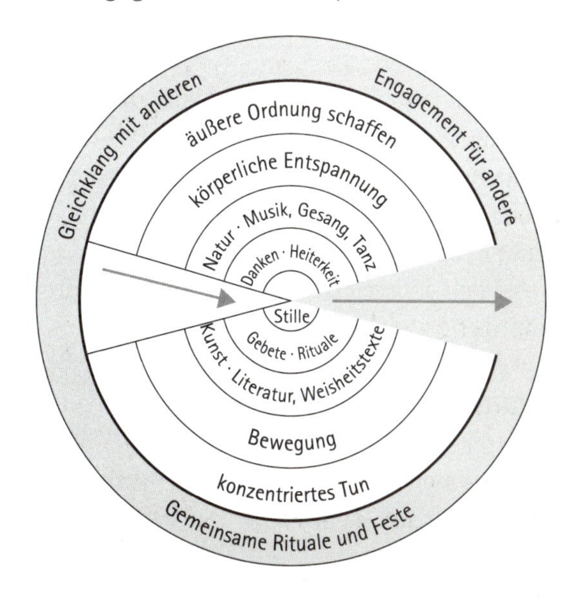

Selbstverständlich ist diese Einteilung nicht ohne Überschneidungen möglich. So wäre beispielsweise das Ordnungschaffen im Inneren durch Verzeihen eher der Ebene der positiven inneren Kräfte zuzuordnen und bei den Ritualen zwischen persönlichen und den gemeinsam vollzogenen zu unterscheiden.

Diese Darstellung soll auch nicht als eine Reihenfolge verstanden werden, der chronologisch zu folgen wäre, denn auf jeder dieser Stufen oder Ebenen ist es möglich, seelisch aufzutanken – in der Stille wie im Engagement für andere. Und außerdem beeinflussen sich diese Bereiche auch wechselseitig.

Das Prinzip der Wechselwirkung

Ob wir im Leben glücklich, erfüllt und zufrieden sind, ist wohl in erster Linie von unserer seelischen Verfassung abhängig. Und doch besteht hierbei eine wechselseitige Wirkung: einerseits in uns selbst, zwischen Körper und Geist, andrerseits in Verbindung mit der Umwelt, zwischen unserer inneren Verfassung und den äußeren Umständen. Was ist damit gemeint?

Die wechselseitige Wirkung in uns selbst

Wenn es uns körperlich gut geht, wir beispielsweise gesund, ausgeschlafen und entspannt sind und eine gute Körperchemie haben, dann fördert das in Geist und Psyche eine gute Einstellung und eine positive seelische Verfassung. Umgekehrt können aber auch positive Gedanken und eine zuversichtliche Einstellung im Körper für Wohlbefinden sorgen, ja sogar eine stresslindernde oder heilende Wirkung entfalten.

Der Weg zu einer besseren inneren Verfassung kann also sowohl über den Körper führen, beispielsweise durch Bewegung oder Entspannungsübungen, als auch über den Geist, wie durch heitere Gedanken, Lektüre von Texten, die einen innerlich berühren und ermutigen oder durch ein gutes wohltuendes Gespräch mit einer vertrauten Person.

In der Praxis gilt es herauszufinden, welche dieser verschiedenen Möglichkeiten für Sie in Ihrer konkreten Situation angemessen ist, um Ihre Ressourcen wieder zu aktivieren.

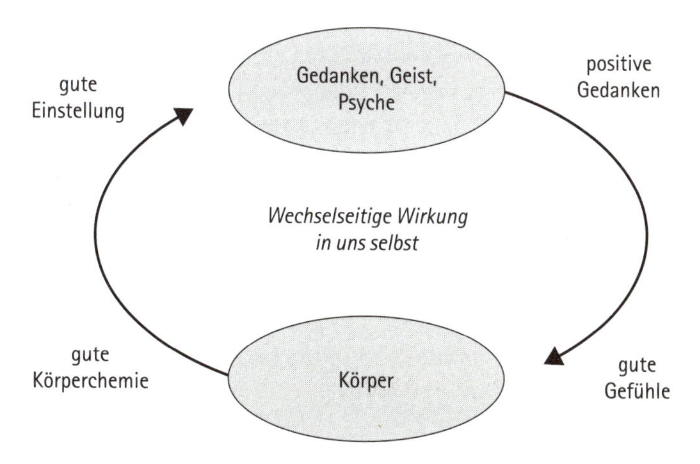

Die wechselseitige Wirkung in Verbindung mit der Umwelt

Wer innerlich in einer froh gelaunten und ausgeglichenen Verfassung ist, strahlt diese in der Regel auf seine Umwelt aus. Entsprechend wirkt sich diese positive Ausstrahlung auch auf die Qualität seiner Arbeit, auf seinen Umgang mit anderen

Menschen, aber möglicherweise auch auf die Art und Weise, sein Äußeres und seine Umgebung zu gestalten, aus.

So kann sich seine »innere Aufgeräumtheit« beispielsweise in seiner Kleidung oder der Gestaltung seines Arbeitsplatzes manifestieren. (Dies *kann*, muss aber nicht der Fall sein! Sie sollten nicht den Fehler machen, von einem Raum mit einer gewissen Unordnung auf eine entsprechende innere Verfassung eines Menschen zu schließen; es könnte genauso gut sein, dass dieser Mensch eine so stabile innere Ordnung und Orientierung hat, dass er sich in seinem Chaos wunderbar zurechtfindet, ohne aus dem seelischen Gleichgewicht zu geraten.)

Umgekehrt können auch die äußeren Umstände unsere psychische Verfassung stark beeinflussen. Eine traumhafte Landschaft kann uns gute Gefühle bereiten, und wer in seinem Büro aufräumt und Ordnung schafft, schafft möglicherweise gleichzeitig in seinem Inneren Ordnung, und macht hinterher insgesamt einen »aufgeräumten Eindruck«.

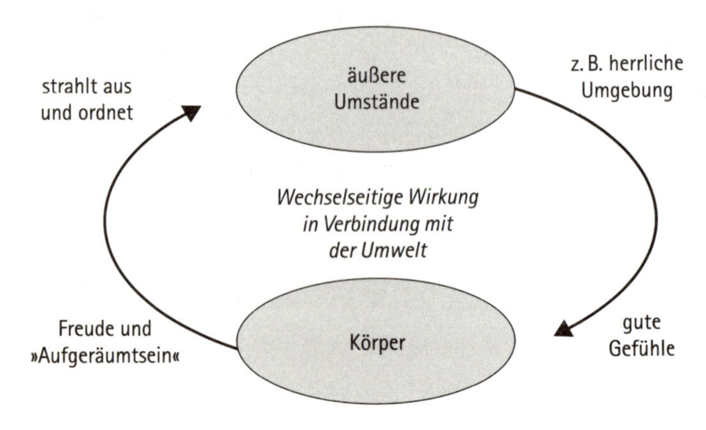

So bestehen in der Praxis verschiedene Möglichkeiten, durch Veränderung bestimmter äußerer Umstände unser seelisches Erleben positiv zu beeinflussen, indem wir uns beispielsweise in die Natur begeben, eine wohltuende Musik auflegen oder uns eine halbe Stunde vor ein prasselndes Kaminfeuer setzen und es auf uns wirken lassen.

Die verschiedenen Seelenquellen, die in Teil II dargestellt wurden, wirken in diesem Sinne auf unterschiedliche Weise:

- über die äußeren Umstände *oder*
- über den Körper *oder*
- über den Geist,
- und manchmal werden auch alle drei Ansätze kombiniert.

Egal, wo Sie den Hebel ansetzen möchten: Entscheidend ist letztlich allein, dass Sie dabei seelisch auftanken können. Entsprechend Ihrer Veranlagung und jeweiligen Verfassung wird es Ihnen mal auf die eine und mal auf die andere Weise leichter fallen. Je bewusster Sie leben, umso schneller werden Sie wissen, welcher Ansatz für Sie gerade der richtige ist!

Hierzu kann es sinnvoll sein, sich auch der verschiedenen Faktoren bewusst zu sein, die jeweils auf uns und unsere Psyche wirken.

Die Wirkungsweisen der Seelenquellen

Die in Teil II dargestellten Auftankmöglichkeiten haben auf uns in manchen Bereichen eine sehr ähnliche Wirkung – in anderen Fällen haben sie aber auch einen völlig unterschiedlichen Einfluss auf unsere Seele.

Seelenquelle	Wirkungsweisen
Äußere Ordnung schaffen	• Ist innerlich befriedigend • Fördert Dopamin- und Endorphinausschüttung • Verhindert Grübeln und negative Gedanken • Befreit von seelischem Ballast
Verzeihen, Schuld bereinigen und friedliche Streitlösung	• Stellt den eigenen Seelenfrieden wieder her • Macht wieder selbstständig und handlungsfähig • Befreit von emotional negativer Bindung an andere
Konzentriertes Tun	• Sammelt und bündelt die geistigen Kräfte (zentriert) • Verhindert die Wahrnehmung störender Reize, insbesondere Grübeln und Sorgen

Seelenquelle	Wirkungsweisen
	• Bewirkt Dopamin- und Endorphinausschüttung • Die Zeit scheint stillzustehen (Eintauchen in die Gegenwart)
Körperliche Entspannung, Massagen, Atemtechniken	• Beruhigt und fördert auch innere Entspannung • Gehirnwellen sinken in Alpha-Frequenzbereich • Steigert Serotoninproduktion und damit das Wohlbefinden • Stellt Energiebalance wieder her • Bringt einen zurück in den Körper und zur eigenen Mitte
Schlafen	• Beste Regeneration für den Körper im Tiefschlaf • Psychische und seelische Regeneration in den Traumphasen
Bewegung	• Körperliche Fitness fördert seelisches Wohlbefinden • Positive Gefühle durch vermehrte Ausschüttung von Dopamin, Serotonin und Endorphinen

Seelenquelle	Wirkungsweisen
	• Kann Stresshormone abbauen und damit innerlich ausgleichen • Bringt einen zurück in den Körper
Genießen	• Körperliche Lust wirkt auch psychisch (»die Seele lacht«) • Ausschüttung der stimmungsfördernden Hormone Dopamin, Serotonin, Endorphine und Enkephaline • Bewusstes Genießen hilft in der Gegenwart zu verweilen, ohne Sorgen und Grübeln
Natur	• Schafft Ausgleich zur sachlich-technisierten Welt • Verbindet uns mit unserer ureigenen Natur • Schönheit und Harmonie wirken seelisch heilend • Weite Ausblicke können die Wahrnehmungsperspektive weiten • Stimmungsfördernde Wirkung des Sonnenlichts durch vermehrte Dopamin- und Serotoninproduktion und geringere Melatoninausschüttung

Seelenquelle	Wirkungsweisen
	• Beruhigende Wirkung besonders durch blaue und grüne Farben, durch Wasser, Windrauschen und durch Stille • Vogelstimmen laden das menschliche Gehirn positiv auf • Unmittelbare sinnliche Wahrnehmung weckt die eigene Lebendigkeit • Ermöglicht und fördert tiefe Seins- und Einheitserfahrungen
Musik und Gesang	• Stabilisiert emotionale Verfassung • Führt oft zu Endorphinausschüttungen • Kann Aufmerksamkeits- und Konzentrationsfähigkeit steigern • Kann helfen, Stresshormone abzubauen und Aggressionen und Angst zu lindern • Kann beruhigen, besonders in kritischen und vor herausfordernden Situationen • Kann Schmerzen lindern und heilen • Fördert Harmoniegefühle • Kann tiefe und spirituelle Erfahrungen begünstigen

Seelenquelle	Wirkungsweisen
Tanzen	• Hat primär die Wirkung von Musik • Verbindet mit dem eigenen Körper und zentriert • Ermöglicht das Eintauchen in die Gegenwart • Fördert die innere Lebendigkeit und kann heilsame tranceähnliche Zustände auslösen
Kunst	• Ist für viele »Abbild des Göttlichen«, beziehungsweise »Gestalt des absoluten Geistes«, die den »Zugriff auf das Absolute« ermöglicht • Heilsame Wirkung der Schönheit • Kann in uns ein Lustgefühl wecken, das unabhängig ist vom bloß sinnlichen Genießen • Hat etwas Erhabenes, »schlechthin Großes« • Kann befreiende Wirkung für unseren Geist haben • Kann neue Sichtweisen eröffnen und damit transformierende Wirkung für uns haben

Seelenquelle	Wirkungsweisen
	• Kann in uns Freude, Zuversicht und gute Stimmung erzeugen • Kann wie ein positiver emotionaler Anker wirken • Künstlerischer Schöpfungsprozess kann befreiende und heilende Wirkung für die Psyche haben
Lesen	• Bietet Gelegenheit, für eine gewisse Zeit nur ganz allein mit sich selbst zu sein • Fördert Zustand entspannter und konzentrierter Aufmerksamkeit • Verlagert Aufmerksamkeit weg von den Sorgen und Problemen des Alltags • Kann zu Prozessen intensiver Selbsterfahrung und Selbsterforschung führen • Erweitert den Horizont des eingefahrenen Alltagslebens • Kann wie ein Spiel, ohne Zweck oder Zwang, um seiner selbst willen getan werden

Seelenquelle	Wirkungsweisen
	• Ist eine prädestinierte Tätigkeit, um »Flow« zu erleben • Kann körperlich wohltuende, entspannende Wirkung haben
Lachen, Heiterkeit und Humor	• Reduziert Stresshormone und wirkt körperlich und seelisch entspannend • Humor in eigener Sache fördert innere Gelassenheit • Kann Genesungsprozesse fördern • Steigert Lebensgefühl und Effizienz • Bewirkt Endorphinausschüttung • Verbindet die Herzen der Menschen
Danken	• Erweitert unsere Sicht der Wirklichkeit • Fördert das Bewusstsein der positiven Aspekte im eigenen Leben • Macht zufriedener und glücklicher • Kann Endorphinausschüttungen bewirken • Kann Anfälligkeit für Depressionen reduzieren • Kann helfen, negative Ereignisse besser zu verarbeiten

Seelenquelle	Wirkungsweisen
	• Kann Leistungseffizienz steigern • Kann soziales Engagement fördern
Beten	• Schafft seelisch stabilisierende Muster • Kann das Gefühl von Schutz, Geborgenheit und innerem Halt fördern • Kann innere Zuversicht steigern • Kann das Gefühl von Ohnmacht gegenüber dem Schicksal lindern • Kann psychische Reserven und Heilkräfte mobilisieren
Weisheitstexte	• Können uns geistig stärken, ausrichten und Orientierung geben • Können Teilaspekte der eigenen Lebens- und Seelenweisheit zum Schwingen bringen • Können uns »imprägnieren« gegen viele Negativeinflüsse im Alltag
Stille und Schweigen (allgemein)	• Ermöglicht, sich auf das Wesentliche zu besinnen • Fördert tiefe bewusste Erfahrungen

Seelenquelle	Wirkungsweisen
	• Steigert die Wahrnehmung für innere Vorgänge • Hilft, zur eigenen Mitte zu finden • Lässt einen leichter auf die Impulse der inneren Stimme hören • Kann im Inneren Ordnung schaffen • Kann befreiend und erweiternd wirken • Ist nach Ansicht der Mystiker »die Tür zum Göttlichen« in uns
(speziell) Meditation	• Führt zu körperlich tiefer Ruhe und Entspannung • Hektische Beta-Frequenzen werden im Gehirn durch ruhige Alpha- und Theta-Frequenzen ersetzt • Die Gehirnhälften werden synchronisiert • Stresshormone werden abgebaut und das Immunsystem gestärkt • Steigert die Aufmerksamkeit und Beobachtungsfähigkeit • Kann ein Gefühl von Grenzenlosigkeit und Unendlichkeit bewirken

Seelenquelle	Wirkungsweisen
	• Kann positive Gefühle, gute Laune und bisweilen sogar ekstatische Glückszustände auslösen
Gleichklang mit anderen	• Schafft Verbindung mit anderen Menschen • Kann wohltuenden seelischen Gleichklang auslösen • Vermittelt Gefühl der Geborgenheit • Kann Ausschüttung von Serotonin und Endorphinen bewirken • Kann beachtliche stresslindernde Wirkung haben • Empathie hat heilende Kraft, besonders, wenn wir so sein können, wie wir sind • Steigerung des Wohlbefindens durch körperliche Berührung
Rituale	• Haben stabilisierende Funktion, geben Sicherheit und Halt • Verankern in der Gemeinschaft • Helfen, Übergangssituationen im Leben zu markieren und zu überbrücken

Seelenquelle	Wirkungsweisen
	• Schaffen feierliche Unterbrechungen im Leben, Momente der Besonderheit und Erhabenheit • Geben Gelegenheit zur Einkehr und Selbstreflektion • Haben zentrierende Wirkung
Engagement für andere	• Fördert persönlichen Reifungsprozess • Löst aus Gefangensein in der eigenen Lebenssituation • Fördert Fähigkeit zu Mitgefühl und Verständnis anderer • Kann eigene Zufriedenheit und Dankbarkeit steigern • Kann dem eigenen Leben einen tieferen Sinn geben • Sofortige »Belohnung« im Augenblick des Tuns

Auf einen Blick lassen sich also die maßgeblichen Faktoren wie folgt darstellen:

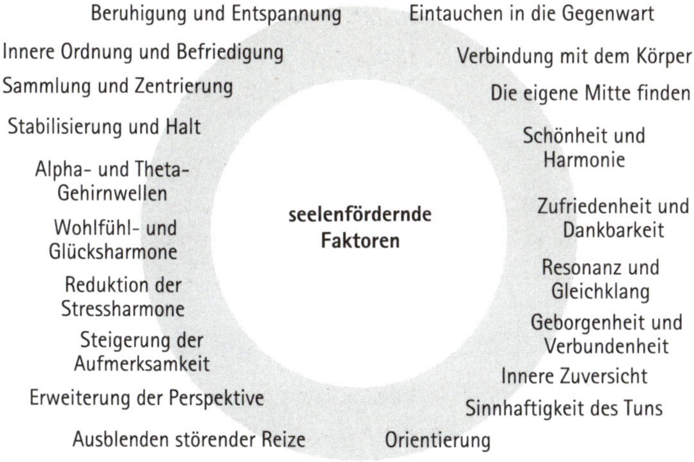

Beruhigung und Entspannung
Innere Ordnung und Befriedigung
Sammlung und Zentrierung
Stabilisierung und Halt
Alpha- und Theta-Gehirnwellen
Wohlfühl- und Glücksharmone
Reduktion der Stressharmone
Steigerung der Aufmerksamkeit
Erweiterung der Perspektive
Ausblenden störender Reize

seelenfördernde Faktoren

Eintauchen in die Gegenwart
Verbindung mit dem Körper
Die eigene Mitte finden
Schönheit und Harmonie
Zufriedenheit und Dankbarkeit
Resonanz und Gleichklang
Geborgenheit und Verbundenheit
Innere Zuversicht
Sinnhaftigkeit des Tuns
Orientierung

Welche der genannten Seelenquellen diese Wirkungen in uns auslösen, ist von Mensch zu Mensch sicher verschieden. Wichtig ist, herauszufinden, auf welche Weise wir sie am leichtesten erfahren und in unseren Alltag integrieren können. – Doch letztlich geht es nicht um diese Faktoren an sich, sie sind nur Mittel zum Zweck, Umstände, die das Auftanken im Inneren *begünstigen* und fördern. Das *Eigentliche* ist das Auftanken der Seele selbst, das Eintauchen im Innersten, das Wiedererlangen von völliger Ruhe, Gelöstheit und innerem Frieden, das Einswerden mit sich und, für einen gläubigen Menschen, mit Gott.

Die verschiedenen Wirkungsweisen bilden gewissermaßen Brücken nach innen, um inmitten eines stressigen, außenorientierten Alltags wieder zu sich finden zu können und in seinem Innersten auftanken zu können.

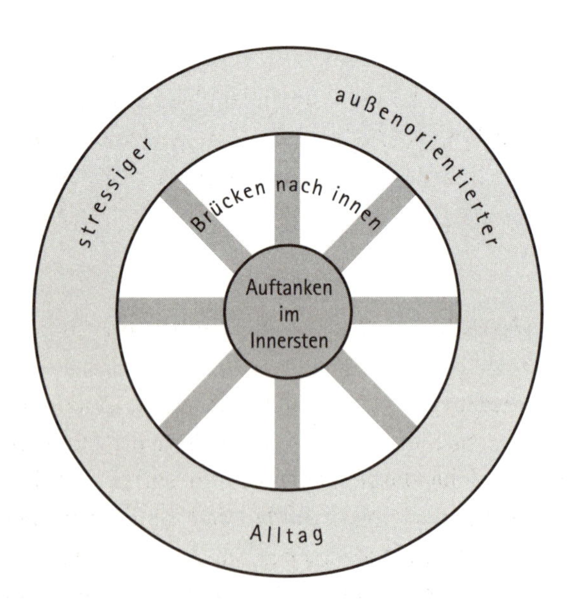

Tipps zur Umsetzung im Alltag

Auf welche Weise können Sie die konkreten Tipps, die schon in den einzelnen Kapiteln aufgeführt wurden, in Ihr Leben integrieren? Hier einige Hilfestellungen und Anregungen dazu:

Doppelstrategie auf dem Weg nach innen

Die verschiedenen Möglichkeiten und Tipps, innerlich aufzutanken, können Sie nun für sich persönlich in drei Gruppen einordnen: solche, die Sie schon nutzen, solche, mit denen Sie Ihr Leben gerne bereichern würden und schließlich solche, die für Sie nicht brauchbar erscheinen. Aus den ersten beiden Gruppen ergibt sich dann die Doppelstrategie: *Gewohntes intensivieren und Neues ausprobieren.*

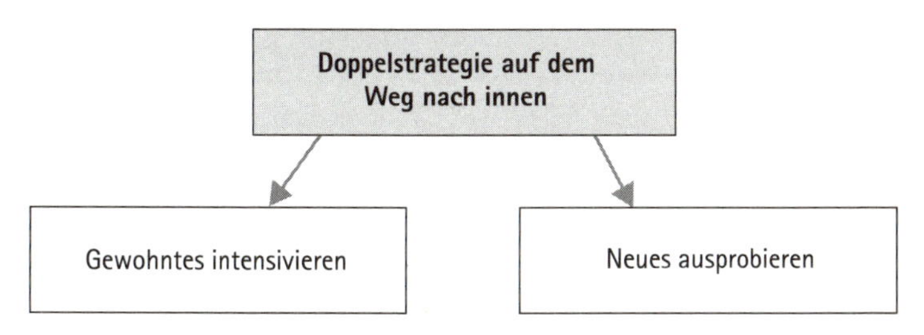

Notieren Sie sich am besten zunächst die Seelenquellen, mit denen Sie bereits gute Erfahrungen gemacht haben und die Sie deshalb sinnvollerweise weiterhin nutzen können:

....

....

....

....

....

....

....

....

....

....

....

....

....

Vielleicht finden Sie aber auch Wege, diese Möglichkeiten noch häufiger, bewusster und intensiver in Ihrem Alltag wahrzunehmen.

Mit den mir bereits bekannten Methoden könnte ich intensiver auftanken, indem ich:

....

....

....

....

....

....

....

....

....

....

....

....

....

....

....

Erlauben Sie sich außerdem, auch *Neues auszuprobieren*, und herauszufinden, welche weiteren Möglichkeiten es für Sie geben könnte, innerlich aufzutanken. Vielleicht machen Sie mal einen Tai-Chi-Kurs, oder Sie nehmen an einem Meditationswochenende in einem Kloster teil, Sie unternehmen eine mehrtägige Wanderung alleine in der Natur oder erschließen sich Inseln der Stille in Ihrem Alltag, beispielsweise, indem Sie in der Stadt mal kurz eine Kirche betreten und ein paar Minuten innehalten. Was auch immer Sie wählen, achten Sie darauf, dass Sie sich damit *wohl fühlen* und sich am Anfang auch *nicht überfordern*.

Das möchte ich in den nächsten Wochen/Monaten ausprobieren:

.... ☑

.... ○

.... ○

.... ○

.... ○
.... ○
.... ○
.... ○
.... ○
.... ○
.... ○
.... ○
.... ○
.... ○
.... ○

Vor allem, wenn Sie ein neues Ritual oder Verhalten in Ihr Leben integrieren wollen, ist es hilfreich, drei Dinge zu beachten:

- *Nehmen Sie sich möglichst nur eine Sache auf einmal vor*, sonst kann es sein, dass Sie an mehreren Stellen gegen den Strom Ihrer alten Gewohnheiten anschwimmen müssen. Verhaltensänderungen sind gerade in der Anfangsphase besonders schwierig, bis wir unser Nervensystem »umprogrammiert« haben. Räumen Sie dafür lieber diesem neuen Ritual *Priorität Nummer eins* ein. Das heißt, setzen Sie es an erste Stelle bei Ihrer Tagesplanung und lassen Sie lieber etwas anderes sein, als diese für Sie neue Möglichkeit aufzutanken. Alle neuen Dinge und Verhaltensweisen, die wir in unseren Alltag integrieren wollen, sind wie ein empfindliches kleines Gewächs, das wir im Garten unseres

Lebens einpflanzen: Wir müssen es am Anfang vor den eisigen Winden und dem Unkraut unser bisherigen Gewohnheiten schützen, bis es sich verwurzelt hat. Und das tut man, indem man ihm Priorität Nummer eins einräumt.

- Weil der Anfang oft so schwer ist, erlauben Sie sich, *klein anzufangen und dann langsam zu steigern.* Machen Sie sich gewissermaßen den Anfang so leicht wie möglich. Manchmal ist es durchaus sinnvoll, den »Weg des geringsten Widerstandes« zu gehen. Fangen Sie lieber nur mit fünf Minuten Entspannung oder Meditation täglich an, und steigern Sie diese dann über die nächsten Wochen sukzessive auf fünfzehn oder zwanzig Minuten, als dass Sie sich gleich überfordern, und dann – verständlicherweise – die Flinte wieder ins Korn werfen. Verhaltensänderungen vollziehen sich nun mal nicht von heute auf morgen, und wenn wir uns dabei seelisch wohl fühlen wollen, ist es sinnvoll, auch dem Körper und unserem Nervensystem Zeit zu lassen.
- Und nutzen Sie schließlich die *Kraft des Rhythmus*, das heißt der Regelmäßigkeit. Wiederholen Sie, möglichst ohne Ausnahme, das gleiche Verhalten auf gleiche Weise zur gleichen Zeit – wie schon auf Seite 292 zur Einübung eines neuen Rituals dargelegt. So profitieren Sie von der Wirkung der Anker im Nervensystem, und mit der Zeit geht es immer leichter.

Experimentieren Sie!

Haben Sie den Mut und gleichzeitig die Gelassenheit, auszuprobieren, was *Ihrer* Seele gut tut, wobei *Sie* am besten auftanken können, und die anderen Möglichkeiten getrost beiseite zu lassen. Das entscheidende Kriterium ist, was Sie innerlich berührt, bewegt, bereichert. Achten Sie lieber darauf als auf Statistiken, Moden, dogmatische Anweisungen und all diese »man sollte«-Patentratschläge. Ihre Seele weiß am besten, was sie braucht – lassen Sie sich von ihr helfen, es herauszufinden. Hierzu ein paar Parameter, mit denen Sie experimentieren können:

- *Kumulation oder Reduktion.* Sie können einerseits bestimmte Elemente aus den verschiedenen dargestellten Kraftquellen kombinieren. Beispielsweise mit Musik, einem guten Buch und einem Glas Rotwein vor dem prasselnden Kaminfeuer sitzen, oder mit einem vertrauten Freund eine Bergwanderung machen und auf der Berghütte einkehren und gut essen. – Andererseits können Sie auch die Elemente isolieren und die Wirkung der Reduktion nützen. Beispielsweise, indem Sie ohne sonstige Reize ein Buch lesen, alleine in ein Konzert gehen, still vor dem Kaminfeuer sitzen oder drei Tage fastend in der Natur unter freiem Himmel verbringen. Beide Wege können Ihnen tiefe erfüllende Erfahrungen ermöglichen. Finden Sie heraus, welche Weise zu welcher Zeit für Sie passt.
- *Aktiv oder rezeptiv.* Sie können einerseits aktiv musizieren,

malen, wandern, aufräumen, lesen, danken, beten und sich für andere engagieren. Andererseits können Sie auch auftanken, indem Sie eher rezeptiv Musik hören, Kunst anschauen, still in der Natur sitzen, in der Sauna liegen oder sich massieren lassen, jemandem zuhören oder einfach nur schlafen. Beide Arten schließen sich nicht aus, mal ist das eine besser, mal das andere. Finden Sie Ihre persönliche Balance von aktiven und rezeptiven Möglichkeiten, innerlich aufzutanken.

Schlüsselfaktor persönliche Neigung

Die subjektive Präferenz für die eine oder andere der genannten Möglichkeiten, innerlich aufzutanken, wird auch stark von unserer Persönlichkeits- und Denkstruktur beeinflusst. Seit Jahrtausenden haben Philosophen, Anthropologen und Psychologen die verschiedensten Persönlichkeitstypologien des Menschen entwickelt. Sicher vermag keine davon den Menschen und seine Psyche umfassend und abschließend einzuordnen, und doch kann die eine oder andere Typologie einem helfen, bestimmte Teilaspekte der eigenen Lebens- und Verhaltensweisen ein wenig klarer zu erkennen, sich selber und andere etwas besser zu verstehen. Eine dieser Typologien aus der heutigen Zeit wurde von Ned Hermann, dem amerikanischen Pionier für Denkpräferenzen, entwickelt. Je nach der Dominanz der menschlichen Gehirnstruktur unterscheidet er primär vier Grundtypen unserer Denk- und Verhaltensstile:

- Den primär *logisch, rational, sachlichen* Menschen
- Den eher *geordnet, systematisch, traditionsorientierten* Menschen
- Den primär *emotional, zwischenmenschlich, gefühlsorientierten* Menschen, und
- Den eher *bildhaft, visionär, kreativen* Menschen

Entsprechend könnte es sein, dass der primär logisch, rational, sachliche Typ eher eine nüchterne und klare Meditation wie die Zen-Meditation sowie anspruchsvolle Literatur und geistig gut fundierte Weisheitstexte bevorzugt und besonders bei konzentriertem Arbeiten zu sich findet. Der eher geordnete, systematische, traditionsorientierte Typ mag klar strukturierte Rituale lieben, zur Ruhe kommen, wenn er Ordnung schafft und fühlt sich besonders von traditioneller Kunst und Musik angesprochen. – Der primär emotional, zwischenmenschlich, gefühlsorientierte Typ mag in erster Linie durch Musik, Gesang und Tanz, im Gleichklang mit anderen und durch soziales Engagement seine Seele nähren. – Und der eher bildhafte, visionär, kreativ veranlagte Typ schließlich braucht möglicherweise vor allem die Weite der Natur, erbaut sich an schönen Kunstwerken und sucht immer wieder neue Meditationsformen und neue Rituale, um innerlich aufzutanken.

Gleichzeitig kann es aber auch sein, das jemand gerade durch eine dem eigenen Typus gegenteilige Tätigkeit innerlich wieder in Balance kommt, zum Beispiel wenn ein eher kreativ Veranlagter mal aufräumt und Ordnung schafft. Entscheidend ist letztlich, der persönlichen Struktur und Neigung entsprechend die Auftankmöglichkeiten zu suchen, die einem am meisten liegen, mit denen man sich am wohlsten fühlt und bisweilen auch mit denen zu experimentieren, die einem vielleicht nicht so liegen, aber doch zu einer Balance im eigenen Leben beitragen können.

Schaffen Sie sich Zeitinseln für die Seele!

Mancher Leser mag sich fragen, wie es ihm gelingen soll, all diese Anregungen in seinen schon so voll gepackten Alltag zu integrieren. Eine gute Möglichkeit besteht darin, sich immer wieder fest geplante Zeitinseln zu schaffen, Zeitinseln zum Auftanken. Kleine, mittlere, größere und große. Beispielsweise:

- *Kleine Zeitinseln von fünf bis fünfzehn Minuten:* am Morgen, zwischendrin, mitten im Alltag, abends, kurz innehalten und zu sich kommen, Musik hören, einen kleinen Spaziergang machen, etwas ordnen, kurz in einem geistig bereichernden Text lesen, eine Minutenentspannung oder Kurzmeditation einlegen, einen Witz erzählen oder einfach nur zehnmal ruhig und bewusst durchatmen. Vielleicht mögen Sie denken, nur fünf Minuten, was bringt das schon? Fünf Minuten Innehalten kann einen ganz schnell zur Ruhe bringen, und je häufiger Sie es tun, desto schneller wecken Sie in sich auch den Ruhezustand wieder. Wenn Sie zum Beispiel jedes Mal die gleiche Atemtechnik anwenden, kann es sein, dass Sie schon nach dem dritten tiefen Einatmen spüren, wie Sie vollkommen ruhig werden.

- *Mittlere Zeitinseln von ein bis zwei Stunden:* ein Museums- oder Konzertbesuch, in der Sauna entspannen, in eine Messe oder einen Gottesdienst gehen, vor dem Kaminfeuer ein gutes Buch lesen, mit einem guten Freund ein genussvolles Essen zelebrieren, Tanzen gehen oder im Garten arbeiten.
- *Größere Zeitinseln von ein bis zwei Tagen:* etwa am Wochenende in der Natur wandern, eine Kunstexkursion machen, daheim entrümpeln, ein Meditationsseminar besuchen oder sich einfach eine Auszeit nehmen und für sich sein.
- Und schließlich ein- oder zweimal im Jahr e*ine große Auszeit von ein bis drei Wochen:* bei einer Ayurvedakur, einer Pilgerwanderung, einem Trekking im Himalaya, einer Auszeit im Kloster oder mit einigen Büchern und einem Tagebuch an einem fernen Strand.

Wichtig ist allerdings, diese Zeitinseln rechtzeitig einzuplanen, sie tun sich in der Regel nicht von selber auf. Der Strom des Alltagsgeschehens treibt uns mit seinem Sog an den potenziell möglichen Zeitinseln vorbei. Um innezuhalten muss man die Zeitinseln bewusst ansteuern, das heißt einplanen, und dann innerlich »an Land gehen«. Anschließend können Sie getrost weiterschwimmen!

Und lassen Sie sich Zeit!

Es ist wohl unmöglich, alle dargestellten Auftankmöglichkeiten sofort zu nutzen. Lassen Sie sich dabei ruhig Zeit! Fangen Sie mit dem an, was Sie am meisten anspricht und was sich in Ihre persönliche Alltagssituation am leichtesten integrieren lässt. Was Sie jetzt vielleicht noch viel Überwindung kostet oder mit einem zu hohen Aufwand verbunden erscheint, kann Ihnen möglicherweise in ein paar Jahren ganz leicht fallen. Machen Sie sich also keinen Druck, denn das hätte für Ihre Seele wahrscheinlich genau die gegenteilige Wirkung. Außerdem tut uns zu unterschiedlichen Zeiten unterschiedliche seelische Nahrung gut: Mal brauchen wir mehr Stille, dann mehr Musik, mal mehr Kontakt mit der Natur, dann mit Menschen. In der Bibel heißt es: »Alles hat seine Zeit« (AT, Buch Salomo, Sprüche). So auch die verschiedenen Weisen, innerlich aufzutanken. Lassen Sie sich und Ihrer Seele diese Zeit!

Literatur

Die folgenden Bücher und Quellen haben mich in meinen Gedanken zum Thema »Seelenquellen« angeregt und können auch Ihnen als ergänzende Literatur dienen.

Baur, Eva Gesine; Schmid-Bode, Wilhelm: *Glück ist kein Zufall*, München 2000

Behrendt, Joachim-Ernst: *Kraft aus der Stille*, München 2000

Berger, Lutz: *Musik, Magie und Medizin*, Paderborn 1997

Bliersbach, Gerhard: »Rituale«, in: *Psychologie Heute*, 4/2004

Brämer, Rainer: »Zurück zur Natur?«, in: *Psychologie Heute*, 4/2003

Broschart, Jürgen; Tentrup, Isabelle: »Der Klang der Sinne«, in: *Geo* 11/2003

Burger, Doris: *Fitness für Gestresste*, München 2000

Carnegie, Dale: *Sorge dich nicht, lebe*, Frankfurt 2002

Chambers, Nancy zitiert aus: Unterholzer, Carmen: »Grünes für die Psyche«, in: *Psychologie Heute*, 4/2003

Diedrichsen, Iwer zitiert von Zittlau, Jörg, in: »Die gesunde Lust am Essen«, in: *Psychologie Heute*, 8/2004

Dolderer, Miriam: »Ehrenamt: Nur etwas für Egoisten« [Snyder, Mark; Clary, E. Gil; Stukas, Arthur; Yeung, Anne Brigitta], in *Psychologie Heute*, 5/2002

Easwaran, Eknath: Mantram. *Hilfe durch die Kraft des Wortes*, Freiburg 2000

Ernst, Heiko: *Das gute Leben*, München 2003

Grefe, Christiane: *»Wie man in Deutschland Natur erlebt«*, in: *Die Zeit* Nr. 43 vom 16.10.2003

Grün, Anselm: *Buch der Lebenskunst*, Freiburg 2002

Grün, Anselm: *Damit dein Leben Freiheit atmet*, Münsterschwarzach 2003

Grün, Anselm: *Im Zeitmaß der Mönche*, Freiburg 2003

Hermann, Ned: *Kreativität und Kompetenz*, Fulda 1991

Holler, Johannes: *Das Neue Gehirn*, Paderborn 1996

Kingston, Karen: *Feng Shui gegen das Gerümpel des Alltags*, Reinbek bei Hamburg 2001

Klein, Stefan: *Die Glücksformel. Wie die guten Gefühle entstehen*, Reinbek bei Hamburg 2001

Koch-Weser, Sylvia; Lüpke, Geseko von: *Vision Quest*, München 2000

Kosog, Simone: *Die Ruhe der Mönche*, München 2003

Koydl, Wolfgang: *»In Gottes Hand.«* in: *Süddeutsche Zeitung* Nr. 296 vom 23.124.125.126. Dezember 2000

Krumpholz-Reichel, Anja: »Kann man sich Gott denken?«, in: *Psychologie Heute*, 06/2001

Lay, Rupert: *Nachkirchliches Christentum*, Berlin 1995

Links, Allan: *Der Mehrwert des Guten. Wenn helfen zur heilenden Kraft wird*, Freiburg 1999

Matthews, Dale A.: *Glaube macht gesund. Spiritualität und Medizin*, Freiburg 2000

Müller, Peter; Schmude, Marcus: »Laut, das sind die anderen«, in: *Die Zeit* Nr. 32 vom 9.8.2001

Müller-Wohlfahrt, Hans-Wilhelm: *So gewinnen Sie neue Lebenskraft*, München 2003

Newberg, Andrew; d'Aquili, Eugene: *Why God Won't Go Away*, New York 2002

Ostrander, Sheila; Schröder, Lynn: *Supermemory*, München 1995

Pausch, Johannes; Böhm, Gert: *Auch schwarze Schafe können beten. Für alle, die nicht an Gott glauben und dennoch beten wollen*, München 2003

Petermann, Prof. Franz: *Entwicklungspsychologe der Universität Bremen*, zitiert von de Jong, Theresia Maria, in: »Verwöhnte Kinder kennen keine Vorfreude«, in: *Psychologie Heute*, 1/2001

Rauterberg, Hanno: »Und dann ist immer Dia-Abend«, in: *Die Zeit* Nr. 51 vom 19.12.2002

Rechtschaffen, Stephan: *Zeit zum Leben – den Augenblick genießen*, München 2001

Ressel, Hildegard: *Rituale für den Alltag*, Freiburg 2002

Rocker, Anna Elisabeth: *Die Spiritualität des Körpers*, München 2002

Rosenberg, Marshall B.: *Gewaltfreie Kommunikation*, Paderborn 2002

Rüttig, Barbara: *Lachen wir uns gesund*, München 2002

Sapolsky, Robert et al.: »Hypercortisolism associated with social isolation among wild baboons«, in: *Archives of General Psychiatry* 54, 1997, S. 1137–1143

Saum-Aldehoff, Thomas: »Das Chaos im Kopf«, in: *Psychologie Heute*, 12/2001

Schmitt, Eric-Emmanuel: *Monsieur Ibrahim und die Blumen des Koran*, Zürich 2003

Schopenhauer, Arthur: *Aphorismen zur Lebensweisheit*, München 1980

Schwarz, Aljoscha; Schweppe, Ronald: *Licht für die Seele*, München 1999

Seewald, Peter: *Die Schule der Mönche*, Freiburg 2001

Servan-Schreiber, David: *Die neue Medizin der Emotionen*, München 2004

Sheldrake, Rupert: *Das schöpferische Universum*, München 1983

Spitzer, Manfred: *Musik im Kopf*, Stuttgart 2002

Tegetthoff, Folke: *Das Paradies in der Wüste. Märchenbriefe*. Würzburg, 1988

Tenzer, Eva: »Augen- und Ohrenschmaus fördert die Gesundheit« [Studie von Rosalia Lelchk am Londoner Chelsea and Westminster Hospital, New Scientist, 22.6.2002], in: *Psychologie Heute*, 4/2003

Tompkins, Peter; Bird, Christopher: *Das geheime Leben der Pflanzen*, Frankfurt 2002

Wallace, Robert K.; Benson, Herbert: »The Physiology of Meditation«, in: *Scientific American* 226/1972 (2), 5. 85ff.

Wolf, Axel: »Versöhnung. Die Kunst neu anzufangen«, in: *Psychologie Heute*, 8/2002

Register

Ablenkungen 81
Abschirmung 83
Absichtsloses Handeln 101
ACTH 111, 136
Adorno,Theodor W. 173
Adrenalin 85, 158, 191
Aerober Bereich 113
Aktives Musikerlebnis 165
Akustische Anker 293
Akustische Stimulation 157
Alkohol 105
Alltagsrituale 289 ff.
Alpha-Frequenzen 40
Alterungsprozess 104
Andacht 288
Anhedonie 121
Anspannung und Entspannung 91
Antidepressiva 112
Anziehungskraft 83
Aristoteles 265
Askese 126
Atemfluss 261
Atempausen 252
Atemtechniken 96 ff., 323
Aufmerksamkeits-Defizit-Syndrom 81
Aufräumen 53
Aufrechte Haltung 259
Ausblenden der Alltagssorgen 178
Ausgleichsatmen 98
Äußerliche Werte 15
Ausstellungen 182
Autogenes Training 99, 102
Automatismus der Unzufriedenheit 205
Autosuggestion 102

Baldrian 106
Barockmusik 155
Baukastensystem 52
Baum-Sinnbild 15
Baur, Eva Gesine 91

Beethoven, Ludwig van 151
Begrüßungsrituale 295
Behrendt, Joachim Ernst 244
Belebende Atmung 99
Benson, Herbert Dr. 229
Berger, Michael 188
Bergson, Henri 174
Berieselung 80
Beschwerden 72
Besserwisserei 73
Beta-Frequenzen 40
Beten 224 ff., 329
Bewegung 108 ff., 323
Beziehungslifting 221
Bibel 236
Bibliotheken 185
Bildsprache 175
Biochemische Prozesse 112, 120, 136
Bittgebete 230
Blaues Licht 137, 182
Blockaden 100
Blutfette 111
Böhm, Gert 220
Bonhoeffer, Dietrich 241
Botenstoffe 112
Brämer, Rainer 130
Brentano, Clemens 174
Broman, Francis F. 158
Brustatmung 260
Buchhandlungen 185

Carnegie, Dale 296
Chambers, Nancy 143
Christentum 61
Christianisierung 131
Cicero 304
Clairvaux, Bernhard von 21
Clandy 153
Clinton, Hillary 222
Coach 66
Comedy 197
Cortisol 136, 158, 191, 268
Csikszentmihaly, Mihaly 86, 179
Cyrrus Singuli 157

Dalai Lama 238
Dampfbad 93
Dankbarkeitsliste 215
Dankbarkeitsrituale 215
Danken 203 ff., 328
Dankgebete 220
Delegieren 56
Denkstruktur 45
Depressionen 57, 113, 136

Destruktive Mechanismen 210
Dewey, John 174
Diedrichsen, Iwer 121
Disbalance 100
Discomusik 161
Dissonanzen 156
Dogmatik 44, 57, 86, 112
Dopamin 57, 86, 112, 120, 136
Doppelbelastung 81
Dreidimensionalität 135
Duchenne-Lächeln 197
Dunkelheit 104
Dunkelrestaurants 123

Easwaran, Eknath 225, 304
Egokult 302
EhrenamtlicheTätigkeiten 309
Einsamkeit 267
Einswerden 179
Ekstatische Gefühlszustände 246
Elektromagnetische Ausstrahlung 105
Emmons, Robert A. 213
Emotionaler Anker 175
Emoto, Masuru 227
Empathie 268, 276
Endorphine 58, 86, 113, 120, 192, 268
Energetisierende Übungen 108
Energiegrundumsatz 111
Engagement für andere 302 ff., 332
Engholm Björn 252
Enkephaline 120
Entbehrungen 126
Entrhythmisierung 257
Entrümpeln 54
Entrümpeln der Innenräume 61
Entspannte Konzentration 86
Entspannung 91 ff., 323
Entspannungsatmen 97
Entspannungsübungen 99
Epikuräer 126, 299
Erdung 143
Erfahrbare Zeit 35
Erfolgserlebnisse 58
Erfüllung 31
Ergriffenwerden 32, 47
Erhabene Räume 285

Erlebnisintensität 29, 163
Erlebniswert 126
Ernst, Heiko 127
Ersatzgefühle 65
Esoterikmarkt 14
Euphorie 86
Evolutionsgeschichte 210
Exerzitien 257

Fahrtzeiten nutzen 185
Fangopackungen 95
Fantasie 178
Farbenlehre 136
Farbtemperamente 137
Farbtherapie 137
Farbwirkung 137, 181
Fastenzeiten 126, 298
Fava, Giovanni 218
Feedback 278
Fehlerscreening 205
Fernsehen 81
Finanzielle Hilfe 309
Fitnesswelle 109
Flow 86, 179, 274
Fokussierung 78
Forgiveness 62
Freiräume 22
Fry, William 190
Gadamer, Hans-Georg 174
Gähnen 98
Gandhi, Mahatma 63
Garten 142
Gauguin 176
Gebete für andere 232
Gebetsteppich 234, 251
Geborgenheit 94, 267
Gedächtnisleistung 111
Gedankenexperimente 226
Gefühlstempo 38
Gegenwart leben 35, 78
Gegenwirklichkeit 179
Gehirnhälften, Funktionsweise 57
Gehirnwellenfrequenz 100
Gehörschäden 162, 241
Gelassenheit 100
Gelbes Licht 137, 181
Gelotologie 190
Gemeinsames Beten 234
Gemeinsames Erleben 265
Gemeinsames Tun 274
Gemeinschaft 257
Genesungsprozess 191
Genetischer Bauplan 109
Genießen 119 ff., 324
Genussfähigkeit 299

Genusstrainings 121
Geschehenlassen 101
Gestalterische Tätigkeiten 89
Gewöhnungseffekt 29, 126, 206
Gleichklang 264 ff., 331
Glocken 286
Glückshormone 113, 120, 156
Goethe, Johann Wolfgang 136
Gott 14, 47
Gregorianische Gesänge 157
Grübeleien 77
Grün, Anselm 21, 224, 229, 242-244, 253, 303
Grundner, Josef 305
Grünes Licht 137, 182
Grünpflanzen 141

Handy 80
Handyfreie Zeiten 88
Harmonie 133, 155
Harmonische Bewegungsabläufe 100
Hauswirtschaftliche Tätigkeiten 56
Hautkontakt 272, 278
Hautorgasmus 154
Hautwiderstand 97
Hebbel, Christian Friedrich 119
Hedonisten 119
Hegel, Georg Wilhelm 172
Heidegger, Martin 173
Hermann, Ned 341
Hildegard von Bingen 137
Hilfe als Lebensaufgabe 309
Hingabe 125
Hirnfrequenz 39
Höchstleistungen 86
Höflichkeitsrituale 205
Hörbücher 185
Horizonterweiterung 304
Hösle, Ludwig 134

Ideale 34
Identifikation 179
Immunglobuline 191
Immunsystem stärken 40, 94, 191, 245
Industrielle Revolution 131
Innehalten 18, 52
Innenräume 24
Innenraumpflege 55

Innenweltverschmutzung 235
Innere Aufgeräumtheit 320
Innere Distanzierung 65
Innere Souveränität 66
Innere Stimme 243
Innere Weite 244
Innerer Frieden 70
Innerer Halt 16
Innerer Lärm 247
Innerer Schweinehund 54, 115
Inneres Erleben 94
Inperfektionismus 35
Inseln der Stille 242, 250
Inspirationskraft 134
Instrument spielen 165
Instrumentalmusik 155

Johanniskraut 106

Kabarett 197
Kaléko, Mascha 268
Kant, Immanuel 171
Karitative Tätigkeiten 303
Kästner, Erich 194
Kataria, Madan Dr. 187
Keller, Gottfried 139
Kerzenlicht 285
Kindlicher Bewegungsdrang 109
Kingston, Karen 53
Kirchen 182
Kirchliche Feste 298
Klangmuster 153
Klangschalen 286
Klangteppich 165
Klein, Stefan 218
Klosteraufenthalt 255 ff.
Klosterführer 258
Klosterleben 56
Koffein 105
Komboloi 230
Konditionierung 282
Kontakt zum Selbst 17, 47, 94
Kontaktmangel 268
Kontemplation 46, 256
Kontemplation 46
Kontrasterleben 219
Konzentrationsfähigkeit 97
Konzentrationsfördernde Musik 165
Konzentrationsinseln 88
Konzentrierte Aufmerksamkeit 178

Konzentriertes Tun 76 ff., 322
Konzertbesuche 164
Körperliche Berührungen 272
Kosog, Simone 256
Koydl, Wolfgang 230
Kreativität 176
Krucoff, Mitch 232
Kunst 169 ff., 326
Künstlerische Tätigkeiten 89
Kunsttherapie 175
Kunstwelten 130
Kurzbesinnung 237
Kurzmeditation 297
Kutschera, Ilse 73

Lachen 187 ff., 328
Lachforschung 190
Lachklubs 187, 195
Lachseminare 188, 195
Lachübungen 187
Laktattest 116
Langeweile 85
Langsamkeit 36
Laotse 228
Lapachobaum 106
Lärmpegel 241
Laufen 117
Lauschen nach innen 256
Lautstärke 161
Lay, Rupert 225, 231
Lebenskrisen 15
Lebenssinn 305
Lebenstempo 39
Leseinseln 184
Lesen 177, 327
Leyh, Arved 152
Lichtstress 136
Lichttherapie 136
Limbisches System 112
Literatur 177
Lob- und Dankgebete 231
Lozanow 155
Lustareale 120
Luther, Martin 152
Lyotard 172

Machiavelli, Niccoló 281
Magnesium 105
Magnetfelder 105
Mandela, Nelson 64
Mantren 229, 261, 286
Maslow, Abraham 207
Massagen 95, 278, 323
Matthews, Dale A. 226, 232

Mediator 70
Medien 80
Meditation 242 ff., 330
Meditationsformen 258
Meditative Wanderungen 147
Melanin 136
Melatonin 104, 136
Melisse 106
Mentale Magnetkraft 82
Mentales Tempo 38
Messbare Zeit 35
Mitochondrien 111
Mittagsschlaf 106
Modetrends 125
Monotasking 88
Moral 44
Morphogenetische Felder 227
Müller-Wohlfahrt, Hans-Wilhelm 92
Multitasking 81
Museen 182
Musik 151 ff., 324
Wirkung auf Pflanzen 158
Wirkung auf Wasserkristalle 227
Musikmedizin 152
Mutter Theresa 307
Mystik 244, 246

Nachbarschaftshilfe 309
Nachgeben 63
Nachsichtig vs. nachtragend sein 63
Nadolny, Sten 37
Napoleon Bonaparte 152
Natur 116, 130 ff., 324
Naturentfremdung 130
Naturverehrung 131
Negativprägung 291
Neigungen 125
Nell, Victor 177, 180
Nervensystem 26
Neuorientierung 130
Neuromelanin 136
Neuronale Umstrukturierung 157
Neuronen 58
Neuropsychologische Forschungen 57, 76
Neurotransmitter 57, 112
Nirwana 248

Offenes Feuer 285
Opferrolle 63

Oranges Licht 137, 181
Ordnung schaffen 53 ff., 322
Orientierungshilfe 45
Oropax 252
Orte der Stille 251

Pannikar, Raimund 255
Papst Eugen III. 21
Parallelwelt 178
Parkin, Om C. 243
Passives Musikerlebnis 163
Pausch, Johannes 220, 230
Pausenrituale 297
Persönliche Neigungen 341
Persönlichkeitsstruktur 45
Pipedown 161
Platon 171
Plätscherbrunnen 141
Popmusik 156
Positive Ausstrahlung 319
Positive Bilder 212
Positive Vorerfahrungen 160, 291
Positivinventur 217
Progressive Muskelentspannung 99, 101 f.
Prolaktin 158
Psychologische Studien 57, 204, 208
Psychopharmaka 112
Psychosomatik 91
Pulsfrequenzbereich 116
Pythagoras 159

Qantität und Qualität 28
Qui Gong 99 ff.

Rachegedanken 64
Räucherstäbchen 286
Raum der Stille 252
Raum für die Seele 20
Raum geben 271
Rauterberg, Hanno 80
Ravi Shankar 158
Rechtschaffen, Stephan 38
Reformation 131
Regeneration 103
Reize von außen 17
Reizreduktion 31, 243, 300
Reizüberflutung 80
Relaxation Response 229
Religiöse Praxis 44, 214, 294
Religiöse Symbole 182
Religiöse Traditionen 14, 44

Resonanzprinzip 41, 133, 152
Retallack, Dorothy 158
Return on Investment 67, 306
Rhythmische Bewegung 113
Rhythmische Sportarten 115
Rhythmus 105
Rituale 46, 281 ff., 331
Robinson-Crusoe-Technik 218
Röcker, Anna 152
Rockmusik 158
Rogers, Carl 270
Rotes Licht 137, 181
Rousseau, Jean-Jacques 142
Ruch, Willibald 190
Rumi, Mevlana 203, 231
Russel, Bertrand 209

SAD 135
Saisonal abhängige Depression 135
Sammlung 256
Sandelan 165
Sapolsky, Robert 268
Sauerstoffversorgung 97, 111
Saum-Aldehoff 80
Sauna 93
Schanberg 272
Scharlanhaufer 93
Schelling, Friedrich Wilhelm 172
Schiller, Friedrich 169
Schlafbereitschaft 104
Schlafdauer 104
Schlafen 103 ff., 323
Schlaffördernde Kräuter 106
Schlafforscher 103
Schlafintensität 104
Schlafstörungen 104
Schlaftabletten 103, 105
Schlechtes Gewissen 124
Schlegel, August Wilhelm 173
Schmerz- und Trauerarbeit 66
Schmitt, Eric-Emmanuel 148
Schokolade 125
Schönheit 133, 171
Schopenhauer, Arthur 172, 189
Schröder, Jörg-Peter 208
Schuld bereinigen 53, 68 ff., 322

Schutzraum 24
Schweigen 242, 329
Schwere Mahlzeiten 105
Seelenballast 61, 68
Seelenbibliothek 237
Seelenerlebnis 33
Seelenfrequenz 41
Seelenfrieden 62
Seelenraum 17
Seelenverwandtschaft 41, 264, 275
Seelischer Gleichklang 264 ff.
Seelisches Gleichgewicht 56
Seelsorger 43
Seewald, Peter 244, 257
Segensformeln 233
Sehnsucht nach Ursprünglichkeit 132
Seinserfahrungen 140
Seiwert, Lothar 37
Sekten 46
Selbstannahme 66
Selbstaufgabe 63
Selbstbeherrschung 126
Selbsterfahrung 178
Selbsterforschung 178
Selbstfindung 140
Selbstreflexion 284
Selbstvergessenheit 78
Selbstverstärkung 209, 213
Selbstverwirklichung 302
Seligman, Martin 305
Seneca 264, 302
Sensorische Deprivation 246
Serotonin 92, 95, 112, 120, 136, 268
Sheldrake, Rupert 227
Shell-Jugendstudie 302
Shelton, Charles M. 213
Sicht der Wirklichkeit 212
Singen 166, 325
Sinne 122
Sinnliche Wahrnehmung 139
Sinnsuche 140
Sioux-Indianer 228
Sitarmusik 158
Sonnenlicht 135
Sorgen 77
Spannungslöser 192
Spielen 88, 274
Spielmann, Thomas 192
Spintge, Ralph 159
Spiritualität 14, 159
Sport 89

Stabilisierung 283
Statussymbole 34
Stifter, Adalbert 139
Stille 138, 241 ff., 329
Stop-and-Go-Sportarten 115
Störende Reize 76
Streitigkeiten beilegen 53, 69 ff., 322
Stresshormone 111, 136, 158, 191, 245
Stresslöser 157, 268
Strukturierung 283
Swami Vivekananda 76
Symbole 286
Synapsen 85

Tagebuch 298
Tai-Chi 99 ff.
Tanzen 166 ff., 326
Tao Te King 236
Tegethoff, Folke 38
Tesbih-Gebetsschnüre 230
Thalamus 157
Therapeut 66
Theta-Frequenzen 40
Tiefschlafphase 103
Tinnitus 162
T-Lymphoziten 191
Tomatis, Alfred 151
Traditionelle Feste 298
Traumphasen 103
Trismegistos, Hermes 54
Trübsal 57
TV-freie Zeiten 88, 185

Überfluss 121
Überforderung 58, 85
Übergangsrituale 283, 297
Umsetzung im Alltag 335 ff.
Unausgesprochene Bedürfnisse 277
Unbewältigte Vergangenheit 66
Ungeteilte Aufmerksamkeit 123
Unrechtsvorwurf 73
Unterbrechungen (feierliche) 284
Unterforderung 85

Verankerung 160, 175, 262, 283
Vergeben 53, 61 ff., 322
Vergleichsfalle 208
Vergnügen 179
Verlangsamung 52

Verlust der Mitte 15
Verwurzelung 16
Verzettelung 81
Verzicht 63, 126
Vestibularnerv 157
Viriditas 137
Vision Quest 149
Vogelstimmen 116, 138, 141
Vollspektrumlampen 142
Vorfreude 120, 126
Vorlesen 186
Vorlieben 125
Wahrnehmung innerer Vorgänge 243
Wahrnehmungsperspektive 134
Walken 117
Walkman 116, 161
Wandern 145
Wartezeiten nutzen 185, 252
Wasseradern 105
Wasserplätschern 137, 141
Wechselseitige Nasenatmung 98
Wechselwirkungen 318
Weihrauch 286
Weinstein, Matt 199
Weisheitstexte 235, 329
Weitblick 134
Wertesystem 291
Wilber, Ken 225
Wildnis 132, 147
Wilke, Dietrich V. 170, 173, 175, 182
Witze 198
Wohfühlhormon 92
Wohlbefindenstherapie 218
Wohlstandsgesellschaft 121
Wohltätigkeit 306
Wohltuende Klänge 138
Wunschscreening 207

Yoga 96, 187

Zappen 81
Zärtlichkeit 278
Zehn-Finger-Ritual 217
Zeitinseln 284, 343
Zeitoasen 25
Zeitvertreib 36
Zeitwahrnehmung 35
Zelebrieren des Augenblicks 281
Zellstruktur 152

Zen-Meditation 46, 55, 147
Zentrieren 79, 113, 243, 284
Zentrifugale Kräfte 16
Zentripetale Kräfte 19
Zerstreuung 76
Zirbeldrüse 135
Zuhören 271, 276
Zwangsbeschallung 161
Zweckfreiheit 171, 179
Zwerchfellatmung 259

Lernen Sie das Leben lieben

240 Seiten
ISBN 978-3-442-16934-4

368 Seiten
ISBN 978-3-442-17047-0

416 Seiten
ISBN 978-3-442-16502-5

160 Seiten
ISBN 978-3-442-16990-0